中国劳动关系学院十四五规划系列教材

民事案例研习

MINSHI ANLI YANXI

李文涛◎编著

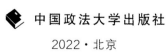

中国政法大学出版社

2022·北京

图书在版编目（ＣＩＰ）数据

民事案例研习/李文涛编著. —北京：中国政法大学出版社，2022.12
ISBN 978-7-5764-0742-6

Ⅰ.①民… Ⅱ.①李… Ⅲ.①民事诉讼法－案例－中国 Ⅳ.①D925.105

中国版本图书馆 CIP 数据核字 (2022) 第 257719 号

出 版 者　中国政法大学出版社

地　　址　北京市海淀区西土城路 25 号

邮寄地址　北京 100088 信箱 8034 分箱　邮编 100088

网　　址　http://www.cuplpress.com (网络实名：中国政法大学出版社)

电　　话　010-58908285(总编室) 58908433（编辑部）58908334(邮购部)

承　　印　固安华明印业有限公司

开　　本　720mm×960mm　1/16

印　　张　21.25

字　　数　340 千字

版　　次　2022 年 12 月第 1 版

印　　次　2022 年 12 月第 1 次印刷

定　　价　95.00 元

本书编撰分工：

李文涛：导言、第二章、第三章、第四章、第五章、第六章、第七章第三节、第三编练习题以及全书的统稿工作。

郭　辉：第一章

黄　斌：第四章第一节、第五节；第五章第一节

杨敬之：第四章第五节

王守俊：第四章第五节

孙　晓：第七章第一节

向春华：第七章第二节

高战胜：第七章第四节

刘培峰：第七章第四节

序 言　法律教学、法学研究和案例研习

　　对于法律发展、法律教学、法学研究、法律实践而言，案例研习的意义不言而喻。

　　案例包括经由法院裁判而形成的判例。对于英美法系而言，判例可以作为法律渊源，具有约束力，因此对案例的研究是英美法系法律人必做的功课。对于大陆法系而言，虽然其具有成文法的传统，但案例同样具有重要的意义。以德国法为例，德国的法律评注中包括大量的判例，判例对德国司法实践发挥了非常重要的参考和说理价值，德国的法学研究也非常重视对判例的研究。我国最高人民法院会实时发布指导性案例，[1]这些指导性案例对我国司法实践同样具有一定的指导价值，可以引导法官审理和裁判案件。我国民法典的很多立法创新和发展都和我国司法实践出现的新型案例或疑难复杂案例息息相关。案例的价值和意义，不仅仅局限于案例本身，而是对整个法律体系的运作、发展，甚至变革都具有重大而深远的意义。案例研习不仅仅是案例本身事实和法律问题的研究，同时也可以窥探一个国家法治发展的历史和现实。进而言之，通过对案例的深入阐释，甚至可以观察一个国家或民族的价值观念、道德信仰，甚至哲学思考。就民事案例而言，民事案例与人们的民事生活、民事立法、民事裁判紧密关联，通过对民事案例的研习，可以观察各个国家和地区人们的民事生活风貌和民事审判实际，同时可了解不同的民事法律关系分析思路和方法以及民事案例的裁判观念。

　　案例研习可以分为三个阶层。其一，对案例事实问题和法律问题的基本把握和分析。通过案例研习全面把握案例的基本事实，对当事人之间的法律关系有完整、清晰、细致的分析和阐释，对案例中的焦点问题、难点问题、

---

　　〔1〕　参见人民法院出版社编：《最高人民法院　最高人民检察院指导性案例》，人民法院出版社2021年版。

争议问题有清晰的梳理；对案例的法律适用有全面而准确的把握，可以准确合理地适用具体法律规则来处理案例，并得出在法教义学上逻辑自洽且符合法内在精神和目的的结论，同时又与法的社会效果相统一。这也是案例研习之基本目的所在。大学的案例研习首先在这一层面展开教学活动。其二，对案例中涉及的重大理论问题进行深入分析和研究。法律规则适用的背后存在立法目的和法律价值的判断，涉及经典的法律理论问题，这些问题需要进一步深入阐释和研究。需要针对案例研习中涉及的重大理论问题，尤其是重大理论争议问题展开深入的研究，同时可结合中外理论学说、立法例和经典判例进行比较分析，探究法律规则和法律裁判背后的法理背景和价值基础。该层次的研究可以为案例研习提供充分的说理支持和理由论证，同时可以为进一步的学术研究提供实证材料和理论支持，甚至可以作为学术论文文本的雏形。其三，在前二者的基础之上，进一步深入思考案例中涉及的人文价值判断和哲学观念，通过案例研习展开对法律本源问题的追问和思辨。这是一个法理学、法哲学层面的分析和研究。事实上，很多经典案例都涉及对人类、对社会本源问题的观察和思考，如洞穴奇案〔1〕。法律案例研习不仅仅是法律问题、法律事实认定和法律规则适用问题，还可以是法学理论的阐释问题，同时还会关涉法理学、法哲学乃至哲学、社会学层面的本源追问和终极思考。在这个层面上讲，法学、社会学、经济学，乃至哲学等各个学科是相通的。

案例研习在法学专业教学中具有重要的意义。在大学法学专业课程教学过程中，几乎所有的课程知识点都需要通过案例来讲解和说明，而且也只有通过鲜活具体的案例，才能让学生真正理解和接受，才能让学生深入掌握法律制度的基本概念、基本原理和基本方法，进而提高法律专业的实践能力，包括案例分析能力、逻辑推理能力、语言和文字表达能力、法律适用能力，等等。案例研习与法学院的实习实践安排密切结合、无缝对接，是法学院法学专业实践教学的重要内容，对于各项法律实务的素质和能力之提高具有重要意义。反之，如果缺乏案例教学，教师仅仅简单表述知识点的文字或法律条文，则无法达到教学效果，学生会成为文字复读机，无法掌握基本的法律概念和法律原理，更遑论法律实务能力之掌握和提高。如果是这样，任何能

---

〔1〕 参见 [美] 彼得·萨伯：《洞穴奇案》，陈福勇、张世泰译，生活·读书·新知三联书店 2012 年版。

朗读教材和法条者都可以担任法学教师了。

法学专业教学的核心特色是法学案例教学，教师在课程教学中应该不断通过事例、案例深入讲解知识点，同时引导学生开展案例研习，进而让学生真正掌握法学的基本概念和原理，并提高法律的专业能力和素质。学生更应当深入开展案例研习，通过案例来深刻理解和掌握法律原理和法律方法。域外大学的法学院都非常重视案例教学。英美法系以判例法为传统，其对案例教学的重视程度可想而知。大陆法系国家虽然是成文法国家，但是其法学院对案例教学同样非常重视。在德国各大学的法学院，随处可见法学院学生三五成群地在开展案例讨论。我国法学院的案例教学更是获得了长足的发展，案例教学在法学专业课程教学和改革中取得了丰硕的成果。尤其是近年来，鉴定式案例教学在我国各大法学院如火如荼地开展，全国鉴定式案例大赛也多次成功举办。

在法学专业课程学习过程中，学生对法学知识点的学习和掌握，大多也是通过案例的学习来完成的，尤其是民法课程。民法课程类似于数学，教师在课堂上讲授民法的基本制度和基本原理，学生在课后通过案例来演练和运用民法的原理和制度。反之，缺乏案例研习，学生无法掌握法律的基本原理，无法理解和运用法律的基本原理和基本方法。案例教学的深度、难度和广度，在某种程度上，已经决定了大学法学专业教学的质量和水平，直接影响了法学专业的人才培养。同时，学生案例研习的深度和难度，在某种意义上，也决定着学生法律专业能力和素质的水平。

案例研习的类型包括：个案的案例研习、类案的案例研习、针对某个法律问题的案例检索分析等。个案的案例研习是针对某个个案的法律分析和研究。类案的案例研习是指针对某一类型的案例展开分析，分析该类案例裁判的状况、特征，并从中总结归纳出裁判思路和方法。针对某个法律问题的案例检索分析则是指专题性的案例检索分析报告，其服务于某个具体的法律问题或主题，然后检索相关判例中与该问题或主题相关的内容，并针对该具体的问题或主题展开分析论证。一般的案例研习都是指个案的案例研习。本书的案例研习也是针对个案的案例研习，即在给定确定之案例事实的基础上，展开案例分析和研究。应该说，这种案例研习无法训练学生寻找事实、收集证据、判断证据、查明事实的能力，上述能力的训练和培养可以通过模拟法庭、法律实务、法律诊所等课程来完成。案例研习的重点更多是在法律适用层面。

正如上文所述，法学研究同样离不开法学案例。很多经典的法学理论问题源于经典案例的争论，如民法上的"菜单案"[1]。法学案例为法学研究源源不断地提供鲜活的生活素材和实践脚本，让法学研究与社会现实密切相关。另一方面，在法学理论问题的研究过程中，法学案例可以提供丰富的实践佐证和解决思路，为法学理论的阐释和论证提供有力的事实基础。可以说，几乎所有重大的法学理论问题之研究，都无法脱离法学案例的分析和研究。法学案例不仅为法学研究提出问题，而且为法学研究中经典理论问题的观察、解释和论证提供帮助。法学案例提供了法学研究的星星之火。

---

[1] 参见 [德] 迪特尔·梅迪库斯：《德国民法总论》，邵建东译，法律出版社 2004 年版，第 240 页。

目 录
CONTENTS

第一编

民事案例研习方法

导　言

案例研习的方法有很多种，包括历史分析法、主体检索法、行为检索法、意思分析法、法律关系分析方法、构成要件分析法、法律效果分析法，等等，而民事案例研习的方法比较常用的是请求权基础分析方法。

历史分析法是指按照历史线索，将案例中的事实按照时间的先后顺序进行整理。即依次描述发生的客观事实，如某年某月某日张三从事了何种行为，然后某年某月某日张三从事了何种行为。历史分析方法是案例研习需要首先采用的方法，也是案例研习的第一步。如在侵权构成之因果关系的审查中，这种按照时间先后发生的因果关系是首先需要审查的，然后再审查是否存在相当因果关系，是否符合法律保护目的之范围。[1]

主体检索法是指全面检索案例中出现的主体。民事案例中的主体包括自然人、法人和其他组织等。每个主体都必须检索，不能有遗漏，否则会导致案例分析不完整，甚至出现重大缺陷。针对主体，还需要分析主体的权利能力、行为能力、代理权、处分权、受领权、传达权、经营资质等各种能力、资质、资格和权限。

行为检索法是指全面检索主体所实施的行为。民事案例中行为包括民事法律行为、准法律行为、事实行为、情谊行为，等等，民事案例研习同时需要分析这些行为是否会产生法律效果，以及会产生怎样的法律效果。

意思分析法是指深入阐释行为主体的主观意思和意愿。民事案例中的意思和意愿包括意思表示、自然意思、故意、善意或恶意（明知或非明知）等。[2]需要注意的是，在阐释主观意思或意愿时，需要借助客观视角进行解释。如

---

〔1〕　See Hans Brox, Wolf‐Dietrich Walker, Allgemeines Schuldrecht, C. H. Beck, 2016, S. 346, S. 348.

〔2〕　当事人意思的分析，不仅包括意思表示层面，而且还包括意思表示之外的意思，如自然意思。当事人的自然意思在法律关系认定中同样发挥了重要的作用。

有相对人之意思表示，需要从相对人的客观视角解释意思表示的内容。当事人的主观意思和意愿是民事案例研习的核心问题，甚至是最重要的问题。民事法律关系的建构主要是基于当事人的意思而展开的。基于当事人的意思表示，民事法律关系分为约定法律关系和法定法律关系。无因管理的成立需要管理人为受益人管理的意愿（自然意思），否则无因管理不能成立。不当得利则以是否存在受害人对受益人的给付意思为标准，区分为给付不当得利和非给付不当得利。当事人主观是否是善意对于法律关系的判断至关重要，如善意取得制度只能对善意当事人适用。善意的不当得利受益人只负担返还现存利益的义务，而恶意的不当得利受益人需要返还全部获益。[1]

法律关系分析法是指具体分析案例中当事人之间的法律关系。民事案例中法律关系分析方法，下文会详细阐释。民事案例中当事人的法律关系包括人身关系和财产关系，财产关系则包括债权关系和物权关系。债物两分的法律关系分析思路是民事案例中法律关系分析的基本思路和框架，下文会展开详细阐释。

构成要件分析法是指按照法律制度（对应相关法条）的构成要件一一检索案例事实是否符合。如侵权构成包括该当性（事实构成）、违法性和有责性等三个阶层构成要件，分析案例中的事实是否构成侵权，则需要将案例事实一一放入侵权的三阶层的构成要件中进行检索分析，如果案例事实一一符合侵权的三阶层构成要件，则侵权成立，反之，则侵权不成立。法律制度或规则是否可以适用于案例事实，其前提都是该案例事实是否符合法律制度的构成要件。构成要件分析是民事案例研习的基本方法。

法律效果分析法是指在符合法律制度构成要件的基础上进一步分析法律效果。如无因管理成立后，需要进一步分析无因管理成立后的法律效果，需要具体分析管理人和受益人之间的法定债务关系。法律效果分析是构成要件分析之后的步骤，其分析的结果会导出案例研习的结论。

请求权基础分析方法是指按照请求权检索的顺序检索当事人之间的请求权。当事人请求权的检索顺序按照合同请求权、类合同请求权、物权请求权、侵权请求权、不当得利请求权的顺序展开。下文会展开详细阐释。

党的二十大报告指出，我们要坚持走中国特色社会主义法治道路，建设

---

[1] 参见江平主编：《民法学》，中国政法大学出版社 2019 年版，第 607-608 页。

中国特色社会主义法治体系。因此，我们的法学教学、法学研究和案例研习也必须坚持社会主义方向。在民事案例研习的教学研究中，尤其需要建设中国自主民法知识体系、学术体系、话语体系，回应中国的实际问题，将经典法学理论与中国实践紧密结合，讲好中国故事。

党的二十大报告还指出，要严格公正司法，深化司法体制综合配套改革，全面准确落实司法责任制，加快建设公正高效权威的社会主义司法制度，努力让人民群众在每一个司法案件中感受到公平正义。案例研习恰恰是以个案为切入点，依据法律，以法律理论和学说为基础，在个案中寻找更妥当合理的处理思路、方法，更好地实现个案的公平正义。在某种程度上，更加深入的案例研习，有助于个案公平正义的实现，有助于点点滴滴地促进我国社会主义司法制度的完善，从而推动社会主义法治的伟大进程。

第一章　法律关系分析方法

一、区分各种法律关系

（一）公法关系和私法关系

1. 案例分析首先需要区分公法关系和私法关系。同样，民事案例分析的第一步需要清晰区分公法关系和私法关系。公法关系是指受公法调整的法律关系。公法调整国家权力和私人权利之间的法律关系，主要包括宪法、刑法、行政法等。公法关系是一种纵向法律关系（隶属关系），涉及国家利益保护。私法关系是指受私法调整的法律关系，私法调整私人权利和私人权利之间的法律关系，主要包括民法和商法。私法关系是一种横向法律关系（平等关系），涉及私人利益保护[1]。

案例事实是一个不可分割的整体，其包含了公法关系和私法关系，只是在法教义学层面，我们通过不同的法律关系视角展开了观察和描述。因此，首先需要明确民事案例事实中的公法关系和私法关系。

案例 1

甲醉驾并违规超速，撞到路人乙，致使其重伤。

1. 公法关系

（1）依据《中华人民共和国道路交通安全法》（以下简称《道路交通安全法》）第91条第5款的规定，由公安机关交通管理部门依法吊销甲的机动车驾驶证。

---

[1] 很大一部分民事案例会涉及公法关系，同一事实会同时符合私法法律制度和公法法律制度的构成要件，对公法关系和私法关系需要全面把握和理解。

（2）依据《中华人民共和国刑法》第235条的规定，甲的行为构成过失致人重伤罪，处3年以下有期徒刑或拘役。

2. 私法关系

依据《中华人民共和国民法典》（以下简称为《民法典》）第1165条第1款的规定，乙向甲主张侵权损害赔偿。

（二）人身关系和财产关系

1. 在区分公法和私法之后，在私法领域，还需要区分人身关系和财产关系。民事法律关系的基本框架是人身关系和财产关系，[1]民事案例研习同样需要清晰区分案例事实中涉及的人身关系和财产关系。人身关系涉及人格尊严和人身自由，涉及身份关系，需要考虑特殊的人格利益和身份利益，需要回到对人的尊重和理解。民法的学习，在某种程度上，是一个不断加深对人的理解、对人的尊重的过程，民事案例研习也不例外。其实，在财产关系中也涉及人身关系，就债权而言，债权本身就是针对人与人之间的请求权关系，[2]尤其是行为债务，直接关涉人的行为自由和人格尊严。[3]整个民法体系就是以当事人的意思为基石建立，任何民法问题都可以追溯到当事人的意思和意愿。

2. 人身关系包括人格权关系和身份权关系。人格权关系包括基于各种人格权益产生的法律关系，如基于生命权、身体权、健康权、姓名权、名称权、肖像权、名誉权、荣誉权、隐私权、个人信息等产生的法律关系。身份权关系包括基于身份关系、身份利益产生的各种法律关系，如基于婚姻、收养、继承而产生的各种法律关系。人身关系不能与财产关系完全割裂，人身关系中会涉及财产关系。财产关系也会涉及人身关系，如特定信赖关系的债务关系。财产关系主要包括债权关系和物权关系等。

案例 2

乙写好一封给自己女友的情书后将其抛弃，甲捡到后，将该情书的内容

---

〔1〕 参见龙卫球：《民法总论》，中国法制出版社2002年版，第113-114页。王利明主编：《民法》，中国人民大学出版社2010年版，第53页。

〔2〕 参见张俊浩主编：《民法学原理》，中国政法大学出版社1991年版，第84页。

〔3〕 参见 [日] 我妻荣：《新订债权总论》，王燚译，中国法制出版社2008年版，第77页。行为债务与给与债务的区分，请参见郑玉波：《民法债编总论》，中国政法大学出版社2006年版，第6-7页。

在网络上传播。

1. 人身关系

人格权关系：甲将乙写好的情书在网络上传播，情书里涉及乙的隐私权（《民法典》第 1032 条）。

2. 财产关系

(1) 物权关系：甲捡到乙抛弃的情书（无主物），可以获得情书的所有权。

(2) 著作权关系：乙享有情书的著作权（包括发表权、信息网络传播权）（《中华人民共和国著作权法》第 10 条）。

(3) 债权关系：甲侵害乙的隐私权、著作权，乙可依据《民法典》第 1165 条第 1 款请甲承担侵权损害赔偿责任。

(三) 债权关系和物权关系

1. 在财产关系中，需要区分债权关系和物权关系。债权关系和物权关系构成了民事财产关系的基本框架。

(1) 债权关系：人和人之间的请求关系。债权关系，也可以称之为债务关系（Schuldverhältnisse），主要是指人与人之间的请求权关系。债务关系不仅仅是请求权关系，还是包含了诸多权利义务关系的诚信结合体，其不仅仅包括请求权、解除权、撤销权、终止权、优先购买权等权利，而且包含主给付义务、从给付义务、附随义务、不真正义务等义务，还包含基于债务关系的当事人地位，该当事人地位可以基于当事人的信赖产生，具有独特的法律价值和意义。[1]

(2) 物权关系：人对物的支配关系。物权关系是指在物权的框架下，物权人对物的排他性支配关系。物权关系只针对物权人对物的支配关系，包括占有、使用、收益、处分和排除他人非法妨害等。通俗地说，物权关系是"见物不见人"，但是在物权关系中也会涉及人和人的关系。如原物返还请求权中，所有人请求无权占有人返还，涉及所有人与无权占有人之间的关系，此时可以类推适用债权关系的规则。可见一旦涉及人与人的关系，就可以考虑类推适用债务关系的规则。物权领域中还直接涉及大量的债务关系，如占

---

〔1〕 合同当事人地位是合同当事人基于合同法律关系产生的法律地位，其逻辑构成的核心是基于合同整体债权债务关系产生的特定法律地位，而非针对某一特定的债权或某一特定的债务。See Karl Lanrenz, Lehrbuch des Schuldrechts, C. H. Beck'sche Verlagsbuchhandlung, München 1987, S. 26.

有回复关系、出质人与质权人之间的法定债务关系。在某种程度上，物权关系和债权关系也不能截然分割，二者之间存在千丝万缕的联系。

案例 **3**

甲将从其父亲处继承的一本图书赠给乙学校，并依据让与合意交付之。赠与合同约定：该书在乙学校保存，不得转让给第三人。后乙学校将书赠与丙，并依据让与合意交付之。

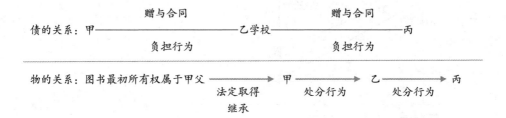

案例 **4**

乙向甲借款 10 万元，丙以房屋提供抵押，并办理抵押登记。

债权关系

甲 ——借款合同——→ 乙

乙 ｜ 委托合同

甲 ——抵押合同——→ 丙

- -

物权关系

甲　　　　　　丙

甲 抵押权　　丙 所有权

↓　　　　　↓

房屋

案例 5

乙向甲借款 100 万，丙和丁分别以 A 房和 B 房提供抵押并办理抵押登记，法律关系如何？

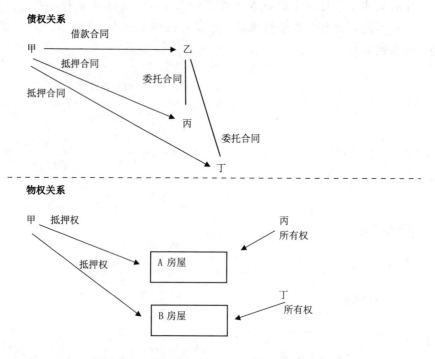

2. 区分负担行为与处分行为（债权行为与物权行为）。

（1）负担行为（债权行为、债务行为）：产生债权债务关系的民事法律行为。

负担行为，也被成为债务行为，是在当事人之间产生债务关系的民事法律行为。[1] 负担行为只能产生债务，而无法发生权利的移转。权利的变动必须通过处分行为来完成。相对应处分行为而言，负担行为是做"加法"，产生债务，而处分行为是做"减法"，消灭或消减权利。负担行为和处分行为，被称为民法上的任督二脉，具有非常重要的价值和意义。[2]

---

〔1〕 参见王利明主编：《民法》，中国人民大学出版社 2010 年版，第 126-127 页。
〔2〕 参见王泽鉴：《民法总则》，中国政法大学出版社 2001 年版，第 261-266 页。

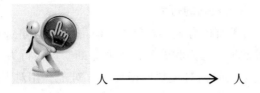

（2）处分行为：产生民事权利移转或消灭（部分消灭）之法律效果的民事法律行为。[1]处分行为是消灭或减少权利的民事法律行为。消灭权利包括绝对消灭和相对消灭，相对消灭就是转移权利。正如上文所述，权利的移转必须通过处分行为才能完成，负担行为无法完成权利的变动。处分行为的类型是法定的[2]，其主要包括两个类型：其一，转让权利。转让权利又包括全部转让和部分转让。全部转让是指转让权利的所有权（改变权利的归属或者抛弃权利）；部分转让包括在权利上设定用益物权（处分权利的使用价值）和在权利上设定担保物权（处分权利的交换价值）。其二，抛弃权利。抛弃权利又包括全部抛弃和部分抛弃。全部抛弃是指权利人全部抛弃其权利。部分抛弃是权利人保留权利的一部分、抛弃权利的一部分。如权利人从所有人变为使用权人。[3]典型的处分行为是物权领域的物权行为，即发生物权移转或消灭之法律效果的民事法律行为。处分行为可以发生在债权领域，如债权让与、债权出质等。

案例 6

出卖人甲和买受人乙订立房屋买卖合同，约定价款 100 万元，甲乙办理了房屋登记过户手续。当事人实施了哪些民事法律行为？

负担行为：甲乙订立房屋买卖合同。

处分行为：甲将房屋所有权转移给了乙。

---

[1] 参见梁慧星、陈华彬：《物权法》，法律出版社 2010 年版，第 100 页。

[2] See Otto Palandt, Bürgerliches Gesetzbuch, C. H. Beck, 2016, Überlick §104, Jürgen Ellenberger, Rn 16.

[3] 参见陈卫佐："处分行为理论之正本清源"，载《政治与法律》2015 年第 7 期。

（3）取得行为：取得权利的行为。

取得行为是指相对于负担行为、处分行为而言取得权利的行为[1]。取得行为是针对有相对人的负担行为和处分行为而言的。负担行为产生债务关系，负担人负担债务，负担人的相对人则取得债权。对于有相对人的处分行为而言，处分行为消灭权利，权利人丧失权利，处分行为的相对人则取得权利。如出卖人甲和买受人乙订立买卖合同。甲做出负担行为，负担交付货物的债务，乙则通过取得行为取得请求甲交付货物的债权。再如甲将其手机出售给乙，并依据让与合意交付给乙。甲做出处分行为，甲丧失手机的所有权，而乙通过取得行为获得该手机的所有权。

3. 重点学习处分行为。

（1）处分行为的生效要件：特定权利、处分合意、公示、处分权。其一，处分行为必须针对特定权利才能做出，如果权利不能特定，无法发生权利归属的变化。其二，处分行为系民事法律行为，因此其依然是以意思表示为核心要素，处分行为之生效需要有效的处分意思。其三，由于处分行为会导致权利归属发生变化、权利消灭，因此一般有公示的要求，将公示作为处分行为的生效要件或对抗要件，在物权领域，交付一般作为动产物权处分行为的生效要件，登记一般作为不动产物权处分行为的生效要件。在债权领域，债权让与的让与人和受让人达成债权让与合意时，处分行为生效，通知债务人仅仅是对抗要件。其四，处分是对权利的处分，需要有处分权，如果无处分权，而实施处分行为，则构成无权处分。

（2）物权行为的生效要件：特定物、物权合意、公示、处分权。基于处分行为生效的四个要件，一般而言，物权行为的生效同样需要四个要件。其一，物权行为必须针对特定物才能做出。其二，必须有意欲发生物权变动的意思表示。其三，需要有公示。其四，处分人应当有处分权。

案例 7

甲想将一套房屋赠送给乙，该房屋所有权如何移转？

---

[1] 取得行为是一种学理上的类型，对于全面分析法律关系具有重要价值。

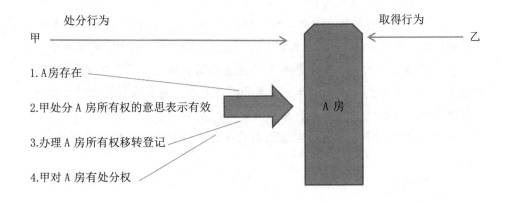

案例 8

甲公司将某部电脑出售给乙公司，双方订立买卖合同，同时达成转让该电脑所有权之物权合意，并依据让与合意交付之。

问题：

1. 当事人法律关系如何？

答题指引

（1）甲公司与乙公司存在债权关系：甲乙订立买卖合同（负担行为）后产生债权债务关系，甲公司负担出卖人的交货义务，乙公司负担买受人的付款义务。

（2）甲公司与乙公司存在物权关系：甲乙就特定物（某部电脑）达成物权合意（物权合同）并交付该电脑，通过处分行为完成该电脑的所有权移转（《民法典》第 224 条）。

（3）甲公司与乙公司存在事实关系，交付系当事人基于移转占有之自然意思移转特定物事实控制之事实行为，甲公司将该电脑交付给乙公司，完成该电脑占有之移转，移转该电脑之事实控制。

2. 如甲公司与乙公司在买卖合同中明确约定该电脑所有权直接归属乙公司，该电脑所有权是否可以直接移转给乙公司？

答题指引

该电脑所有权不能直接移转给乙公司。

（1）买卖合同仅仅是负担行为，只能产生债权债务关系，无法发生物权变动。

（2）物权变动必须通过处分行为（物权行为）才能实现。

（3）物权行为包括四个要件：特定物、处分合意、公示、处分权。虽然具备了特定物、物权合意、处分权的要求，但缺乏公示，电脑所有权无法移转。

（4）当事人可约定占有媒介关系（借用合同、保管合同、租赁合同等），通过占有改定之形式（观念交付）完成所有权移转，在占有媒介合同生效时，移转电脑的所有权（《民法典》第228条）。

3. 如甲乙约定第二天交付电脑，而乙在合同订立的当天晚上悄悄将电脑取走，该电脑所有权是否可以移转？

答题指引

该电脑所有权不能移转。

电脑所有权移转必须通过处分行为才能完成，处分行为包括上述四个要件。电脑所有权移转需要交付，该交付必须基于当事人移转占有之自然意思而自愿移转占有，否则不构成物权变动公示意义上的交付。乙擅自取走电脑，缺乏当事人移转占有之自然意思的合意，不构成交付（《民法典》第224条）。因此，电脑所有权无法移转。

4. 如该电脑由丙借用，借用期1个月。在该借用期内，甲以指示交付方式将该电脑所有权移转给了乙，丙是否能以借用合同对抗甲，主张继续履行借用合同？

答题指引

可以。

乙不仅获得了电脑的所有权，也承继了甲丙之间的债之关系（借用合同）。电脑所有权在甲乙达成返还请求权让与合意时移转（物权变动），同时乙成为借用合同的出借人（债权让与），受到借用合同的约束（《民法典》第548条），丙可主张在借用期内继续借用该电脑。

案例 9

甲公司将自己的A房屋出售给乙公司，双方订立A房屋买卖合同。

问题：

1. 如甲乙在合同中约定，该房屋所有权直接归属给乙，该房屋所有权是否可直接归属给乙？

答题指引

A 房屋所有权不能直接归属给乙公司。

A 房屋所有权的移转必须通过处分行为才能完成，而处分行为一般需要具备四个要件：特定物、处分意思、公示和处分权。房屋作为不动产，必须办理登记才能移转所有权，甲乙虽然有移转所有权的意思，还需要办理公示（登记），才能移转房屋的所有权（《民法典》第 214 条）。

2. 如甲公司将该房屋交付给乙公司，但未办理过户登记。后房价持续上涨，甲公司反悔，依据所有权请求乙公司返还房屋，是否合法？

答题指引

不合法。

从当事人之间债的关系来看，甲乙的买卖合同依然有效，该合同对甲公司依然具有债法上的约束力，乙公司依然可基于该合同请求甲公司继续履行合同。乙公司对该房屋的占有对甲公司而言，构成有权占有，甲公司无法依据所有权请求乙公司返还房屋。

3. 如甲公司将该房屋出售给丙公司，丙公司基于所有权请求乙公司返还，是否合法？

答题指引

合法。

丙公司经由甲公司的处分行为而获得房屋所有权，而甲乙订立的买卖合同系负担行为，只能产生特定当事人之间的债权债务关系，仅仅具有相对性，无法对抗第三人。因此丙公司可依据《民法典》第 235 条请求乙公司返还房屋。

（四）权利关系和事实关系

民事法律关系包括权利关系，还包括事实关系。例如，占有仅仅是占有人对占有物的控制之事实，有无权利基础，在所不问。民事案例分析不仅需要分析当事人之间的权利关系，当事人享有哪些权利或者负担哪些义务，同时还需要考察当事人之间的事实关系。事实关系也会发生重要的法律关系，如当事人对某物的占有会发生占有上的法律关系，并能获得占有上的保护。

案例 10

乙偷窃了甲所有的手机。

权利关系：甲有手机的所有权。

事实关系：乙占有该手机，乙对该手机系直接占有、自主占有、无权占有。该占有之事实依然受到法律的保护，任何人不能以私力改变占有之事实现状（《民法典》第 462 条）。

（五）内部关系和外部关系

在民商法案例分析中，尤其需要区分内部关系和外部关系，尤其需要注意外部善意第三人的权益保护。民事法律关系同样可区分内部关系和外部关系。如连带债务关系，存在债权人与连带债务人之间的外部关系，也存在连带债务人之间的内部关系。再如在无因管理中，存在受益人与管理人之间的内部关系，也存在管理人与第三人发生的外部关系。在债权让与中，存在着让与人和受让人之间的内部关系，还存在受让人和让与人针对债务人的外部关系。在商事案例中，尤其是在公司法中，内部关系和外部关系区分非常重要，几乎所有的公司法案例都会涉及内部关系和外部关系。

案例 11

甲公司章程规定，公司董事决定公司日常经营管理事项的权限不超过 10 万元。后公司董事张三以公司名义与善意第三人乙公司订立了 100 万元的买卖合同。

1. 内部关系：公司章程规定。

2. 外部关系：甲公司和乙公司订立的买卖合同。

（六）实体关系和程序关系

民事案例分析需要区分当事人之间的实体关系和程序关系，需要分析当事人的实体权利和程序权利。民事案例分析还需要将民事实体法和民事程序法相互结合，需要考虑当事人在诉讼中的法律关系，如诉讼的原告、被告和第三人的确定；案件的管辖等。

（七）约定关系和法定关系

约定关系和法定关系是民事法律关系的基本分类，在几乎所有的民事案例中，都涉及约定关系和法定关系。在民事案例分析中，需要分别分析当事人之间的约定关系和法定关系，尤其需要注意：当事人订立的合同无效时，只是不发生当事人约定的法律效果，但是会发生法定的法律效果。即使是在合同关系中，不仅存在约定的法律关系，而且还存在法定的法律关系。在债法领域，存在约定的债务关系和法定的债务关系；在物权法领域，存在着约定的物权关系（基于法律行为的物权变动），也存在法定的物权关系（非基于法律行为的物权变动）。约定关系和法定关系是民事案例分析的基本方法之一。

案例 12

甲将其手机出质给乙，双方订立质押合同，并依据质押合意交付手机。

1. 约定关系：

（1）质押合同关系

（2）设定质权的意思表示合意（物权合意）

2. 法定关系

（1）出质人和质权人之间的法定债务关系

（2）质权的效力

案例 13

甲将其手机出卖给乙，双方订立买卖合同，约定价款 100 元。甲依据让与合意将手机交付给乙，乙依据让与合意将一张 100 元纸币交付给甲。后查明，甲乙都无民事行为能力。

1. 约定关系

（1）负担行为无效（《民法典》第 144 条）

（2）处分行为无效（《民法典》第 144 条）

2. 法定关系

（1）原物返还（《民法典》第 235 条）

（2）不当得利返还（《民法典》第 122 条）

第二章　请求权基础分析方法[1]

一、分析案情及提出问题

（一）案情

1. 基本要素

（1）主体。民事案例分析首先需要找到民事案例中出现的主体（即"先找人"），包括自然人、法人或非法人组织，需要明确其是否具有从事各种行为的资格。首先明确主体的行为能力，其是否有资格作出意思表示，然后再具体分析当事人意思表示的具体内容。如果是组织，需要明确其是否具有法人资格；如果是代理人，需要明确其是否有代理权；如果是处分人，需要明确其是否有处分权；如果主体从事了特殊业务活动，则需要明确其是否具有从事该特殊业务活动的资质。

（2）时间。时间在民事案例中具有重要的意义，民事权利存在时间结构。[2]时间是重要的法律事实，能决定民事法律关系的变动。如在保险法上，被保险人和受益人死亡的先后顺序会直接影响保险金的归属。时间会决定民事权利的存续或消灭，时间会影响民事权利的效力。如形成权适用除斥期间，请求权适用诉讼时效，债权人对保证人的请求权适用保证期间和诉讼时效。在分析法律关系时，可按照时间的先后顺序，整理案例事实，并依次分析事实

---

〔1〕　参见［德］汉斯·布洛克斯、沃尔夫·迪特里希·瓦尔克：《德国民法总论》，张艳译，中国人民大学出版社 2012 年版，第 487-502 页。

〔2〕　债务关系是权利和请求权的来源，是一种结构或有机体。债务关系是一种时间进程或一种框架关系，其给付内容会随着时间进程发生变化。See Josef Esser, Schuldrecht Allgemeiner Teil, Verlag C. F. Müller Karlsruhe, 1968, S. 13.

引发的法律效果，这被称为案例的"历史分析方法"〔1〕。如分析物权法律关系时，可分析物权归属的历史线索，如某家具的所有权最初归属于甲，随后由乙继承，然后乙借给丙使用，丙出售给丁。该家具所有权的变动线索是：甲——乙——丁。

（3）地点。地点在民事案例中也具有重要的意义，民事权利存在着空间结构。地点会直接影响法律规则的适用，并影响民事案件的管辖。如在有受领人的意思表示解释中，需要从受领人的客观视角展开规范解释，而受领人的客观视角则需要考虑受领人所在地的交易习惯和交往观念。如在债务履行中，债务人所在地、债权人所在地对于确定债务履行地点至关重要。如在涉外票据适用中，出票地、付款地、行为地的法律都存在适用空间。

（4）事实：行为、意思、事件、原因、结果。在分析主体、时间和地点等要素之后，可以按照时间的先后顺序，再具体分析主体实施的行为，尤其是需要考查当事人的主观意思或意愿和发生的各种事件，并观察其发生的原因和相应的结果，对案例事实的整体有一个全面的把握。如出卖人甲（20周岁，具有完全民事行为能力）和买受人乙（22周岁，具有完全民事行为能力）于2021年11月11日在北京订立了家具买卖合同，其基本的法律效果是产生甲和乙之间的债权债务关系，甲负担向乙转移家具所有权的债务，乙负担向甲支付价款的债务。在民事案例的事实分析中，尤其需要重点深入分析阐释当事人的意思，不仅要阐释当事人的意思表示，而且还需要观察当事人的自然意思，以及当事人的主观意愿，这些都会直接影响法律效果。如交付构成中包含着当事人转移占有的自然意思，如果缺乏当事人转移占有的自然意思，则无法构成交付，虽然物的占有会发生移转，但是由于无法构成交付，无法转移物的所有权。再如在判断动产占有的脱离是否可以归责于所有人时，是否违背所有人的意愿而脱离占有是非常重要的，基于所有人意愿而丧失占有（如借用、租赁、保管等），则可归责于所有人，存在善意取得的空间，而非基于所有人意愿而丧失占有（被盗、被抢夺），则不可归责于所有人，不能适用善意取得。〔2〕

<hr>

〔1〕　参见王泽鉴：《民法思维》，北京大学出版社2009年版，第39页。
〔2〕　可归责性的判断体现了对所有人权益的保护，动产所有权善意取得制度不仅要保护善意买受人，同时还要兼顾动产所有人的保护，在交易安全和所有权保护之间达到一个平衡。See Baur/sturner, Sachenrecht, Verlag C. H. Beck, 2009, S. 665.

2. 方法

(1) 多次阅读、一一检索。对于民事案例的事实需要多次阅读，目光在事实和法律规范之间来回穿梭，[1]按照法律规范的各个构成要件，一一分析案例事实是否符合具体法律规范的构成要件，即将具体的案例事实 (Sachverhalt)，置于法律规范的要件 (Tatbestand) 之下，以获得一定结论 (Rechtsfolge) 的涵摄过程。

(2) 发现案情中存在漏洞，不得以"贴近现实和生活的方式"直接将它补充完整。民事案例分析应当完全遵从案例的客观事实，实事求是，不能以主观的方式来歪曲案件事实。

(3) 对于涉案人提出的看法是否符合事实要件进行分析。对案例中当事人提出的各种主张和请求，需要客观冷静地按照客观事实和法律依据展开分析和评价，不能将当事人主张的事实作为已经确定的客观事实。

(二) 提出问题

1. 案件提及的人可否向他人提出请求？在分析案例基本法律关系的基础上，展开一对一的请求权检索，首先针对案例研习中的焦点问题，对于案例中提及的主体对他人的请求权进行检索。民事案例分析的核心是当事人之间的请求权关系，即谁向谁基于何种法律规范可以提出何种请求权。

2. 每个人对其他人可能存在的请求权为何？对案例中出现的每个人，都可以分析其对其他人可能存在的请求权，以此构建案例当事人之间的请求权关系图谱，通过当事人的请求权关系来把握全案的法律关系。

二、请求权的审查规则

(一) 请求权人和请求权相对人

谁向谁？首先需要确定请求权的主体，谁是请求权人；然后需要确定，谁是请求权的相对人。这是请求权检索的第一步。

(二) 请求权的目的

首先需要确定的是请求的是什么？其次需要确定请求权的内容，即请求

---

[1] 参见王泽鉴：《民法总则》，北京大学出版社 2009 年版，第 39 页。

权人可以主张或希望的请求权内容是什么？如返还原物、返还收益、支付费用、损害赔偿、为或不为特定行为。

（三）请求权基础

基于什么提出请求？再次需要寻找支持请求权的法律规范（法条），即请求权基础。这是请求权检索最重要的一步，鉴定式的案例分析报告就是先提出请求权基础是否可以成立的假设，然后针对该请求权基础的假设展开论证，针对各个构成要件展开论证，得出中间结论，最后得出最终结论：请求权基础是否可以作为依据。请求权基础的寻找是民事案例分析的核心，请求权基础论证是民事案例分析的主体，在论证请求权基础是否成立时，可以展开充分分析和论证，甚至可以借鉴和引用经典的民法理论，并展开比较法上的深入观察，同时可参考我国相关的指导性案例。

三、存在多个请求权基础时的审查顺序

请求权的检索或审查存在逻辑的先后顺序。第一，审查合同上的请求权。第二，审查类合同的请求权。该请求权是指与合同紧密相关的请求权，如缔约过失、无因管理、无权代理、合同撤销后的信赖赔偿请求权等。第三，审查物权请求权。第四，审查侵权责任请求权。第五，审查不当得利请求权。合同请求权排在第一位是因为民事案例分析首先需要考虑当事人的意思表示和意愿，这与民法的意思自治原则是相符合的。类合同请求排在第二位，是因为类合同请求权是与合同紧密相关的请求权，因此必须紧跟合同请求权考虑。物权请求权为何排在第三位，位于侵权责任请求权和不当得利请求权之前，其理由在于物权请求权审查的前提是需要确定物的归属，而物的归属之确定是确定侵权损害赔偿数额的前提，物的归属不同，侵权损害赔偿数额和责任也存在区别，因此物权请求权必须在侵权责任请求权之前检索。在物权请求权检索之后，再检索侵权责任请求权。不当得利请求权一般放在最后检索，因为不当得利针对的是无正当法律根据的获益，而侵权责任请求权的主要目标是损害赔偿，从逻辑上讲，受害人先主张损害赔偿，然后主张返还不正当获益，更符合受害人利益之保护。还有一种理由是，不当得利是针对没有任何法律依据的获益，不当得利请求权具有整理性、兜底性的价值，因此在最后审查。不当得利产生的理由有很多，在请求权检索的最后，全面审视

相对人的获益，具体分析其获益的正当性基础，审查不当得利请求权是合理的。下面做具体阐述。

(一) 基于合同的请求权

1. (第一位的) 合同履行请求权

基于合同的请求权，首先需要考虑合同继续履行请求权，尽可能促进交易完成，提高交易的效率，如交付买卖物 (《民法典》第 601 条第 1 句)。合同继续履行，完成交易，在某种程度上可以鼓励交易，促进社会诚信，提高整个社会的交易效率，降低社会整体的交易成本。当然，合同不适合履行或履行成本过高的除外。

2. (第二位的) 基于合同的损害赔偿请求权和费用赔偿请求权

基于合同的请求权，其次需要考虑违约损害赔偿 (《民法典》第 577 条)。首先，无论合同是否可以继续履行，如果合同当事人存在违约行为，并造成对方当事人损失，都可以考虑违约责任请求权。违约包括违反主给付义务，还包括违反从给付义务，甚至还包括违反附随义务。其次，无论合同是否解除，违约责任请求权都不受影响。合同解除的法律效果仅仅是免除当事人的履行义务，未履行的，不必履行；已经履行的，返还财产、恢复原状，即转化为恢复原状债务关系，但是违约损害赔偿请求权不受影响。

合同请求权排在请求权检索顺序的第一位，其理由是，民事法律关系首先应当考虑当事人的意思表示，需要尊重当事人的意愿，这是民事案例分析的逻辑起点和基本原则。民法是以当事人意思自治为基础建构发展起来的，几乎所有的民事法律关系都是以当事人的意思或意愿为基础的，不仅需要考虑当事人的意思表示，还需要考虑当事人的自然意思，考虑当事人的其他主观意愿。如无因管理先考虑是否存在合同；物权变动需要考虑基于民事法律行为的物权变动；占有物返还请求权首先考虑是否存在合同；不当得利返还的前提是是否存在合同。其理由还包括，当事人的合同约定可直接影响，甚至排除后顺序的请求权。如果不深入剖析合同关系，后面的请求权检索可能会丧失其意义。[1]

引申而言，当事人的意思或意愿，在某种程度上，也决定了法律制度的

---

[1] See Christian Heimrich, Examensrepetitorium Zivilrecht, C. H. Beck, 2018, S. 3.

类型。

就合同关系而言，其法律关系完全是依据当事人的意思发生的，无论是债权合同，还是物权合同，其法律效果都是以当事人的意思为基础的。正是基于当事人意思表示内容的不同，合同关系区分为债权合同（负担行为）、物权合同（处分行为）。就类合同关系而言，其法律关系与合同关系紧密相连，与当事人的意思息息相关。就涉及无因管理的关系而言，如按照当事人意愿的不同，管理他人事务可以区分为为他人管理、为自己管理。根据是否符合受益人意愿，为他人管理可以区分为无因管理、不正当管理；根据管理人善意或恶意，又可以将为自己管理分为误信管理、不法管理。基于当事人意思或意愿的不同，构建了管理他人事务的法律规则体系。[1]就物权制度而言，在确定物权归属时，首先需要以当事人意思为标准，区分法律行为的物权变动和非法律行为的物权变动。物权公示公信制度的建构也是以当事人变动物权的意思表示为基础的。非法律行为的物权变动是无需公示的。就侵权责任而言，在一般侵权构成中需要考虑行为人的主观方面，其是否存在故意或过失。就不当得利而言，以受害人是否存在给付意思为标准，将不当得利区分为给付不当得利和非给付不当得利。[2]

当事人的意思或意愿是民事案例分析的逻辑起点，也是民事法律制度类型建构的基础，更是民事法律制度价值追求的归宿。

（二）类合同请求权

在检索合同请求权之后，审查类合同请求权。类合同请求权，也被称为准合同请求权，是与合同请求权紧密相关的请求权（如缔约过失责任请求权），或者类似合同请求权的请求权（如无因管理上的请求权），其可以准用合同请求权的规则。

1. 履行请求权（基于无权代理产生的请求权）

如：善意相对人对无权代理人的请求权（《民法典》第171条第3款）。恶意的无权代理人实施了无权代理行为，本人对此不予追认，此时，善意相对人可向无权代理人主张履行利益或信赖利益的赔偿。如果善意相对人选择

---

〔1〕　See Karl Lanrez, Lehrbuch des Schuldrecht, Band Ⅱ Besonderer Teil, C. H. Beck'sche Verlagsbuchhandlung, 1981, S. 344, 358.

〔2〕　See Brox / Walker, Besonderes Schuldrecht, C. H. Beck, 2018, S. 509, 512.

履行利益，则善意相对人可请求无权代理人履行合同。

2. 费用赔偿请求权（基于无因管理的请求权）

如：基于无因管理的请求权（《民法典》第 121 条）。无因管理中管理人和受益人之间的法律关系很多是参照委托合同处理的，因此将无因管理债务关系归入类合同法律关系，可以将基于无因管理产生的请求权作为类合同请求权处理。

3. 损害赔偿请求权（基于缔约过失责任的请求权）

如：基于缔约过失责任的请求权（《民法典》第 500 条）。缔约过失请求权是和合同订立紧密相关的请求权，当然也受到侵权法的指引。[1]

4. 损害赔偿请求权（基于撤销意思表示后的信赖利益损害赔偿请求权）

如：撤销意思表示后的信赖利益损害赔偿请求权（《民法典》第 157 条）。合同因重大误解被撤销后，存在信赖利益的损害赔偿请求权。

（三）物权及占有保护请求权、占有回复关系上的请求权

在检索类合同请求权之后，审查物权请求权以及占有保护请求权、占有回复关系上的请求权。

1. 物权请求权是以物权为基础的物权保护请求权，包括原物返还请求权（《民法典》第 235 条），妨害排除请求权（《民法典》第 236 条），妨害预防请求权（《民法典》第 236 条）等。物权请求权从属于物权产生，具有绝对性和支配力，可以对抗第三人。[2]物权请求权作为一种请求权，在不损害物权人的前提下，也可以参照适用债权请求权的一般规则，如给付不能、给付迟延、不完全给付、受领迟延等。[3]

2. 占有保护请求权（《民法典》第 462 条）基于占有被侵夺或被妨害产生，属于对占有之事实予以保护的请求权，其包括占有物返还请求权，占有妨害排除请求权，占有妨害预防请求权。占有保护请求权不考虑占有人是否有本权，只要占有受到侵夺或妨害，占有人都可以依法主张占有保护请求权。

3. 占有回复关系上的请求权（《民法典》第 459、460、461 条），在返还

---

〔1〕 See Jacob Joussen, Schuldrecht I—Allgemeiner Teil, Kohlhammer, 2013, S. 39.

〔2〕 参见孙宪忠：《中国物权法总论》，法律出版社 2014 年版，第 432 页。

〔3〕 参见王泽鉴：《民法物权 1：通则·所有权》，中国政法大学出版社 2001 年版，第 177-178 页。See Müller / Gruber, Sachenrecht, Verlag Franz Vahlen, 2016, S. 119.

占有物的过程中，占有人和占有物返还请求权人之间会发生法定债务关系，处理占有物的费用、收益和损害等问题，占有人请求返还请求权人支付费用，返还请求权人请求占有人返还收益并赔偿占有物的损失。由于存在占有关系，因此基于占有产生的特殊债务关系必须优先于一般的侵权规则和不当得利规则考虑。

（四）基于侵权的请求权（《民法典》第1165、1166条）

在物权请求权检索之后，审查基于侵权产生的请求权。基于侵权的请求权可以分为基于一般侵权产生的请求权和基于特殊侵权产生的请求权。侵权请求权的主要内容是损害赔偿，其核心目标是填补受害人的损害。

（五）基于不当得利的请求权（《民法典》第122条）

最后审查不当得利请求权。不当得利请求权的主要内容是返还无法律根据的获益，其核心目标是剥夺受益人不正当的获益。不当得利请求权依据是否存在受害人给付意思，分为基于受害人给付意思产生的给付不当得利和非基于受害人给付意思产生的非给付不当得利。

首先需要审查给付不当得利返还请求权，给付不当得利是指基于受害人给付意思产生的不当得利，即受害人有意识、有目的地增加受益人财产，而受益人获益无正当法律根据。可见受害人的给付意思在不当得利请求权的审查类型中起着决定性的作用，而且在给付关系判断中，受害人的给付意思同样发挥着决定性作用，其焦点问题是受害人给付意思的解释。[1]

其次需要审查非给付不当得利返还请求权，非给付不当得利是非基于受害人给付意思产生的不当得利，即通过受害人给付之外的方式获得的不正当利益，主要包括权益侵害不当得利、费用补偿不当得利、求偿不当得利等。权益侵害不当得利是指侵害专属于受害人的权益获得的不正当利益。费用补偿不当得利是指受害人无意识、无目的地增加了受益人财产，使得受益人获得不正当利益。求偿不当得利是指受害人为自己利益清偿了受益人的债务，受益人获得债务免除的不正当利益。[2]

---

〔1〕　See Hans Josef Wieling, Bereicherungsrecht, Springer-Verlag Berlin Heidelberg, 2007, S. 13, 18.

〔2〕　See Dieter Medicus, Stephon Lorenz, Schuldrecht Ⅱ Besonderer Teil, Verlag C. H. Beck, 2010, S. 413.

四、多个请求权的竞合和聚合

(一) 给付内容同一：竞合——择一

在多个请求权并存时，需要具体分析请求权的具体内容。如果请求权的内容是相同的，则请求权构成竞合关系，如违约损害赔偿请求权与侵权损害赔偿请求权的竞合。当事人可以选择其一主张，如果当事人选择的请求权之目的未能实现，当事人可继续选择其他的请求权主张。

(二) 给付内容不同：聚合——并用

当多个请求权并存时，如果请求权的内容是不同的，则构成请求权聚合关系，[1] 当事人可一并主张多个请求权。如原物返还请求权与损害赔偿请求权的聚合。又如在无因管理中，管理人可向受益人主张：费用偿付请求权、损害补偿请求权。

甲的房屋出租给乙，租期届满，乙拒不返还。甲向乙如何主张请求权？

就返还房屋的给付而言，甲可：

1. 依据《民法典》第 733 条第 1 句（基于合同），主张租赁物返还请求权；

2. 依据《民法典》第 235 条（基于物权），主张原物返还请求权；

3. 依据《民法典》第 122 条（基于不当得利），主张房屋占有的不当得利返还请求权；

该 3 个请求权给付内容同一，构成请求权竞合。

就损害赔偿的给付而言，甲可：

1. 依据《民法典》第 577 条（基于合同），主张违约损害赔偿请求权；

2. 依据《民法典》第 1165 条第 1 款（基于侵权），主张侵权损害赔偿请求权；

该 2 个请求权给付内容同一，构成请求权竞合。

五、单个请求权的审查

单个请求权的审查需要先后回答三个问题，首先，请求权是否成立？即

---

〔1〕 参见王泽鉴：《民法思维》，北京大学出版社 2009 年版，第 130-131 页。

当事人主张的请求权是否符合请求权基础的构成要件，是否可以依据请求权基础主张请求权。其次，请求权是否仍然存在？即当事人的请求权成立后，是否因为某种原因消灭。如债务人已经清偿债务，导致债权人的请求权消灭。最后，请求权是否可以实施？即当事人主张的请求权是否可以实施或执行，对方当事人是否享有抗辩权，可以阻止请求权的实现。如债权请求权的诉讼时效届满后，债务人享有诉讼时效完成的抗辩权。

（一）请求权的产生

1. 请求权的产生取决于已知的案情是否准确满足请求权基础的各个抽象构成要件。正如上文所述，需要将案例事实置于请求权基础的法律规范的构成要件之下，一一展开涵摄，判断该事实是否符合法律规范的构成要件。请求权是否产生或成立的判断是民事案例分析最关键，也是最核心的步骤。

2. 审查对权利阻止之抗辩。在审查请求权产生的各个构成要件时，同时需要考虑否定请求权成立的消极因素，即需要审查阻止请求权产生的抗辩事由。就合同请求权而言，需要考虑合同不成立，合同无效的抗辩事实。

（二）请求权未消灭

在确定请求权产生或成立后，需要审查请求权是否已经消灭。请求权会因履行、提存、抵销、免除而消灭。合同中的请求权还会因合同解除而消灭，取而代之的是恢复原状的法定债务关系。

（三）请求权的可实施性

在确定请求权产生而且未消灭之后，需要审查请求权是否可以执行，即相对人是否存在对抗或阻止请求权的抗辩权。如双务合同中的履行抗辩权、时效抗辩权。公司法上股东以出资为限的有限责任抗辩权。继承法上继承人以继承财产为限的限定继承抗辩权。

六、单个请求权的构成要件和法律效果

（一）合同请求权

合同是民事主体之间达成意思表示一致，设立、变更、终止民事法律关系的协议。合同请求权是基于合同产生的请求权。

1. 构成要件

(1) 合同成立：合同当事人意思表示一致

首先需要分析合同是否成立，合同当事人是否有订立合同的合意，即意思表示一致。此时，需要分别分析当事人的要约和对方当事人的承诺。同时需要注意，对于一些特殊的实践合同，该合同在当事人交付标的物时合同才能成立，如定金合同，只有在当事人交付定金时，定金合同才能成立（《民法典》第 586 条第 1 款）。又如自然人之间的借款合同，只有在自然人提供借款时，借款合同才能成立（《民法典》第 679 条）。

①要约。当事人一方发出要约，其内容具体明确，并表明一经承诺即受合同约束的意思。[1]

②承诺。对方当事人针对要约作出承诺，合同成立。

(2) 合同生效

在合同成立之后，需要审查合同是否生效。合同生效与否本质上是指合同当事人的意思表示能否生效，即能否发生当事人意欲的法律效果。合同生效有一般生效要件和特殊生效要件。合同的一般生效要件主要是针对意思表示的资格、意思表示的过程、意思表示的内容等 3 个方面的要件。

首先是意思表示的资格要件，当事人需要具有作出意思表示的资格。该资格主要包括行为能力、处分权、代理权等，如自然人无民事行为能力的，其实施的民事法律行为无效。代理人无代理权而实施代理行为的，构成无权代理。处分人无处分权而作出处分行为的，构成无权处分。还包括其他限制，如在婚姻法上，有禁止结婚的亲属关系不能结婚，否则婚姻无效。

其次是意思表示的过程要件，当事人作出意思表示的过程不存在瑕疵，意思表示真实。意思表示过程的瑕疵包括意思表示不一致，意思表示不自由。意思表示不一致包括故意的不一致和偶然的不一致。意思表示故意的不一致包括单方的故意不一致（真意保留、戏谑行为），双方的故意不一致（通谋虚伪、恶意串通）；意思表示偶然的不一致主要是重大误解。意思表示不自由包括欺诈、胁迫等，意思表示瑕疵会影响民事法律行为的效力。

最后是意思表示的内容方面，当事人意思表示的内容不违法，不违背公序良俗。如果当事人意思表示的内容违反强制性法律规范中的效力性规范，

---

[1] 参见张俊浩主编：《民法学原理》，中国政法大学出版社 1991 年版，第 669 页。

会导致民事法律行为无效。

合同的特别生效要件主要是指当事人通过对合同附加条件或期限来影响合同效力，主要针对的是附条件和附期限的合同。如当事人对合同附加停止条件，在停止条件成就时，合同才能生效。当事人也可以对合同生效附加始期，在约定的期限到来时，合同才生效。

（3）合同履行

在合同生效之后，需要具体分析合同约定的义务，然后具体分析合同履行的实际状况，审查对方当事人是否违反了合同约定的义务。如果对方当事人违反了合同约定的义务，则其行为构成违约。之后，还需要考虑违约责任的抗辩和免责事由，如不可抗力。

2. 法律效果

合同请求权的主要法律效果是承担违约责任，即继续履行、采取补救措施和损害赔偿（《民法典》第577条）。如果符合合同解除的情形，还可以主张解除合同（《民法典》第563条）。

（二）基于无因管理的请求权

无因管理是指没有法定或约定义务，有为他人管理事务的意思且不违反他人的意思，为他人管理事务的行为。无因管理产生管理人和受益人之间的法定债务关系。无因管理上的请求权包括管理人对受益人的请求权，也包括受益人对管理人的请求权。

1. 构成要件

无因管理的构成要件包括以下几个方面。

（1）管理事务。管理人实施了积极的管理事务之行为，不作为不构成无因管理。管理事务的行为可以是法律行为，也是可以非法律行为（事实行为、准法律行为）。

（2）管理他人事务。在客观上，管理人管理了他人的事务，而不是自己的事务。管理人误将自己的事务当作他人的事务进行管理，不构成无因管理。如甲为躲避横穿马路儿童而受伤，有学者主张，躲避小孩属于甲自己的事务，不属于他人事务，该行为不构成无因管理。

（3）有为他人管理之意思。在主观上，管理人有为他人管理的意思。管理人为他人管理之意思是无因管理的核心构成要件，也是管理事务类型化的标准。如果管理人缺乏为他人管理之意思，其管理行为不构成无因管理。

（4）无约定或法定的义务。管理人的管理行为没有约定或法定的义务，既未受到受益人的委托，也不存在法定的义务。争议的问题是，管理人履行自己和相对人的合同，是否可以构成对第三人的无因管理。[1]

（5）管理事务不违反本人明示或可得推知之意思，但本人意思违反法律或公序良俗的除外。无因管理的核心目的在于协调社会互助和个人自治之间的关系，无约定或法定义务擅自管理他人事务，首先应当尊重他人的意愿，尊重个人意思自由，当然个人意思违法或违背公序良俗的除外。如甲欲自杀，乙抢救之，即使乙的抢救行为违反了甲的意愿，其行为依然构成无因管理。

2. 法律效果

无因管理成立后，在管理人和受益人之间产生法定债务关系。

管理人可请求受益人支付因管理事务而支出的必要费用，并补偿因管理事务遭受的相应损失。受益人可请求管理人返还因管理事务所获得的财产。

（三）缔约过失责任请求权

缔约过失责任是指在合同订立过程中，当事人违反了先合同义务造成了对方当事人损失应当承担的损害赔偿责任。缔约过失责任请求权是指因缔约当事人违反先合同义务而遭受损害的相对人请求缔约当事人承担损害赔偿责任的请求权。

1. 构成要件

（1）缔约一方违反先合同义务。缔约的一方当事人在合同订立过程中，违反了先合同义务，违背了诚信原则，[2]如恶意中断磋商。先合同义务包括说明义务、保密义务、安全保障义务等。

（2）相对人受有损失。因缔约的一方当事人违反先合同义务导致相对人受到损失，该损失主要是信赖利益的损失，即信赖合同有效成立的损失，还包括固有利益的损失，如人身和财产损失，还可以包括订立不利合同的损失。有理论认为，如果合同本来可以订立并履行，但是因为缔约一方当事人违反先合同义务导致合同未能订立，相对人甚至可以主张履行利益的损害赔

---

〔1〕 See Dirk Looschelders, Schuldrecht Allgemeiner Teil, Verlag Franz Vahlen, 2017, S. 62.

〔2〕 参见王利明主编：《民法》，中国人民大学出版社 2010 年版，第 83-84 页。

偿。〔1〕

（3）违反先合同义务和相对人的损失有因果关系。相对人的损失直接由先合同义务违反导致，二者之间存在直接因果关系。

（4）无民事行为能力人或限制民事行为能力人一般不能成为缔约责任主体。缔约过失责任属于与合同紧密相关的法律责任，无民事行为能力人或限制民事行为能力人被限制参与民事法律行为活动，因此其一般不承担缔约过失责任，但是其可以承担不当得利返还责任，其监护人可承担相应的侵权责任。

2. 法律效果

缔约过失责任的主要法律效果是损害赔偿。

（四）原物返还请求权

原物返还请求权是指物权人请求无权占有人返还原物的请求权。

1. 构成要件

（1）请求权人系物权人（所有人）。原物返还请求权属于物权请求权，具有绝对性。请求权人是物权人，主要包括所有人和他物权人（建设用地使用权人、土地承包经营权人、宅基地使用权人、质权人、留置权人等）。

（2）相对人构成无权占有。相对人是物的占有人，其占有对于原物返还请求权人而言属于无权占有，因此相对人又可称为无权占有人。相对人是否构成无权占有，核心是相对人是否有占有的权利，如果其有占有的权利，还需要分析该占有之本权是否可以对抗原物返还请求权人的物权。如果占有之本权是债权，还需要分析该原物返还请求权人是否同时是该债权关系的当事人，是否受到该债权关系的约束。如果占有之本权是物权，则需要分析物权和物权的竞争关系和先后关系。

2. 法律效果

原物返还请求权人请求无权占有人返还原物。

（五）占有物返还请求权

占有物返还请求权是指占有被侵夺之人请求侵夺占有者返还占有物的请求权。

---

〔1〕　See Manfred Wandt, Gesetzliche Schuldverhältnisse, Verlag Franz Vahlen, 2019, S. 36, 37.

1. 构成要件

（1）请求权人系占有人。该占有是事实上的占有，不考虑占有人是否有本权，只要对物有占有之事实，[1]即可受到占有物返还请求权的保护。

（2）相对人侵夺请求权人的占有。侵夺是指非基于占有人的意思而排除其对物的事实上的管领力，如偷盗、抢夺。[2]

2. 法律效果

占有物返还请求权人请求侵夺占有人返还占有物。

（六）侵权责任请求权

侵权责任是指行为人侵害他人民事权益造成损害的，应当承担的损害赔偿责任。侵权责任的基础在于可归责性。法益所有者应自己承担该法益上的损害，损害由法益所有者负担，如果由他人负担损失，则需要例外的理由，该理由即"归责"。[3]只有当行为人的行为符合侵权责任的构成要件时，行为人才需要承担侵权责任。侵权责任请求权是受害人请求侵权行为人承担侵权责任的请求权。

1. 构成要件

侵权责任的构成要件包括侵权责任成立构成要件和侵权责任范围构成要件。

第一，侵权责任成立构成要件

侵权责任成立构成包括该当性（事实构成）、违法性和有责性三阶层。

（1）事实构成

①权益受到侵害。受害人受法律保护的权益受到侵害，受法律保护的权益不仅包括法律规定的权利，还包括法律保护的利益，如个人信息。

②权益侵害由可归责的侵害行为导致，行为包括作为或不作为。权益侵害与侵害行为之间存在因果关系，权益侵害在法律规范保护目的范围之内。

（2）违法性

侵害行为具有违法性（不存在违法阻却事由：如正当防卫、紧急避险、

---

[1] 在物的成分之上，也可以形成占有关系。

[2] 参见王泽鉴：《民法物权2：用益物权·占有》，中国政法大学出版社2001年版，第341页。

[3] See Karl Lanrez, Lehrbuch des Schuldrecht, Band Ⅱ Besonderer Teil, C. H. Beck' sche Verlags-buchhandlung, 1981, S. 344, 588.

自助行为等）。

（3）有责性

行为人有责任能力。[1]

行为人有过错。行为人存在故意或过失。

第二，侵权责任范围构成要件

（1）侵权行为和损害结果之间存在因果关系，而且损害结果在法律规范保护目的范围之内。

（2）与有过失。与有过失是指受害人对损害的发生也存在过失，主要是受害人违反了不真正义务，对损失的发生或扩大存在过失，受害人需要分担与其过失相应的损失。如受害人在受伤后，未能及时去医院治疗，导致损害结果扩大，对于扩大的损失，受害人不能请求损害赔偿。

（3）损益同销。损益同销是指基于同一损害之原因，受害人获得利益，在计算损害赔偿数额时，应将该获益扣除。损害与该收益存在相当因果关系，扣除获益对侵权人与受害人都是正当且合理的。[2]

2. 法律效果

侵权责任请求权的主要法律效果是受害人请求侵权行为人赔偿损失。

（七）不当得利返还请求权

不当得利是指没有正当法律根据的获益。不当得利返还请求权是指受害人请求受益人返还其获得的不正当利益。

1. 构成要件[3]

（1）受益人取得利益。受益人获得的利益包括积极利益，如获得财产权、使用权、收益权等，也包括消极利益，负担的债务被免除，应当支付的费用没有支付。

（2）受益人经由受害人给付或通过给付之外的方式获益。受益人的获益

---

〔1〕 See Manfred Wandt, Gesetzliche Schuldverhältnisse, Verlag Franz Vahlen, 2019, S. 519, 522.

〔2〕 不当得利构成要件有三要件说，四要件说。三要件说按照统一说和非统一说而有所区别。四要件说是指：（1）受益人受益；（2）受害人受害；（3）受益和受害之间存在因果关系；（4）受益人受益没有正当的法律根据。三要件说则省略了受害人受害的要件，并通过给付关系和非给付关系的认定来分析因果关系。参见江平主编：《民法学》，中国政法大学出版社2019年版，第600-602页；See Wolfgang Fikentscher, Andreas Heinemann, Schuldrecht, De Gruyter, 2017, S. 856, 862.

〔3〕 See Manfred Wandt, Gesetzliche Schuldverhältnisse, Verlag Franz Vahlen, 2019, S. 519, 522.

通过受害人给付的方式或受害人给付之外的方式获得。

（3）受益人获益欠缺正当的法律根据。但是为履行道德义务进行的给付、债务到期之前的清偿、明知无给付义务而进行的债务清偿不构成不当得利（《民法典》第 985 条但书）。

2. 法律效果

受害人请求受益人返还获得的不当利益。

第二编

民事案例研习

第三章　民法总论

第一节　民法概述

案例 1

甲将其自行车出卖给乙，双方订立买卖合同，约定价款 100 元。甲依据让与合意将自行车交付给乙。乙依据让与合意将一张 100 元的纸币交付给甲。

问题：当事人一共发生几个民事法律行为？

答题指引

民事案例分析的基本思路是区分债权关系和物权关系。首先需要找到民事案例中的主体，确定主体之间的债权关系，然后需要找到民事案例中的物，确定人对物的物权关系。在此基础上分步分析债权关系中当事人实施的债权行为，物权关系中当事人的实施的物权行为。

1. 债权关系。

该案的主体是甲和乙，甲乙之间存在一个买卖合同关系，甲乙通过要约和承诺订立了一个买卖合同，产生买卖合同的债权债务关系。甲乙之间作出了一个债权行为，订立了一个买卖合同，该行为系双方民事法律行为（《民法典》第 134 条、第 464 条第 1 款）。

甲履行了合同约定的交货义务，将自行车交付给乙，转移了自行车的所有权给乙。乙受领甲交付的自行车，乙的交货请求权消灭，同时甲的交货义务消灭。民法理论上，可以将乙的受领行为解释为处分行为，该受领行为导致乙的交货请求权消灭，同时将甲的交货义务消灭解释为取得行为。[1]乙也履行了合同约定的付款义务，将100元纸币的所有权转移给了甲。甲受领乙交付的货币，甲的付款请求权消灭。甲的受领行为可解释为处分行为，其导致甲的付款请求权消灭，同时可将乙的付款债务消灭解释为取得行为。

负担行为产生债权债务关系，而债权人的受领导致债权债务消灭。如何解释债权人的受领存在不同的观点和学说，有的将债权人的受领解释为受领资格，有的将债权人的受领描述为受领行为，并将其解释为处分行为。但是无论解释为受领资格，还是受领行为，都清晰地表明了债务发生和债务消灭的不同阶段，这种区分是有价值的，尤其是对于未成年人而言。未成年人受领了清偿，但是未成年人并没有受领清偿的资格或者说没有受领权，因此债权不会因为未成年人受领而消灭。[2]

2. 物权关系。

该案涉及两个物，一辆自行车和一张100元的纸币。甲将一辆自行车的所有权转移给乙，甲乙双方达成转移自行车所有权的意思表示合意（物权合同），并结合交付，发生该自行车所有权的变动（《民法典》第134条、第464条第1款、第224条），甲丧失该自行车的所有权（处分行为），乙取得该自行车的所有权（取得行为）。甲将一张100元纸币所有权转移给乙，甲乙双方达成转移100元纸币所有权的意思表示合意（物权合同），并结合交付，发生该100元纸币所有权的转移（《民法典》第134条、第464条第1款、第224条），乙丧失该100元纸币的所有权（处分行为），甲取得该100元纸币的所有权（取得行为）。

◆ 理论评析

1. 在民事案例研习中，首先需要区分债权关系和物权关系，先找到案例中出现的民事主体（"找人"），明确民事主体之间存在的债权债务关系。然后需要找到案例中出现的物（"找物"），明确是否发生了物权变动，并明确

---

[1] See Karl Lanrenz, Manfred Wolf, Allgemeiner Teil des Deutschen Bürgerlichen Rechts, C. H. Beck Verlagsbuchhandlung, 1989, S. 326.

[2] See Karl Larenz, Lehrbuch des Schuldrechts, Allgemeiner Teil 14, Auflage, Verlag C. H. Beck, 1987, S. 240.

其中的物权关系。

2. 一般认为，在该案中，当事人存在 3 个民事法律行为，一个负担行为（债权行为）：订立买卖合同。两个处分行为（物权行为）：处分自行车所有权的处分行为、处分 100 元纸币所有权的处分行为。但是如果考虑债权清偿中的受领，将受领理解为受领行为，并适用处分行为的规则，则又可以包括 2 个消灭债权的处分行为。如果采取取得行为的概念，则还可以包括 6 个取得行为（甲取得价款债权、乙取得请求交付自行车的债权、甲取得交货债务消灭的效果、乙取得付款债务消灭的效果、甲取得货币所有权、乙取得自行车所有权）。[1]

案例 2

甲将其房屋出租给乙，租期 1 年。租期届满后，乙拒绝返还。

问题：甲可以向乙主张哪些请求权？

答题指引

甲对乙的请求权的检索可以从合同请求权开始寻找，然后考虑类合同请求权，然后检索物权请求权，随后是侵权请求权，最后是不当得利请求权。

1.《民法典》第 577 条、第 733 条第 1 句（合同）

甲是否可以依据《民法典》第 577 条、第 733 条第 1 句请求乙承担违约责任？甲和乙订立了房屋租赁合同，双方存在房屋租赁合同关系，乙在租赁合同期满后，拒不返还房屋，该行为违反合同约定，属于违约行为。甲可依据《民法典》第 577 条请求乙承担违约责任，请求乙继续履行合同，按约返还房屋《民法典》第 733 条第 1 句），并对因迟延返还房屋造成的损害承担损害赔偿责任。

结论：甲可以依据《民法典》第 577 条、第 733 条第 1 句请求乙承担违约责任。

2.《民法典》第 235 条（物权请求权）

甲是否可以依据《民法典》第 235 条请求乙返还房屋，前提是甲系所有人，而乙构成无权占有。甲系房屋所有人，乙在租赁合同期满后继续占有该房屋，其占有系无权占有，甲可依据《民法典》第 235 条请求乙返还房屋。

---

〔1〕 See Wolfgang Fikentscher, Andreas Heinemann, Schuldrecht, De Gruyter, 2017, S. 194.

结论：甲可以依据《民法典》第 235 条请求乙返还房屋。

3.《民法典》第 1165 条第 1 款（侵权）

甲是否可以依据《民法典》第 1165 条第 1 款请求乙承担侵权责任？乙拒不返还房屋，影响甲对房屋的使用收益，侵害了甲对房屋享有之占有使用权益。乙的侵害行为具有违法性，不存在违法阻却事由，乙在主观上存在故意，乙的侵权责任成立。

结论：甲可依据《民法典》第 1165 条第 1 款的规定请求乙赔偿损害。

4.《民法典》第 122 条（不当得利）

甲是否可以依据《民法典》第 122 条请求乙返还占有房屋和使用房屋的利益？乙在租赁合同期满占有该房屋，乙获得了占有房屋和使用房屋的利益，该利益属于房屋所有人甲的利益，乙的获益缺乏正当的法律根据，乙占有和使用房屋的利益构成不当得利。

结论：甲可依据《民法典》第 122 条请求乙返还房屋以及房屋使用的利益。

总结：就房屋返还的请求权而言，依据《民法典》第 733 条第 1 句产生的返还租赁物的请求权，依据《民法典》第 235 条产生的原物返还请求权，依据《民法典》第 122 条产生的占有之不当得利的返还请求权，由于给付内容相同，构成请求权竞合。

◆ **理论评析**

在厘清当事人法律关系的基础上，可以展开一对一的请求权检索，在分析当事人的请求权关系时，需要严格依照合同——类合同——物权——侵权——不当得利的请求权检索顺序进行，不能遗漏。在请求权全面检索之后，对于请求权内容相同，但是有不同请求权基础的，可以构成请求权竞合，当事人可择一行使；而对于请求权内容不同，请求权基础也不同的，则可以构成请求权聚合，当事人可一并主张。[1]如该案中，甲可依据《民法典》第 235 条请求乙返还原物，同时可依据《民法典》第 577 条请求乙承担违约损害赔偿责任。

---

〔1〕 参见王泽鉴：《民法思维》，北京大学出版社 2009 年版，第 130 页。

案例 ③

甲委托乙保管自己的自行车，乙将该价值 150 元的自行车以 160 元出售给恶意的丙（丙知道该车系甲委托乙保管），双方依据让与合意交付之。丙向乙支付了价款。

问题：

1. 甲对乙的请求权基础是？
2. 甲对丙的请求权基础是？

答题指引

问题 1：

（一）《民法典》第 577 条（合同）

甲是否可以依据《民法典》第 577 条请求乙承担违约责任。甲乙之间存在保管合同，乙未尽到妥善保管义务（《民法典》第 892 条第 1 款），反而擅自将该保管物出售给丙，属于违约行为。

结论：甲可依据《民法典》第 577 条的规定请求甲承担违约责任。

（二）《民法典》第 121 条、第 980 条（类合同：准用无因管理）

甲是否可以依据《民法典》第 121 条、第 980 条请求乙返还其出售自行车获得的价款。乙为自己之利益擅自出售甲之自行车，并获得超额利益。为剥夺乙获得的利益，甲可类推适用《民法典》第 121 条，并依据《民法典》第 980 条之规定享有管理事务之利益（准用无因管理），请求乙返还其出售自行车所获得的价款。无因管理是管理人与受益人之间的法定债务关系，管理人负担向受益人返还因管理事务获得之全部利益的债务，准用无因管理的主要功能在于剥夺管理人获得的超额利益。因此，甲依据《民法典》第 980 条之规定，主张享有管理事务的利益，可请求乙返还其擅自出售甲之自行车获得的 160 元价款。与此同时，甲也需要按照无因管理债务关系的规则，向乙支付必要的管理费用，并适当补偿乙因管理事务而遭受的损失（《民法典》第 979 条第 1 款）。

结论：甲可依据《民法典》第 121 条、第 980 条请求乙返还其出售自行车获得的价款。

（三）《民法典》第235条（物权请求权）

甲是否可以依据《民法典》第235条请求乙返还自行车。前提是甲系所有人，而乙对该自行车构成无权占有。该车的所有权最初归属于甲，乙擅自将甲的自行车出售给丙的处分行为，属于无权处分，效力待定。由于买受人丙系恶意，其不能善意取得该自行车之所有权，依据《民法典》第311条第1款之规定，善意取得有三个要件：善意、支付合理对价和交付。因此丙不能善意取得该车之所有权，该车所有权依然属于甲。乙将该自行车出售给丙，乙丧失了对该车的占有，乙不是该车的占有人，不存在无权占有，因此甲无法向乙主张原物返还请求权。

结论：甲不可以依据《民法典》第235条请求乙返还自行车。

（四）《民法典》第1165条第1款（侵权）

甲是否可以依据《民法典》第1165条第1款的规定请求乙承担侵权责任。乙擅自出售甲之自行车，虽然未侵害甲之自行车的所有权，但是乙的擅自出售行为影响了甲的占有和使用，不法侵害甲占有使用该车之权益，乙在主观上存在故意，乙之行为构成侵权。甲可请求乙赔偿自行车之占有使用利益的损失。

结论：甲可依据《民法典》第1165条第1款的规定请求乙承担侵权责任。

（五）《民法典》第122条（不当得利）

甲是否可以依据《民法典》第122条的规定请求乙返还不当得利。乙擅自出售甲之自行车获益160元，但甲的所有权并未受到损害（由于丙系恶意，无法善意取得该车之所有权，甲依然系该车之所有人）。甲无法向乙主张所有权之权益侵害的不当得利。但是甲可追认乙擅自出售该车之无权处分行为，使得该处分行为确定有效，丙获得该车之所有权，甲则确定丧失该车之所有权，但乙处分该车所获得之价款系擅自处分他人之物所获得之收益，构成权益侵害之不当得利。甲可依据《民法典》第122条的规定请求乙返还处分该车所获得之价款。

结论：甲可以依据《民法典》第122条的规定请求乙返还不当得利。

争议的问题是，返还价款的范围是150元，还是160元，是否包括超出市场价格的超额利益。民法理论认为，如获益源于无权处分他人财产获得，属于侵害他人所有权而获益，应当返还其获得的所有利益，因为该利益是基于处分他人财产而获得。但是，如果处分人已经获得物的所有权，基于处分自己的财产而获益，则返还利益之范围不能包括超额利益。[1]如甲错误向乙支付了1万元，乙获得了该1万元的所有权，乙将该1万元投资到股市，获益10万，因乙已经获得了该1万元的所有权，属于处分自己财产而获得超额利益，其不当得利返还的范围不包括超额利益，而只需要返还1万元及相应利息。超额利益返还是不当得利返还中的难点问题。笔者的观点是，首先需要明确当事人的具体法律关系类型，不同的法律关系类型，其返还范围是存在区别的。如公司和董事之间存在信义关系，董事将公司资金据为己有后，进行投资，其所有的获益，包括超额利益都应当返还。其次需要明确受益人获得的超额利益是源于处分他人财产，还是源于处分自己财产（此时需要在物权变动中明确物的归属），如果处分他人财产的获益，则源于他人财产的获益，包括超额利益，必须一并返还。但是，如果处分人已经获得了物或权利的所有权，通过处分自己的财产获益，则返还利益一般不宜包括超额利益。如果受害人想追回超额利益，可以考虑准用无因管理规则，依据《民法典》第980条的规定，主张享受管理事务的利益。[2]

问题2：

（一）《民法典》第235条（物权请求权）

甲是否可以依据《民法典》第235条的规定请求丙返还自行车，前提是甲系该车的所有人，丙对该车构成无权占有。正如上文所述，因丙系恶意，不能善意取得该车之所有权，所有人依然是甲。对甲而言，丙对车的占有构成无权占有。虽然丙与乙的买卖合同有效，且占有该车，但该买卖合同系债之关系，具有相对性，该占有也具有相对性，无法向甲主张其效力。因此丙对该车之占有系无权占有，甲系该车之所有人。

结论： 甲可依据《民法典》第235条的规定请求丙返还该车。

（二）《民法典》第122条（不当得利请求权）

甲是否可以依据《民法典》第122条请求丙返还占有该自行车的不当得利。丙获得了该自行车的占有之利益，该占有之利益基于乙的给付获得，乙

---

〔1〕 See Ulrich Loewenheim, Bereicherungsrecht, C. H. Beck, 2007, S. 139.

〔2〕 参见黄薇主编：《中华人民共和国民法典合同编释义》，法律出版社2020年版，第1037-1038页。

丙之间订立了买卖合同，乙基于买卖合同向丙交付了自行车。占有是一种占有管领占有物的事实，丙的占有利益基于乙丙之间的买卖合同获得，有正当法律根据。

结论：甲不可以依据《民法典》第 122 条请求丙返还占有该自行车的不当得利。

◆ **理论评析**

无权处分行为的追认问题。对于无权处分行为，追认具有重大实益，尤其是在标的物难以追回或追回成本过高时或者权利人希望获得价款补偿时。如乙偷盗甲的衬衣并擅自出售给商场，商场将其出售给消费者，由于盗赃物不能适用善意取得，甲可以依据《民法典》第 235 条的规定请求消费者返还原物，但是衬衣已经使用，而且一一向消费者主张返还衬衣，也不现实。此时，甲可追认商场的无权处分行为，而径直向商场主张权益侵害之不当得利返还，可请求商场返还出售衬衣的价款。商场处分了甲的衬衣的获益属于侵害甲之衬衣所有权的获益，应当予以返还。

追认时还应当注意下列问题：

（1）权利人可在一系列的无权处分中选择其一予以追认。如甲将手机交给乙保管，乙擅自将之出售给恶意的丙，丙又出售给恶意的丁，丁又出售给恶意的戊。甲可选择其中任一无权处分行为予以追认。

（2）允许权利人的追认为附有不支付价款为其解除条件的追认，即如果无权处分人不支付价款，则追认失效，无权处分行为依然效力待定，权利人依然享有所有权。即允许追认与无权处分人支付价款同时履行，权利人只有在确实获得利益后，追认才能确定发生效力。如甲将手机交给乙保管，乙以1000 元擅自出售给恶意的丙。甲对乙的追认在甲获得乙返还的价款时才确定生效。[1]

（3）不允许无权处分人返还时，扣除其从前手取得时向前手支付的费用，无权处分人可向前手主张瑕疵担保责任。如甲的手机交给乙保管，乙擅自以 100 元出售给恶意的丙，丙再以 120 元转卖给恶意的丁。甲追认丙的

---

〔1〕参见 ［德］迪特尔·梅迪库斯：《德国债法分论》，杜景林、卢谌译，法律出版社 2007 年版，第 571-572 页。

无权处分行为，请求丙返还 120 元价款，丙不可主张扣除其向乙支付了 100 元价款。如果允许无权处分人扣除其向前手支付的价款，则追认毫无意义可言。[1]

案例 ④

甲乙系很好的朋友。甲打算将一些生活用品拿到旧货市场上出售，但是甲的汽车坏了，正在修理厂修理。于是甲请求乙用其汽车存放该生活用品，乙欣然同意。乙让甲将该生活用品放在自己的汽车里。当甲的汽车修好，甲去乙车里取该生活用品时，发现这些物品都受潮了，大部分都不能使用了，经济损失按市场价计算大概 8000 元。后来发现，乙的车门里夹了一根电线，虽然门可以正常关闭，但是留下了一条裂缝，水可以渗透进去。存放该物品的当天晚上，正好下了一场雨，雨水顺着汽车门缝渗透进车内，将该物品全部浸泡了。甲向乙主张 8000 元的损害赔偿，乙主张自己仅仅是帮甲一个忙，而且自己也没有注意到汽车门关闭时夹了一根电线，导致门无法密闭。

问题：甲对乙是否有 8000 元的损害赔偿请求权？

答题指引

一、《民法典》第 897 条第 1 句

甲是否可以依据《民法典》第 897 条第 1 句的规定请求乙承担违约损害赔偿责任。

（一）甲乙存在保管合同关系

乙抗辩，甲乙之间不存在保管合同关系，而是好意施惠关系。该抗辩不成立。不能因为系无偿行为，就排除保管合同的成立，甲乙之间存在保管合同关系。保管合同成立的前提是甲乙之间存在意思表示的合意，双方都表明了受法律约束的效果意思，同时保管合同系实践合同，需要交付保管物，保管合同才能成立。（1）甲发出了订立保管合同的要约。该要约的内容具体明确，表明了甲受约束之效果意思。（2）乙做出了同意订立保管合同的承诺。（3）甲向乙交付了生活用品，该保管合同成立。甲乙之间达成了保管意思表示的合意，保管合同可以成立。

---

[1] See Medicus / Lorenz, Schuldrecht Ⅱ Besonderer Teil, Verlag C. H. Beck, 2010, S. 408.

（二）乙仅就重大过失承担损害赔偿责任

乙未能清晰看清车门里隐藏的电线，导致车门留有缝隙，雨水进入车内，损坏甲的物品，没有尽到妥善保管义务。但是依据《民法典》第 897 条但书之规定，无偿保管，保管人证明自己没有重大过失的，不承担损害赔偿责任。焦点问题是，乙是否存在重大过失。过失类型包括重大过失、轻过失。轻过失包括具体轻过失和抽象轻过失。重大过失是指未尽到普通人的注意义务，具体轻过失是指未尽到与管理自己事务同一的注意义务，抽象轻过失是指未尽到善良管理人的注意义务。从普通人的客观视角进行观察，普通人的注意义务无法要求行为人看清车门里隐藏的电线，乙没有违反普通人的注意义务，不存在重大过失。从乙管理自己事务的客观视角观察，乙管理自己事务的注意义务无法要求乙注意到车门里隐藏的电线，乙没有违反与管理自己事务同一的注意义务。从善良管理人的客观视角观察，善良管理人的善管义务要求管理人仔细检查车门里的电线，清晰看清车门里是否有隐藏的电线，乙的行为违反了善良管理人的善管义务，存在抽象轻过失。因此，从普通人的一般注意义务的客观视角出发，乙无法看清车门里的电线，不存在重大过失，因此不需要承担损害赔偿责任。

结论： 甲不能依据《民法典》第 897 条第 1 句的规定请求乙承担违约损害赔偿责任。

另一种观点认为，甲和乙之间不存在保管合同，乙的行为而仅仅是好意施惠行为，乙仅仅是给甲帮一个忙，帮助甲存放生活用品。甲乙不存在合同关系。甲的财产损失可通过侵权规则处理。

二、《民法典》第 1165 条第 1 款

甲是否可以依据《民法典》第 1165 条第 1 款请求乙承担侵权损害赔偿责任。甲的所有权受到了侵害。甲的所有权损害是乙的行为导致的。甲的所有权损害与乙的行为之间存在因果关系，且该损害在法律规范保护目的范围之内。乙的行为具有违法性。问题是，乙是否有过错？一般侵权规则要求行为人具有过错才成立侵权责任，现代侵权法理论一般采取客观过错规则，即考查行为人是否违反其应尽的注意义务，如果行为人违反其应尽之注意义务，则可认定其存在过错。过失的判断需要结合具体案件情况，以注意义务为判断标准。在无偿保管合同中，应当降低对无偿保管人的注意义务标准，保管人仅仅在有故意或重大过失时，才可认定其存在过错。在该案中，乙尽到了

与处理自己事务同一的注意义务，还是无法发现隐藏在汽车门里的电线。乙没有违反一般人的注意义务，其不存在重大过失，不需要承担侵权责任。

结论：甲不能依据《民法典》第1165条第1款请求乙承担侵权损害赔偿责任。

最终结论：甲对乙的损害赔偿请求没有请求权基础，甲不能向乙请求损害赔偿。

◆ **理论评析**

1. 好意施惠和合同关系、侵权关系

好意施惠是指不能在当事人之间产生合同关系的承诺。即当事人间的约定，欠缺法律行为上的法律效果意思，无受其拘束的意思，而且约定是无偿的。如搭便车到某地；火车过站叫醒；顺路投寄信件；邀请参加宴会、郊游、看电影、舞会；为人指路等。好意施惠和合同关系的判断标准在于交易习惯与诚实信用原则，其实质的核心要素是"可诉性"，即是否可以向法院起诉，要求对方履行该承诺或约定，或者对方违反承诺，是否可以起诉要求对方承担违反承诺的法律责任。需要注意的是，好意施惠虽然不发生合同关系，但是并不影响法定债务关系的发生，如侵权责任。好意施惠仅仅是不产生合同上的约束力，但是不排除其他类型请求权的产生。

2. 重大过失、具体轻过失、抽象轻过失

在民事法律关系中，对于当事人的过失的判断非常重要，如重大过失、具体轻过失、抽象轻过失等。[1]重大过失是指欠缺一般人之注意义务，稍加注意，即可避免。该注意义务是普通人的注意义务标准。具体轻过失是指欠缺与处理自己事务同一之注意义务，该注意义务的标准是具体处理自己事务的注意义务标准。抽象轻过失是指欠缺善良管理人的注意义务，该注意义务的标准是抽象的、客观的善良管理人的注意义务标准。在判断是否存在重大过失、具体轻过失、抽象轻过失时，需要站在普通人、处理自己事务之人、善良管理人的客观视角进行规范分析。需要在民事案例事实的情境中，分别以普通人、处理自己事务之人、善良管理人的身份代入，一一具体分析普通人的注意义务、处理自己事务之人的注意义务、善良管理人的注意义务之标

---

〔1〕 参见王泽鉴：《民法总则》，北京大学出版社2009年版，第360-361页。

准和范围，然后以此再来对比当事人的实际行为状况，最终得出当事人是否符合普通人、处理自己事务之人、善良管理人的注意义务标准，如果都符合，则不存在过失，如果不符合，则存在过失。违反普通人的注意义务，则存在重大过失；违反处理自己事务之人的注意义务，则存在具体轻过失；违反善良管理人的注意义务，则存在抽象轻过失。[1]

第二节　权利主体

案例 1

甲将其自行车出卖给乙，双方订立买卖合同，约定价款100元。甲依据让与合意将自行车交付给乙。乙依据让与合意将一张100元纸币交付给甲。后查明，甲乙都无民事行为能力。

问题： 当事人法律关系如何？

答题指引

民事法律关系的考查首先需要分析约定的合同关系，分析当事人实施的民事法律行为，分析当事人的意思表示及其效力。然后需要分析法定的法律关系，尤其是需要思考分析合同无效后各种法定的法律关系。一定需要注意：民事合同无效，并非没有法律效果，而仅仅是不发生当事人约定的法律效果，但是会发生法定的法律效果。约定法律关系（意定法律关系）、法定法律关系的区分是民事案例分析的基本方法。

一、约定法律关系：民事法律行为

约定法律关系首先需要区分债权关系和物权关系，因此首先需要区分债权行为和物权行为，仔细分析当事人的债权意思表示和物权意思表示，并具体分析债权意思表示和物权意思表示的法律效力。

（一）债权行为

甲和乙达成意思表示一致，订立买卖合同。由于甲和乙都无民事行为能力，因此甲乙订立的买卖合同无效（《民法典》第144条），甲和乙无法产生买卖合同的债权债务关系。

---

〔1〕　参见施启扬：《民法总则》，中国法制出版社2010年版，第249页。

（二）物权行为

1. 甲和乙达成意思表示一致，订立转移自行车所有权的物权合同，并完成交付。由于甲和乙均无民事行为能力，因此甲和乙针对自行车做出的物权行为无效（《民法典》第144条），该自行车的所有权不能转移。但是由于交付系事实行为，交付只需要当事人移转占有的自然意思，而自然意思并不要求当事人具有行为能力，因此甲和乙可以完成交付，转移占有。乙可以成为自行车的占有人。

2. 甲和乙达成意思表示一致，订立转移100元纸币所有权的物权合同，并完成交付。由于甲和乙均无民事行为能力，因此甲和乙针对100元纸币做出的物权行为无效（《民法典》第144条），该纸币的所有权不能转移。但是由于交付系事实行为，交付只需要当事人移转占有的自然意思，而自然意思并不要求当事人具有行为能力，因此甲和乙可以完成交付，转移占有。甲可以成为纸币的占有人。

总结：由于甲和乙缺乏民事行为能力，缺乏意思表示能力，因此甲和乙做出的意思表示不会发生预期的法律效果，甲和乙订立的买卖合同，物权合同都无效，无法产生买卖合同债权债务关系，也无法发生自行车和纸币的所有权转移。

二、法定的法律关系

在分析约定法律关系之后，需要进一步分析法定的法律关系。在请求权检索时，首先分析以约定为基础的请求权，如合同请求权，然后分析法定的请求权，如类合同、物权、侵权、不当得利等。可以以法定请求权为框架，依次分析当事人之间的法定法律关系。

（一）物权请求权

因自行车所有权未变动，甲依然是自行车的所有人，而乙系该车的无权占有人，甲向乙主张原物返还请求权（《民法典》第235条）。

（二）不当得利

1. 因买卖合同无效，乙对该自行车的占有构成不当得利。由于甲没有民事行为能力，因此甲没有给付意思，给付意思的判断可参照意思表示的规则，甲无法有目的、有意识地向乙做出给付，甲系无目的、无意识地增加乙的财产，据此乙的不当得利属于非给付不当得利。乙获得自行车的占有没有正当的法律根据，甲可向乙主张自行车占有之不当得利返还（《民法典》第122

条）。该请求权与上述原物返还请求权构成竟合。

2. 因买卖合同无效，但依据货币占有即所有的观点，甲可获得该 100 元纸币之所有权。甲的获益虽然是由乙交付获得，但是由于乙无民事行为能力，乙不存在给付意思，乙系无目的、无意识地增加甲的财产，甲的获益属于非给付不当得利。甲获得 100 元纸币所有权无法律依据，乙可向甲请求返还 100元纸币所有权之不当得利（《民法典》第 122 条）。

观点争议

货币占有即所有的观点不值得赞同。货币依然是物，依然可特定化，依然可适用《民法典》第 235 条规定的原物返还规则。如果处分行为无效，货币所有权不转移，乙依然是 100 元纸币的所有人，在该货币被消费之前，所有人可依据《民法典》第 235 条请求返还原物。[1]

◆ **理论评析**

1. 约定法律关系和法定法律关系

在民事案例分析中，约定法律关系和法定法律关系是基本的分析思路，尤其是当事人合同无效时，需要全面分析检索合同无效后当事人之间发生的法定的法律关系，这一点在保证合同无效后的法律效果中体现得尤为明显。虽然保证合同无效，但是保证人依然要按照其过错程度承担相应的过错责任。首先，合同无效，仅仅是不发生当事人约定的法律效果，但是依然会发生诸多法定的法律效果，如缔约过失、侵权、不当得利以及其他法定责任。其次，即使合同有效，也不影响法定法律关系的产生。合同有效，会发生当事人约定的法律效果，同时也可以发生法定的法律效果，如缔约过失、侵权等。例如合同有效后，可以存在违约责任和侵权责任竟合的情形。又如，无权代理行为被追认后，代理行为对被代理人生效，但并不影响被代理人向代理人主张侵权责任。民事法律关系分析，需要分别分析约定法律关系和法定法律关系，二者并不矛盾，而是相互并存，共同构成民事法律关系的整体。

2. 货币的所有权归属问题

货币占有即所有是一种比较主流的观点，但是该观点在民法理论上值得商榷，尤其对于特定化的货币而言。货币本身可以被特定，如货币上有特殊

---

[1] See Müller / Gruber, Sachenrecht, Verlag Franz Vahlen, 2016, S. 111.

的数字，可以在货币上做标记，货币可以采取特定化的包装等，货币可以适用《民法典》第235条规定的原物返还规则。但是为了保护交易安全，促进货币自由交易和流通，货币的消费可以直接导致货币所有权的转移。一旦货币被消费，则其所有权发生移转，不能适用原物返还规则。但是如果特定化的货币没有被消费，而且被他人无权占有时，货币所有权不发生转移，货币所有人可依据《民法典》第235条请求原物返还。货币的原物返还问题是一个值得深入研究分析的重大理论和实务问题。

案例 ❷ [1]

甲有一个儿子乙（6周岁）和一个女儿丙（16周岁）。某日，乙将自己的脚踏车与同龄的丁（6周岁）交换遥控汽车，双方依据让与合意履行完毕。此外，丙为了购买手机，将自己的笔记本电脑卖给戊（26周岁），戊支付价款1000元，双方依据让与合意履约完毕。之后，丙用出卖电脑获得的价款向己（25周岁）购买了手机一部。双方依据让与合意履约完毕。

问题：当事人实施的民事法律行为效力如何？

答题指引

一、乙丁之间

（一）债权行为

乙和丁之间的买卖合同无效，依据《民法典》第144条的规定，乙和丁均系无民事行为能力人，其从事的民事法律行为无效。

（二）物权行为

1. 乙移转脚踏车之物权行为无效。依据《民法典》第144条，无民事行为能力人从事的民事法律行为无效，因乙和丁均系无民事行为能力人（《民法典》第20条），其从事的民事法律行为无效，其无法有效成立物权合意，该脚踏车所有权无法转移。

2. 丁移转遥控汽车之物权行为无效。依据《民法典》第144条，乙丁均系无民事行为能力人，其无法有效成立物权合意，该遥控汽车所有权无法转移。

（三）法定法律关系

1. 乙可依据《民法典》第235条请求丁返还该脚踏车，还可依据《民法

---

[1] 改编自我国台湾中原大学民法试题。

典》第 122 条请求丁返还占有该脚踏车之不当得利，该两个请求权构成竞合。

2. 丁可依据《民法典》第 235 条请求乙返还遥控汽车，还可依据《民法典》第 122 条请求乙返还占有该遥控汽车之不当得利，该两个请求权构成竞合。

二、丙戊之间

（一）债权行为

丙和戊的买卖合同效力待定。依据《民法典》第 19 条之规定，限制行为能力人实施的民事法律行为效力待定，由其法定代理人追认后生效。丙系限制民事行为能力人，丙与戊订立的买卖合同效力待定。效力待定是未决的不生效，需要丙的法定代理人追认后才能发生效力，在追认之前不生效。戊有催告权，可催告丙的法定代理人追认。在丙的法定代理人追认前，善意的戊还享有撤回权，戊可撤回其作出的意思表示，让该买卖合同确定不生效。

（二）物权行为

1. 丙转移电脑之物权行为效力待定。依据《民法典》第 19 条之规定，丙系限制行为能力人，丙与戊订立的物权合同效力待定，须经丙的法定代理人追认才会发生法律效力。

2. 戊转移价款之物权行为有效。依据《民法典》第 19 条但书之规定，限制行为能力人可以独立实施纯获利益的民事法律行为，丙取得价款之行为系纯获利益之行为，确定有效。行为能力制度的立法目的在于保护未成年人或精神病人等无法独立作出意思表示者的合法权益，对于限制行为能力人纯粹获益的行为，可以认定其有效。行为能力制度还具有教育功能，逐步引导限制行为能力人渐次融入社会，成长为完全民事行为能力人。[1]

（三）法定法律关系

如果甲不追认丙和戊的买卖合同，以及丙转移电脑之物权行为，则会产生下列法律关系：

1. 丙移转电脑之物权行为确定无效，丙可请求戊返还该电脑（《民法典》第 235 条）或依据《民法典》第 122 条请求戊返还占有电脑之不当得利，两个请求权构成竞合。

2. 丙获得之价款无法律依据，构成不当得利，戊可依据《民法典》第

---

[1] See Karl Larenz, Lehrbuch des Schuldrechts, Allgemeiner Teil 14, Auflage, Verlag C. H. Beck, 1987, S. 117.

122 条请求丙返还价款。

三、丙己之间

（一）债权行为

丙和己的买卖合同效力待定。依据《民法典》第 19 条之规定，限制行为能力人实施的民事法律行为效力待定，由其法定代理人追认后生效。丙系限制民事行为能力人，丙与己订立的买卖合同效力待定。

（二）物权行为

1. 丙移转价款之物权行为效力待定。依据《民法典》第 19 条之规定，限制行为能力人实施的民事法律行为效力待定，由其法定代理人追认后生效。丙系限制民事行为能力人，丙与己订立的物权合同效力待定。

2. 己转让手机之物权行为有效。依据《民法典》第 19 条但书之规定，限制行为能力人可以独立实施纯获利益的民事法律行为，丙取得手机所有权之行为系纯获利益之行为，确定有效。

（三）法定法律关系

如甲不追认丙己的买卖合同和物权行为，则会发生下列法律关系：

1. 丙转移价款之物权行为确定无效，依据货币占有即所有的理论，己已经获得该价款之所有权，丙可依据《民法典》第 122 条请求己返还不当得利。

另一种观点：货币依然是物，依然可特定化，如果处分行为无效，货币所有权不转移。在该货币被消费之前，所有人可依据《民法典》第 235 条请求返还原物。

2. 由于买卖合同未经甲追认而确定无效，丙获得该手机之所有权无正当法律依据，构成不当得利，己可依据《民法典》第 122 条请求丙返还手机的所有权。

◆ **理论评析**

1. 限制民事行为能力人实施的法律行为之效力问题

民事行为能力是指民事主体实施民事法律行为的能力，也可以称为意思表示能力。民事行为能力一般是针对自然人而言的。其立法目的在于保护心智尚不健全的未成年人和精神病人的利益，防止其实施损害自身利益的民事法律行为。无民事行为能力人实施的民事法律行为无效。限制民事行为能力人实施的法律行为的效力比较复杂。其一，限制民事行为能力人实施的双方行为效力待定（即未决的无效，在被追认有效之前，该行为不生效力），需要经过其法定代理人追认才能发生法律效力。其二，为保护交易安全和社会秩序，限制民事行为能力人实施的单方行为一般可认定无效。其三，民事行为能力制度之目的在于保护限制民事行为能力人的权益，[1]因此对限制民事行为能力人有利的民事法律行为可以具有法律效力。同时民事行为能力制度也具有教育功能，其可引导限制民事行为能力人逐步参与民事活动，融入正常的民事生活，因此限制民事行为能力人可以实施与其智力、精神健康状况相适应的民事法律行为。限制民事行为能力人实施纯粹获益的行为或者与其智力、精神健康状况相适应的民事法律行为是有效的。在民法理论上，还认为，限制民事行为能力人实施的中性行为（无利也无害的民事法律行为，如代理行为、处分他人财产的处分行为）也是有效的。

一般认为，除了对于限制民事行为能力人纯粹获益之民事法律行为或与其智力、精神健康状况相适应的民事法律行为之外，无民事行为能力人和限制民事行为能力人不能进入民事法律行为领域，其实施的民事法律行为不能发生效力。而且无民事行为能力人和限制民事行为能力人不承担缔约过失责任，同时也不承担无因管理中管理人的妥善管理义务，只依据侵权和不当得利规则承担责任。当无民事行为能力人和限制民事行为能力人实施的民事法律行为无效时，虽然不发生当事人意愿的法律效果，但是依然会发生法定的法律效果，如原物返还、不当得利返还、侵权责任等。[2]

2. 无民事行为能力人和限制民事行为能力人的意思能力和识别能力

虽然无民事行为能力人和限制民事行为能力人一般无法独立进入民事法律行为领域，但是其依然可以具有意思能力，可以具有一定的自然意思，可以完成交付转移占有；可以通过先占获得无主物的所有权；可以作为管理人为他人管理事务，构成无因管理。同时无民事行为能力人和限制民事行为能力人可以具有一定的识别能力，可以对其善意或恶意进行判断和分析。

案例 3

甲（17周岁）与乙订立某电脑的买卖合同，价款5000元。乙将电脑交

---

[1] 参见朱庆育：《民法总论》，北京大学出版社2013年版，第387-388页。
[2] 参见王泽鉴：《民法总则》，中国政法大学出版社2001年版，第317页。

付给了甲，但是甲没有带够钱，于是甲回家去取钱。在回家路上，甲遭遇交通事故，被丙撞倒，电脑被完全撞毁了。甲的父母知悉全部情况后，拒绝追认甲乙的买卖合同。

问题：乙对甲的请求权关系如何？

答题指引

一、乙是否可以依据《民法典》第 626 条第 1 句的规定请求甲支付 5000 元价款。

（一）甲乙意思表示一致，成立电脑买卖合同。

（二）甲只有 17 周岁，系限制民事行为能力人，其从事的双方民事法律行为效力待定（未决的无效），需经甲的法定代理人追认才能生效（《民法典》第 19 条第 1 分句）。甲的法定代理人不追认甲和乙订立的买卖合同，该买卖合同确定不生效力，双方无法产生买卖合同上的债权债务关系，乙不享有买卖合同中出卖人的价款请求权。乙无法基于合同请求甲支付 5000 元价款。

结论：乙不能依据《民法典》第 626 条第 1 句的规定请求甲支付 5000 元价款。

二、乙是否可以依据《民法典》第 235 条的规定请求甲返还电脑。

该请求权适用的前提是乙是电脑的所有人，甲是该电脑的无权占有人。

（一）该电脑最初所有人是乙。

（二）甲和乙对该电脑的所有权转移达成物权合意，并交付之。乙通过处分行为将该电脑所有权转移给甲，甲可以通过取得行为获得该电脑的所有权。甲取得所有权的行为对于甲而言系纯粹获益的行为，依据《民法典》第 19 条但书的规定，该行为可以有效。甲成为电脑的所有人。该电脑的所有权发生了变动，乙不再是电脑的所有人。

结论：乙不能依据《民法典》第 235 条的规定请求甲返还电脑。

三、乙是否可以依据《民法典》第 1165 条第 1 款的规定请求甲承担损害赔偿责任。

乙并非电脑之所有人，乙的所有权并未受到损害，乙无法向甲主张侵权损害赔偿责任。乙不能依据《民法典》第 1165 条第 1 款的规定请求甲承担损害赔偿责任。如果将甲和乙之间的负担行为和处分行为认定为效力待定行为，且都未经甲的法定代理人追认，则电脑所有权依然属于甲，甲可依据《民法典》第 1165 条第 1 款的规定向丙主张损害赔偿，但乙无法向甲主张损害赔偿责任。

四、乙是否可以依据《民法典》第 122 条的规定请求甲返还不当得利。

（一）甲获得电脑的所有权。由于取得电脑所有权对甲而言是纯粹获益的民事法律行为，因此甲可以获得电脑的所有权。

（二）甲的获益经由乙的给付获得。乙有目的、有意识地增加了甲的财产，向甲作出了给付，交付了电脑，转移了电脑的所有权。

（三）买卖合同未被甲的法定代理人追认而无效，甲的获益没有正当的法律根据。但是，由于遭遇交通意外，该电脑完全毁坏，甲的获益已经不存在了。但是电脑是被丙撞毁的，应当对甲负担侵权损害赔偿责任，丙对甲负担的侵权损害赔偿金可以作为电脑的代位金，虽然电脑已经不存在了，但是电脑的利益可以延伸到该电脑的代位金。此时可以认为，甲的获益并未消灭，该利益可以延伸到电脑的损害赔偿金，乙可请求甲返还丙交付的赔偿金或让与对丙的侵权损害赔偿请求权。

结论：乙可以依据《民法典》第 122 条的规定请求甲返还不当得利。

◆ **理论评析**

1. 无民事行为能力人和限制民事行为能力人的特殊保护规则

对于限制民事行为能力人而言，纯粹获益的民事行为是有效的。在民事交易活动中，如果清晰区分负担行为和处分行为，则对作为处分行为相对人的限制民事行为能力人而言，该处分行为是纯粹获益行为，该处分行为对限制民事行为能力人而言是有效的。

2. 代位金问题

物毁损灭失了，物权未必会消灭。在担保物权中，担保物的毁损灭失并不必然导致担保物权消灭，如果担保物毁损灭失时，存在保险金、赔偿金、补偿金等代位金或代位物时，担保物权不消灭，其效力延伸到保险金、赔偿金、补偿金等代位金之上，担保物权继续有效。在对不当得利的获益判断时，可以适用同样的规则。不当得利受益人的利益消灭时，还需要具体分析是否存在保险金、赔偿金、补偿金等代位金或代位物。如果存在获益的代位金或代位物时，获益不消灭，获益延伸到代位金或代位物之上。有学说主张，代位金和代位物的判断标准是非法律行为意义上的代位物或代位金，而不是通过法律行为交易获得的对价或价款。[1]如家具办理了财产损失保险，则家具被张三毁损灭失了，家具的代位金就是保险金或者张三的侵权损害赔偿金。[2]

第三节　民事法律行为

案例 1

　　甲想把自己的某块土地出售给乙，土地编号是 424 号，甲乙去实地考察过，并达成买卖合意。但是甲乙在订立书面合同时，无意中将土地编号错误写成 242 号土地（这是另一块土地），并办理了公证手续。

　　问题： 乙是否可以请求甲办理 424 号土地的登记手续？

答题指引

　　乙是否可以依据《民法典》第 598 条请求甲履行合同义务，办理 424 号土地所有权移转手续。前提是甲和乙就 424 号土地订立了买卖合同。

　　1. 从文义记载来看，甲乙双方就 242 号土地订立买卖合同。但是依据客观视角来查明合同内容并不是绝对的，尤其是当合同当事人就不同于合同载明的内容达成合意时。此时，不应当从合同文义的客观记载出发，而应当从当事人真实的内心意思出发，确定合同的真正内容，因为此时并不存在需要保护的善意第三人，没有人对该合同的客观文义记载产生信赖利益。因此误载无害真意，甲乙就 424 号土地达成买卖合同的合意。

　　2. 土地买卖合同是要式合同，其要求书面形式，但是甲乙双方关于 424 号土地买卖合同的意思表示合意并未以书面形式表示出来。依据暗示说理论，要式民事法律行为的解释必须从要式文本中寻找到线索，否则不能作出相反的解释。但是，此时需要考虑要式的目的，该书面形式的目的在于实现警示和证据功能，防止当事人轻率，提醒当事人审慎考量，以及保存证据、防止

---

〔1〕　参见史尚宽：《物权法论》，中国政法大学出版社 2000 年版，第 313 页。
〔2〕　参见谢在全：《民法物权论》，中国政法大学出版社 1999 年版，第 594—600 页。

争议。但该案中并不存在需要保护的善意第三人，而且当事人确实也订立了书面合同，实现了书面形式的警示功能和证据功能。因此，从合同文本的目的出发，没有必要拘泥于文字的文义记载，而应当探求当事人订立之书面文本所追求的目的，进行目的解释（《民法典》第142条第1款）。当合同双方对表示的理解一致时，可以适用"错误的表示无害真意"规则。只有在表示的受领人对表示的理解不同于表意人时，才应当按照受领人的客观视角，根据客观和规范的准则，进行规范解释，来查明该表示究竟具有何种意义。[1]但是该案中，双方当事人对424号土地达成了意思表示合意，并不存在错误问题，而仅仅是将424号土地错误写成了242号。甲乙就424号土地达成了买卖的意思表示合意，甲乙订立书面合同之目的在于转让424号土地之所有权，当事人的内心真意应当得到尊重和保护。

因此，甲乙订立了买卖424号土地之买卖合同。

结论：乙可以依据《民法典》第598条请求甲履行转移424号土地所有权的义务。

◆ **理论评析**

误载无害真意规则

在意思表示有疑义时，需要对意思表示进行解释。有相对人的意思表示，应当从相对人的客观视角出发，做规范解释，应当按照所使用的词句，结合相关条款、行为的性质和目的、习惯以及诚信原则，确定意思表示的含义。无相对人的意思表示，应当从表意人的内心真意的视角出发，做寻找表意人内心真意的自然解释，不能完全拘泥于所使用的词句，而应当结合相关条款、行为的性质和目的、习惯以及诚信原则，确定行为人的真实意思。意思表示解释一般是针对当事人对意思表示的内容发生争议时采取的方法和路径，即在相对人对意思表示的理解不同于表意人时，才需要按照相对人的客观视角做规范解释。但是，如果表意人和相对人已经达成了意思表示的一致，则不需要做规范解释，而需要真实阐明表意人和相对人达成了意思表示合意，此所谓误载无害真意。[2]如甲乙协商购买A车，并达成合意。甲传真给乙，表

---

〔1〕 参见黄薇主编：《中华人民共和国民法典合同编释义》，法律出版社2020年版，第15-17页。

〔2〕 参见王泽鉴：《民法总则》，北京大学出版社2009年版，第386页。

示欲购 B 车，乙知道甲的真实意愿是 A 车，双方当事人就 A 车的买卖意思表示一致，不发生错误。再如甲乙订立出售鲸鱼肉的合同，甲乙都认为 haakjoringskod 是鲸鱼肉，合同载明"甲向乙出售 haakjoringskod100 吨。"实际上 haakjoringskod 是挪威语，意思是鲨鱼肉。虽然双方采取了错误的表达形式，但是双方已经就鲸鱼肉达成了意思表示合意，乙向甲请求交付的是鲸鱼肉，而不是鲨鱼肉。[1]

案例 ②

甲系某画的所有人，该画系齐白石真迹。但甲错误以为该画系赝品。甲将该画以 5000 元价格出售给乙，乙也以为该画系赝品，双方订立买卖合同，并依据让与合意交付该画。后来该画经专家鉴定，系真品。甲得知该画系真品，价值超过 10 万元。甲在知悉该情况后，立即撤销了所有民事法律行为，并向乙主张返还该画。

问题：甲的主张是否有请求权基础？

答题指引

一、《民法典》第 235 条

甲是否可以依据《民法典》第 235 条请求乙返还该画？

（一）甲必须是该画的所有人

1. 甲最初是该画的所有人。

2. 甲将该画所有权转让给了乙。甲乙订立买卖合同，并达成转移该画所有权的意思表示合意，甲依据物权合意将该画交付给了乙，该画所有权从甲转移到了乙（《民法典》第 224 条）。

3. 甲撤销甲乙之间的物权合意，导致转移该画所有权之物权行为（处分行为）无效，甲重新成为该画之所有人（《民法典》第 147 条）。

（1）甲作出了撤销物权合意之意思表示。

（2）撤销理由合法：甲可基于重大误解（性质错误）撤销物权合意（《民法典》第 147 条）。

民法理论认为，物权合意仅仅是移转所有权之意思表示合意（一方转让某物的所有权，一方受让该物之所有权），不涉及物的性质错误，不能基于性

---

〔1〕 参见［德］迪特尔·梅迪库斯：《德国民法总论》，邵建东译，法律出版社 2004 年版，第 243 页。

质错误来撤销。但是同一瑕疵理论认为，意思表示的瑕疵可同时存在于债权行为与物权行为。但该案中，当事人同时作出了债权行为和物权行为，可以适用同一瑕疵规则，即性质错误同时存在于债权行为与物权行为中。甲撤销物权合意之理由成立。

（3）撤销权的行使未超过除斥期间（《民法典》第152条）。

（4）不存在排除撤销权之理由。甲的错误发生并非由于甲之故意或重大过失，甲可依法行使撤销权。

4. 甲重新成为该画之所有人。

（二）乙对该画系无权占有

由于甲乙存在买卖合同，基于合同相对性，乙可基于该买卖合同向甲主张对该画的有权占有。但是当甲依法撤销买卖合同后，乙不能主张对该画之有权占有。合同具有相对性，但合同可以约束合同当事人，因此甲只有撤销合同，才能摆脱合同约束，让乙成为无权占有人，然后甲基于物权主张原物返还（《民法典》第235条）。

1. 甲做出了撤销买卖合同之意思表示。

2. 撤销理由合法：甲可基于重大误解撤销买卖合同（《民法典》第147条）。

3. 撤销权的行使未超过除斥期间（《民法典》第152条）。

4. 撤销权未被排除。

5. 买卖合同被甲依法撤销后，乙占有该画的本权消灭，乙对该画构成无权占有。

结论：甲可依据《民法典》第235条请求乙返还该画。

观点争议：

一种观点认为，如果存在双方错误，则应按照诚信原则处理，而不能适用单方撤销规则。但是另一种观点认为，双方错误不能排除撤销规则，单方行使撤销权对于相对方存在错误没有实质关联。该案中，不能因为双方都存在错误，而排除甲的撤销权。还有一种观点认为，合同双方当事人的共同错误可以解释为合同基础条件的重大变化，可以适用情事变更规则，受不利影响的一方合同当事人可与对方当事人重新协商，协商不成的，可请求法院变更或解除合同。笔者认为，发生双方错误时，可以通过诚信原则处理，合同当事人可先协商处理，协商不成的，当事人可选择撤销合同或解除合同。如果一方选择撤销合同，而另一方选择解除合同，则撤销合同先于解除合同。合同解除以合同有效为前提，如果合同效力存在瑕疵，且当事人主张合同效力之瑕疵，则合同解除缺乏合同有效的基础，无法主张。因为合同解除以合同有效为前提，合同解除无法改变合同订立时形成的给付关系，合同解除后当事人依然需要按照合同订立时形成的给付关系计算损害赔偿数额。因此，当合同效力存在瑕疵时，且当事人有主张合同效力瑕疵的救济时，应当首先适用合同效力瑕疵的撤销规则，而不能维持有瑕疵的合同给付关系。

二、《民法典》第 122 条

甲是否可依据《民法典》第 122 条请求乙返还不当得利。

（一）乙获得了对该画的直接占有。

（二）乙经由甲的给付获得对该画的直接占有。甲经由买卖合同，有目的、有意识地将该画之占有转移给乙。

（三）乙获得该画之直接占有无正当法律理由。由于甲撤销了买卖合同，甲乙之间并不存在合同关系，乙无任何正当法律理由直接占有该画。

结论：甲可依据《民法典》第 122 条请求乙返还占有该画的不当得利。

◆ **理论评析**

1. 意思表示错误（重大误解）的撤销问题

意思表示的错误包括很多类型，如动机错误、内容错误、表示错误、传达错误等。动机错误又可以区分为性质错误和理由错误。[1]并不是所有错误都可以作为撤销的理由。如动机错误一般不予考虑，除非是重大的性质错误。基于意思表示错误的撤销权之行使也有前提条件。撤销权行使的要件包括以下几个方面。（1）表意人无故意或过失。表意人故意造成意思表示错误时，意思表示无法撤销。表意人存在过失，是否可以撤销，存在不同的学说观点。[2]洪逊欣、史尚宽、施启扬认为，表意人无抽象轻过失时，才可撤销，即表意人尽到善良管理人的注意义务，依然不能避免错误的发生，才可基于意思表示的错误主张撤销。郑玉波认为，表意人无具体轻过失时，才可撤销，即表意人尽到了与处理自己事务同一的注意义务，依然不能避免错误的发生，

---

〔1〕 参见［日］山本敬三：《民法讲义Ⅰ·总则》，解亘译，北京大学出版社 2012 年版，第 143 页。
〔2〕 参见王泽鉴：《民法总则》，北京大学出版社 2009 年版，第 361 页。

才可基于意思表示的错误主张撤销。王伯琦认为，表意人无重大过失时，才可撤销，即表意人尽到一般人的注意义务，依然不能避免错误的发生，才可基于意思表示的错误主张撤销。在实践中，一般认为表意人存在重大过失造成意思表示错误时，不能行使撤销权。尤其在需要对相对人的利益予以特殊保护的领域，对表意人的撤销权会有严格的限制，如果因经营者存在过失造成意思表示错误，经营者一般不能撤销与消费者订立的合同。（2）错误在交易上认为重要。意思表示错误属于重大错误，微小的错误对于意思表示决策未造成决定性影响，对交易未造成重大影响的，不能基于该错误行使撤销权。（3）表意人遭受较大损失。表意人会因为错误的意思表示遭受重大的损失，维持错误的意思表示对于表意人而言不公平，也不合理。[1]（4）在除斥期间内主张撤销。撤销权系形成权，受到除斥期间的限制。除斥期间包括主观期间，自明知或应知撤销事由之日起 90 日；客观期间：自民事法律行为发生之日起 5 年。

2. 破产法上的取回权

《中华人民共和国企业破产法》（以下简称《破产法》）第 39 条规定了异地买卖中出卖人的取回权。关于取回权的性质存在不同的学说争议，如果将取回权的权利基础解释为物权（所有权），则意味着出卖人主张取回权时，撤销了出卖人和买受人达成的物权合意，标的物的所有权不会因为交付（承运人运输）而变动，出卖人可基于物权请求管理人返还原物。但是出卖人和债务人的买卖合同依然有效，管理人可主张支付价款，并请求出卖人交付标的物。如果管理人不支付价款，出卖人可以解除合同，此时管理人对标的物构成无权占有，出卖人可依据《民法典》第 235 条请求管理人返还标的物。

3. 当事人双方共同动机错误

当事人双方在民事交易中共同发生动机错误，并且基于该动机错误作出决策订立合同，[2]此时存在多种解决方案。其一，如果动机错误属于重大错误，而且维持错误会对当事人造成重大损失，当事人可以依法主张撤销权（《民法典》第 147 条）；其二，双方共同动机错误构成了合同的基础条件发生

---

[1] 参见［德］迪特尔·梅迪库斯：《德国民法总论》，邵建东译，法律出版社 2004 年版，第564-565 页。

[2] 参见王泽鉴：《民法总则》，北京大学出版社 2009 年版，第 352-353 页。

重大变化，可以依法适用情事变更规则，即如果合同继续履行，对于当事人一方明显不公平，受不利影响的当事人可以与对方重新协商，在合理期限内协商不成的，当事人可请求法院或仲裁机构变更或解除合同。

案例 ③

甲与乙银行关系非常好，有长期合作关系，甲在乙银行有几百万的存款，并开设多个投资理财账户。甲的侄子丙经常协助甲办理甲与乙银行之间的事务。甲觉得乙银行的某个理财项目很好，想与乙银行订立该项目的理财合同，于是甲丙一道去乙银行磋商签约。丙告诉甲，甲与乙银行的该项目理财合同已经拟好，投资回报很高，就等甲签字了。乙银行客户经理丁拿出一张合同书，请求甲详细阅读，并问甲，"是否知晓该合同的风险"，甲没有详细阅读，便回答："知道该合同的风险"。甲随即在该合同上签字。后查明，该合同并不是理财合同，而是保证合同，担保的是丙对乙银行的 10 万元债务。后丙不能清偿对乙银行的债务。

问题：

1. 乙银行是否可请求甲承担保证责任？

2. 乙银行如何保护自己的权利？

答题指引

问题 1：

乙银行是否可以依据《民法典》第 681 条请求甲承担保证责任。

（一）甲承担保证责任以甲乙的保证合同有效成立为前提

1. 乙银行发出订立保证合同的要约。乙银行的客户经理丁系乙银行的代理人，以乙银行的名义发出了订立保证合同的要约。

2. 甲做出了订立保证合同的承诺。甲在保证合同上签字，做出了承诺。在外观上，保证合同有效成立。焦点问题是甲是否作出了承诺的意思表示。

（1）行为意思。甲自愿在保证合同上签字，甲的表示行为具有行为意思。（2）表示意思。甲意识到自己的签字具有法律效果，甲的表示行为具有表示意思。尽管甲未仔细阅读保证合同，但这不影响表示意思的成立。（3）效果意思。甲内心是以与乙银行订立理财合同为内容之效果意思，内心效果意思与保证合同的效果意思不一致，属于意思表示错误的范畴，但不影响意思表示的成立。

3. 该保证合同采取了书面形式，符合保证合同的要式要求（《民法典》第685条第1款）。在外观上，甲乙意思表示一致，订立了保证合同，保证合同已经生效。

（二）甲是否可依法撤销该保证合同

1. 甲是否可以依据《民法典》第151条撤销该合同（显失公平）。

甲与乙银行有长期合作关系，二者关系密切，甲在乙银行有几百万元存款，属于百万富翁。乙银行并没有利用甲处于危困状态、缺乏判断能力等情形，致使保证合同成立时显失公平。甲完全可以承担该责任，甲不能依据《民法典》第151条撤销该合同。

2. 甲是否可以依据《民法典》第149条撤销该合同（欺诈）。

丙实施了欺诈行为，其隐瞒自己与乙银行订立借款合同之事实，同时未告知甲签署的是保证合同，导致甲与乙银行订立保证合同，该行为属于第三人欺诈。但是，合同相对人乙银行属于善意，其不知道丙实施了欺诈行为，而是信赖甲自愿订立该保证合同，乙银行系善意相对人，为保护善意相对人之信赖利益，甲不能依据《民法典》第149条撤销该合同。

3. 甲是否可以依据《民法典》第147条基于错误（重大误解）撤销该合同。

甲对其意思表示的内容发生了错误，甲以为其签署的是投资理财合同，但该表示行为的外在客观内容是保证合同。甲的意思表示出现了错误，甲基于重大误解订立了保证合同。该错误属于交易行为中的重大错误，甲会因此遭受重大损失，甲可以依据《民法典》第147条的规定撤销该保证合同。

结论：如果甲撤销该保证合同，乙不能依据《民法典》第681条请求甲承担保证责任。

观点争议

因甲在订立保证合同过程中，未能仔细阅读合同文本，存在重大过失，因此排除甲的撤销权。甲应当对自己的重大过失承担责任，不能撤销保证合同。笔者认为，虽然甲未仔细阅读合同，存在过失，但是由于该保证合同的订立会严重违背甲的真实意愿，而且会造成甲的重大损失，剥夺甲的撤销权并不合理。甲可依据《民法典》第147条撤销保证合同。

问题2：

如果甲撤销该保证合同，乙银行是否可依据《民法典》第157条第2句请求甲承担信赖利益的损害赔偿责任。

（一）甲撤销保证合同。甲发出撤销保证合同之意思表示，意思表示在到达乙银行处时生效。

（二）乙银行对保证合同有效成立产生了信赖利益。乙银行因信赖甲的保证，才会与丙订立借款合同。如果甲不提供保证，则乙银行不会向丙提供10万元的借款，也就不会丧失该10万元的利益。因此，乙银行可请求甲赔偿该10万元的损失。可见，甲的撤销在经济效果上是没有实质意义的，甲依然需要承担10万元借款的损害赔偿责任。

结论：乙银行可依据《民法典》第157条第2句请求甲承担10万元的损害赔偿责任。

◆ **理论评析**

1. 表意人的重大过失和撤销权

因表意人的重大过失而订立合同，表意人是否可以撤销合同？很多学者主张，如果表意人存在重大过失，则不能撤销合同。笔者认为，该观点需要在具体个案中具体分析和判断。首先，意思表示错误可撤销的目的在于避免意思表示错误造成的民事法律行为导致不合理的效果，避免意思表示错误对表意人造成重大损失。在意思表示错误造成表意人重大损失的情况下，基于表意人重大过失而排除其撤销权，显然有悖于意思表示错误制度的立法目的。其次，表意人是否存在重大过失的判断也会存在诸多争议，重大过失需要在个案中具体分析判断行为人的注意义务标准，究竟是重大过失，还是具体轻过失、抽象轻过失，这些判断都需要结合个案的具体情事展开具体分析。最后，表意人撤销民事法律行为后，可以通过信赖利益损害赔偿的方式保护相对人的权益，相对人的利益可以得到保护。因此，在表意人存在重大过失时，如果意思表示错误属于重大错误且会给表意人造成重大损失，表意人可以依法撤销其意思表示（民事法律行为），同时需要向相对人承担信赖利益的损害赔偿责任。但是，如果法律对相对人利益有特殊保护，或者对表意人有特殊的限制，则表意人不能撤销其意思表示。例如在《中华人民共和国消费者权益保护法》（以下简称《消费者权益保护法》）中，如果经营者存在重大过失而发生意思表示错误，为保护消费者的合法权益，一般经营者不能撤销其意思表示。如零元机票案，航空公司因重大过失错误标记了机票价格，应当负担其错误标记的风险，不能撤销。

2. 撤销合同后信赖赔偿的范围

表意人基于意思表示错误撤销合同后，相对人可主张信赖利益的损害赔偿。信赖利益是指信赖合同有效而产生的利益，如为订立合同支付的缔约费用（包括为准备履行所支出的费用、支出上述费用所失去的利息）、丧失与第三人订立合同的机会所产生的损失、信赖合同有效成立而支出的费用等。一般认为，信赖利益的赔偿不得超过履行利益。[1]但是，信赖利益的赔偿可以等于履行利益，甚至在某些情形，信赖利益的赔偿可以超过履行利益，前提是该信赖利益未超过表意人可预见的范围或者法律规范保护目的范围。信赖利益包括对合同有效成立的信赖，也包括对合同有效履行产生的信赖。这两个信赖相加，可能会超出履行利益的范围。如果甲和乙订立某画的买卖合同，甲为订立该合同支付了通信费、打印费等，同时在受领该画之后，为该画定制了一个画框，支付了制作费用。通信费和打印费是缔约费用，属于信赖合同有效成立的信赖利益；画框的制作费用是信赖合同可以有效履行而产生的履行信赖，属于不为履行利益服务的纯粹费用类信赖利益，二者都属于信赖利益的范围，二者相加有可能会超过履行利益。[2]

案例 4

甲以 300 元的价格购买乙的一辆自行车（市场价值：250 元）。后甲基于意思表示错误依法撤销了该买卖合同。现查明：由于乙与甲订立了买卖合同，乙拒绝了丙以 350 元购买该车的要约。乙为了和甲订立买卖合同，支出邮寄费和打印费 10 元。

问题：乙可以请求甲赔偿多少损失？

答题指引

乙是否可以依据《民法典》第 157 条第 2 句第 1 分句的规定请求甲赔偿损失。

（一）甲乙达成意思表示一致，订立了买卖合同。

---

[1] 参见韩世远：《合同法总论》，法律出版社 2011 年版，第 145 页。

[2] 信赖合同而产生的费用补偿请求权不能受到合同履行利益的限制，其可以超过合同给付的价值。See Medicus / Lorenz, Schuldrecht I Allgemeiner Teil, C. H. Beck, 2012, S. 228.

（二）甲基于意思表示错误依法撤销了合同（《民法典》第 147 条）。甲撤销其存在意思表示瑕疵的意思表示，撤销意思表示的效果是撤销合同。

（三）甲需要赔偿乙因信赖合同有效成立产生的信赖利益（消极利益、否定利益），回到受害人未对合同有效成立产生信赖的状态，即回到该合同成立前的状态（仿佛两人未曾谋面）。由于甲和乙订立合同，乙丧失了与丙缔约的机会，丧失了取得 100 元利润的机会，该 100 元属于信赖合同有效成立而产生的信赖利益。由于甲与乙订立合同，乙支付了 10 元的邮寄费和打印费，该费用同样属于乙信赖合同有效成立的信赖利益。

（四）对合同有效成立之信赖利益的赔偿一般不能超过履行利益（积极利益、肯定利益）的范围。如果甲不撤销合同，乙可以获得的履行利益是 50 元，因此信赖利益的赔偿不能超过 50 元的范围。否则，乙会因为合同撤销获得超出合同正常履行可以获得的利益，乙因为撤销获得不正当的利益。合同撤销后，对于相对人的信赖利益，表意人需要赔偿；但是即使合同不撤销，相对人也不能获得的利益，表意人无需赔偿；同时，即使合同不撤销，相对人依然会支付之徒劳费用，法律也不能提供救济，对于失败的交易，法律没有必要保护其缔约费用或缔约成本。在计算撤销后的信赖利益赔偿时，需要考虑合同正常履行时，相对人可以获得的利益和相对人支付的徒劳费用（落空费用），不能让表意人因为合同撤销获得不正当的利益。因此，乙的信赖利益是 110 元，但是甲赔偿的范围不能超过 50 元，因此甲需要向乙赔偿 50 元的信赖利益。

结论：乙可以依据《民法典》第 157 条第 2 句第 1 分句的规定请求甲赔偿 50 元的信赖利益损失。

◆　理论评析

1. 合同撤销和合同正常履行时相对人支付的徒劳费用

表意人撤销合同，需要对相对人承担信赖利益的赔偿责任。但存在争议的问题是，如果相对人和表意人从事了失败的交易，即相对人支付的缔约费用是徒劳的费用，在表意人撤销时，相对人是否可以请求表意人承担该徒劳费用的赔偿。例如甲和乙订立买卖合同，乙以高于市场价 100 元的价格购买了一部手机，乙支出缔约费用 10 元，乙从事了一个失败的交易。合同撤销后，如果是双方均已履行的双务合同，双方可以依据差额说返还获得利益。但是关于信赖利益赔偿则需要适用信赖利益赔偿的具体规则。由于相对人从事了失败的交易，即使合同不撤销，合同正常履行，相对人也要支付这些徒劳的费用，如果表意人撤销合同，相对人不能请求表意人支付这些徒劳的费用。首先，合同撤销规则的立法在于保护相对人正当的信赖利益，而不能保护合同正常履行时依然会落空的徒劳费用，这些费用不属于信赖保护的范围。合同撤销无法挽救一个失败的交易，失败的交易人支付的徒劳费用无法通过合同撤销得到赔偿。[1]

其次，徒劳费用属于相对人应当自己负担的风险，不能将该风险转嫁给表意人。合同正常履行时，相对人也需要自己负担该风险，合同撤销显然不能超出合同正常履行的法律效果。

反之，如果该支出的费用不是徒劳的费用，则该费用属于受保护的信赖利益范围，如果表意人撤销合同，则表意人需要赔偿该必要费用。如果合同可以正常履行，这些费用也不会白费，相对人通过支出这些费用，获得了履行利益或者更好地实现了履行利益。[2] 总而言之，合同撤销无法挽救失败的交易，从事失败交易的相对人对其为失败交易支付的徒劳之缔约费用无法得到救济。

2. 合同撤销和合同正常履行时相对人无法获得的利益

表意人撤销合同，需要对相对人承担信赖利益的赔偿责任，但需要注意的是，合同撤销无法让相对人获得超出合同正常履行可以获得的正当利益。首先，合同撤销规则的立法目的在于保护相对人正当的信赖利益，而不是让相对人获得超出合同正常履行时可获得的利益。例如甲和乙订立买卖合同，乙可获益 10 万元，但是由于乙选择与甲缔约，丧失了和丙缔约的机会，而如果乙和丙缔约，乙可获益 30 万元。乙的缔约机会损失是 30 万元，但是合同正常履行，乙获得的利益是 10 万元，因此合同撤销时，乙缔约机会损失的赔偿数额不能超过 10 万元。合同撤销既不会挽救失败的交易，也不会给予超额的利益。合同撤销仅仅赔偿正当的信赖利益。

---

〔1〕 即使合同正常履行，受害人支出的费用也是徒劳。See Jacob Joussen, Schuldrecht I-Allgemeiner Teil, W. Kohlhammer, 2013, S. 178.

〔2〕 See Hans Brox, Wolf-Dietrich Walker, Allgemeines Schuldrecht, C. H. Beck 2016, S. 246, 247.

案例 **5** 〔1〕

乙向甲购买喷墨打印机，双方订立喷墨打印机买卖合同。甲误取激光打印机交付给乙。乙将该激光打印机转卖给丙。

问题：

1. 如乙在甲的网站上订购喷墨打印机，甲误取激光打印交付给乙，当事人之间的法律关系如何？

2. 如乙到甲商店内看好了一台喷墨打印机，并将该打印机用纸箱包好，约定当天下午送货。甲误取另一台相同包装的激光打印机交付给乙，当事人之间的法律关系如何？

答题指引

问题1：

（一）甲可依据《民法典》第235条请求乙返还激光打印机或者依据《民法典》第122条请求乙返还激光打印机的所有权，说明如下：

1. 甲乙成立喷墨打印机之买卖合同，而甲误取激光打印机交付给乙，双方依据让与合意交付激光打印机之所有权。就该物权行为而言，因在网上订购，甲乙并未针对某台特定打印机达成物权合意，因为物权合意只能针对某一个特定物成立。甲乙之物权合意在交付时成立，因此甲乙双方在交付时就激光打印机成立物权合同，并完成激光打印机之交付，移转激光打印机之所有权。但甲存在表示错误，依据《民法典》第147条之规定，甲可撤销该移转激光打印机之物权行为。

2. 甲撤销该物权行为后，物权行为自始无效，激光打印机之所有权未发生变动，甲仍为该激光打印机之所有人，乙对非属买卖合同标的之激光打印机并无占有权，乙之占有构成无权占有。甲可依据《民法典》第235条请求乙返还所有物。

3. 如甲不依据前述意思表示错误之规定撤销物权行为，乙系激光打印机之所有人。但甲乙订立之合同系喷墨打印机买卖合同，激光打印机非买卖合同之标的物，乙取得该激光打印机之所有权欠缺法律上之原因，使得甲受有

---

〔1〕　我国台湾1991年律师资格考试民法卷第2题，参见刘律师：《民法实例百选》，高点文化事业有限公司2014年版，第1—38页。

损害，甲可依据《民法典》第122条的规定请求乙返还激光打印之所有权。

（二）如乙将激光打印机转让给丙，则须视甲有无撤销其错误物权行为而定：

1. 甲可撤销该错误之物权行为。

（1）如甲撤销该错误之物权行为，则甲乙移转激光打印机之物权行为自始无效，乙未取得该打印机所有权，乙处分该打印机之行为构成无权处分。此时，如果乙丙之交易行为符合善意取得之构成要件（《民法典》第311条第1款），则甲丧失所有权，丙取得所有权。甲无法依据《民法典》第235条请求丙返还激光打印机，而可以向乙主张不当得利之价款偿还（《民法典》第122条）。

（2）反之，如丙非受善意取得规定保护，则丙无法获得激光打印机之所有权。甲可依据《民法典》第235条规定，请求丙返还该激光打印机。丙可依据《民法典》第577条向乙主张违约责任。甲也可以追认该无权处分行为，并向乙主张不当得利返还（《民法典》第122条）。

2. 如甲不撤销错误之物权行为。

（1）如甲不撤销错误之物权行为，乙的处分行为系有权处分，甲不得向丙请求返还激光打印机。

（2）甲可向乙主张不当得利返还，因所有物返还不能，甲可依据《民法典》第122条请求乙返还价款。

问题2：

（一）甲可依据《民法典》第235条的规定请求乙返还激光打印机。

1. 该请求权的前提之一是甲系激光打印机的所有人。

甲和乙虽然对喷墨打印机达成了移转所有权的物权合意，但是在交付激光打印机时，甲和乙错误地对激光打印机达成了转移所有权的物权合意，该激光打印机的所有权发生移转，但是甲可基于错误撤销移转激光打印机所有权的物权行为（《民法典》第147条），在物权行为被撤销后，甲可以重新成为激光打印机的所有人。甲和乙达成了两个物权合意，其一是对喷墨打印机的所有权移转达成的物权合意，其二是对激光打印机的所有权移转达成的物权合意。但是对于第一个物权合意，因为没有交付，因此喷墨打印机的所有权不能移转。对于第二个物权合意，结合交付，激光打印机的所有权发生了移转，但是当事人的意思表示发生了错误。由于激光打印机的所有权已经移转，甲不能依据《民法典》第235条请求乙返还激光打印机，但是可以依据《民法典》第147条撤销该错误的物权行为。

2. 在甲撤销错误的物权行为之后，甲成为激光打印机的所有人，乙成为激光打印机的无权占有人，因为买卖合同约定交付的标的物是喷墨打印机。

结论：在甲依据《民法典》第147条撤销该错误的物权行为后，可依据《民法典》第235条请求乙返还激光打印机。

观点争议

甲乙成立喷墨打印机之买卖合同，而甲误取激光打印机交付给乙。就物权行为而言，甲乙就某台特定喷墨打印机达成物权合意，并未就激光打印机达成物权合意，虽然对激光打印机完成了交付，但缺乏当事人移转激光打印机所有权之物权合意，该激光打印机之所有权无法移转，仅仅移转了该激光打印机之占有。乙对该激光打印机之占有构成无权占有，因此甲可依据《民法典》第235条，请求乙返还激光打印机。甲乙可继续履行该买卖合同，甲向乙继续交付喷墨打印机。

（二）如乙将激光打印机转让给丙，则须视丙是否受善意取得保护而定：

1. 如果乙丙之交易行为符合善意取得之构成要件（《民法典》第311条第1款），则甲丧失所有权，丙取得所有权。甲无法依据《民法典》第235条请求丙返还激光打印机，而仅得向乙主张不当得利之价款偿还（《民法典》第122条）。

2. 反之，如丙非受善意取得规定保护，则无法获得激光打印机之所有权。甲可依据《民法典》第235条规定，请求丙返还该激光打印机。丙可依据《民法典》第577条向乙主张违约责任。甲也可以追认该无权处分行为，并向乙主张不当得利返还（《民法典》第122条）。

◆ **理论评析**

1. 负担行为（债权行为）和处分行为（物权行为）的意思表示区分

基于法律效果的不同，当事人实施的民事法律行为包括负担行为和处分行为。负担行为和处分行为的核心构成是意思表示，因此在分析意思表示瑕疵时，需要具体分析负担行为的意思表示瑕疵和处分行为的意思表示瑕疵。处分行为针对特定权利进行处分，其意思表示只能针对特定的权利作出，物权行为的意思表示只能针对特定物作出，即物权合意只能针对特定物作出，即使是预期物权合意，也必须针对可得特定的物作出。因此，对于动产而言，往往在交付时确定特定物，因此该物权合意在交付时生效，此时可具体分析其意思表示是否存在瑕疵。对于不特定之物，当事人无法达成移转所有权之物权合意。反之，负担行为产生人与人之间的债务关系，并不必然直接针对特定物作出，尤其对于种类之债而言，其标的物是种类物，并无特定之要求。

2. 基于法律行为的物权变动要件

（1）特定物。物权变动的前提是确定特定物，如果物未能特定，则不存在物权变动的空间，物权合意也无法作出。物权变动必须针对确定的特定物才能发生。

（2）物权意思表示。[1]物权变动必须有物权变动之意思表示，可以是单方的，如抛弃所有权的意思，也可以是双方的，如移转所有权的意思表示合意。而且物权合意只有针对特定物才能生效，如果缺乏物权意思表示，则物权无法变动。物权行为的核心是物权意思表示，物权意思表示适用意思表示的一般规则，可以适用意思表示瑕疵的规则。

（3）公示。物权变动必须通过公示，物权系绝对权，涉及第三人利益，物权变动必须通过公示让第三人知悉，因此一般将公示作为物权变动的生效要件。

（4）处分权。基于法律行为的物权变动是基于物权行为发生的，物权行为属于处分行为，需要处分人有处分权。如果处分人欠缺处分权，则该处分行为是无权处分，无法发生物权变动之效力。

案例 6

甲为了继续自己在德国的学业，与乙订立委托合同，请求乙以尽可能好的价格出售自己的汽车，并授予乙代理权。该授权委托书写明：甲授予乙代理权，出售甲之汽车（车牌号：SL-07011971）。乙随即在报纸上刊登销售广告，并说明其作为甲之代理人出售甲的汽车。丙以 4000 元发出要约，欲购买该车。由于乙与丁系老同学，乙接受了丁提出的 3800 元之要约，以甲之名义与丁订立买卖合同，并依据让与合意交付汽车，办理相关登记手续。

---

[1] 参见孙宪忠：《中国物权法总论》，法律出版社 2014 年版，第 359 页。

问题：

1. 甲丁之间的买卖合同是否有效？该案如何处理？

2. 如丁知悉乙拒绝丙发出之 4000 元要约的事实，该案如何处理？

3. 如乙丁恶意串通，乙以甲之名义以 1000 元价格与丁订立买卖合同，该案如何处理？

答题指引

问题 1：

一、乙以甲之名义与丁就甲之汽车以 3800 元达成买卖合同之合意，同时达成移转所有权之物权合意，并办理登记手续。问题是，乙之代理行为是否可直接对甲发生法律效力？

（一）乙的代理行为属于有权代理。甲授予乙代理权，乙以甲的名义出售甲的汽车，该代理行为（负担行为和处分行为）属于有权代理（《民法典》第 165 条）。但是乙并未更好地维护甲之利益，丙发出了 4000 元的要约，而乙却与丁以 3800 元成交，导致该车以便宜了 200 元的价格出售。该行为违反了甲乙之间委托合同的约定，虽然该代理行为是有权代理，但是该行为构成代理权的滥用。需要考查的是，该代理权之滥用是否会对甲丁之间买卖合同的效力产生影响。

（二）一般而言，被代理人应当负担代理人滥用代理权之风险。因为代理人由被代理人选任，被代理人应当负担代理人滥用代理权之风险，除非相对人知悉该代理权之滥用。在该案中，丁并不知道丙发出 4000 元要约之事实，不知悉乙滥用代理权之事实。丁属于需要保护之善意相对人。因此甲丁之间的买卖合同有效。

（三）甲可依据《民法典》第 929 条第 1 款向乙主张违反委托合同之违约责任，请求乙赔偿 200 元的损失。

问题 2：

如丁知悉乙滥用代理权之事实，不属于值得保护的善意相对人，此时可类推《民法典》第 171 条之规定，适用无权代理之规则，甲丁之间的买卖合同效力待定，该合同之最终效力取决于甲的追认。如甲拒绝追认该合同，则该合同确定无效，乙和丁按照各自的过错承担责任（《民法典》第 171 条第 4 款）。

观点争议

有观点认为，由于丁知悉乙滥用代理权的事实，丁不存在对乙合法使用代理权的信赖，而且是丁促成了合同的订立，丁应当自行负担乙滥用代理权的风险。因此如果乙滥用代理权行为不被甲追认，则丁自己承担合同确定无效后的法律后果。笔者认为，该观点值得赞同。代理人滥用代理权的行为属于违反委托合同的违约行为，但是其不足以导致合同确定无效之法律效果。相对人明知代理人滥用代理权之事实，而依然与代理人订立合同是导致合同不被追认而无效的原因，相对人应当自己负担合同无效后的法律效果。代理人向被代理人承担违反委托合同约定的违约责任。

问题3：

如丁乙恶意串通，则甲丁之间的合同确定无效，该车之处分行为也无效（《民法典》第154条），甲可依据《民法典》第235条请求丁返还该车。

◆ **理论评析**

代理权滥用的法律效果

代理权滥用是有权代理，不是无权代理，但是可以参照适用无权代理的规则。其具体处理分为三种类型。

（1）代理人滥用代理权的，如果相对人不知道代理人滥用代理权的，可保护善意相对人利益，该代理行为有效。

（2）代理人滥用代理权，如果相对人知悉代理人滥用代理权，相对人系恶意，不值得保护，此时可参照无权代理规则。代理行为适用效力待定规则，由被代理人追认后生效，如果被代理人不追认，则代理人和相对人按照过错承担各自的责任。由于相对人知悉代理人滥用代理权的事实，依然和代理人订立合同，应当负担合同不被追认的风险，同时代理人需要对被代理人承担违反委托合同的违约责任。

（3）代理人滥用代理权，如果相对人和代理人恶意串通，则适用恶意串通的规则，该恶意串通行为无效，相对人和代理人内部按照过错承担各自的责任。[1]

---

〔1〕 参见龙卫球：《民法总论》，中国法制出版社2002年版，第592页。

案例 7

甲长期委托乙出售其使用过的汽车，乙处存有双方订立的委托销售合同和销售授权书。

一次，甲委托乙保养并维修自己的汽车，同时办理车辆验车手续，并将该汽车相关资料权证放在乙处。乙将该车放在自家车库里，并告诉甲过几天来取车。在此期间，丙来乙处做客，其知悉乙替甲销售二手车的委托关系。乙遇到经济困难，于是将该汽车以自己的名义出售给丙，向丙出示了甲签发的销售授权书，并将该车的权证资料交给丙，同时交付该汽车。

问题：

1. 甲是否可请求丙返还该车？

2. 甲可向乙主张哪些权利？

3. 如甲授予乙代理权，以甲的名义出售该汽车，并签发了授权委托书。后甲乙中断合作，甲撤回代理权之授予，但甲未及时收回授权委托书，乙依然以甲的名义将该车出售给相信乙有代理权的丙，丙是否可以获得该车的所有权？

答题指引

问题1：

甲是否可以依据《民法典》第235条请求丙返还该车。前提是甲依然是该车的所有人，丙对该车构成无权占有。

一、该车的最初所有权归属于甲。

二、乙无权处分该车，丙不能善意取得该车的所有权。

（一）乙丙达成转让该车所有权的物权合意。

乙不是以甲的代理人身份与丙订立合同，而是以自己的名义与丙订立买卖合同，并就该车达成移转所有权之物权合意。

（二）乙将该车交付给丙，移转该车之占有。

乙完全丧失占有，未保留占有之残余，而丙取得对该车的直接占有。

（三）乙既不是所有人，也不享有该车的处分权，丙不能基于对处分权的信赖获得该车的所有权。

1. 丙产生了乙享有处分权之信赖。丙知道乙并非所有人，但基于甲授权乙处分的合作关系，以及甲在乙处存放的处分权授权书，丙足以信赖乙享有该汽车之处分权。

2. 但是，善意取得的构成前提是取得人对处分人享有所有权的信赖，即信赖无权处分人系所有人。该案中，无权处分人乙表明自己不是标的物之所有人，丙没有产生乙系所有人的信赖，因此丙不能依据《民法典》第 311 条第 1 款的规定善意取得该车的所有权，丙对该车的占有系无权占有。

结论：甲可依据《民法典》第 235 条请求丙返还该车。

观点争议

对于处分权的信赖一般不能适用善意取得。但是，在商事交易中，为保护商事交易安全，对于商事处分权的信赖可以适用善意取得。如果乙丙之间的交易属于商事交易，则丙鉴于对乙的处分权信赖可以善意取得甲之汽车的所有权。该观点需要经过我国司法实践进一步的检验，目前尚无确定结论。对于处分权的信赖适用善意取得，我国有相关的判例。[1]

问题 2：

一、《民法典》第 577 条

甲是否可以依据《民法典》第 577 条请求乙承担违约损害赔偿责任。甲乙之间针对该车存在修理和服务合同关系。乙违反了合同约定，擅自处分修理物，需要对甲承担违约责任。

结论：甲可依据《民法典》第 577 条请求乙承担违约损害赔偿责任。

二、《民法典》第 1165 条第 1 款

甲是否可以依据《民法典》第 1165 条第 1 款的规定请求乙承担侵权损害赔偿责任。

（一）甲对汽车的占有和使用利益受到损害。虽然丙不能善意取得该汽车的所有权，但是甲对汽车的占有和使用利益会受到影响，甲对汽车的占有使用权益会受到侵害。

（二）甲的权益侵害由可归责的乙之行为导致，乙的行为与甲的权益损害之间存在因果关系，该权益损害属于法律规范保护目的之范围。

（三）乙的无权处分行为具有违法性，不存在违法阻却事由。

（四）乙存在过错。

---

[1] 参见温州市中级人民法院（2020）浙 03 民终 3591 号民事判决书。

结论：甲可依据《民法典》第1165条第1款的规定请求乙承担侵权损害赔偿责任。

三、《民法典》第122条

甲是否可以依据《民法典》第122条的规定请求乙返还处分该汽车获得的价款。如果甲追认乙的无权处分行为，则该无权处分行为确定有效，乙处分甲之财产的获益构成权益侵害不当得利，甲可向乙主张该权益侵害之不当得利返还。

（一）乙获得了丙支付的价款。

（二）乙通过侵害甲对汽车的所有权而获得利益。

（三）乙获得该利益无正当法律根据。乙获得的利益属于权益侵害不当得利。

结论：甲可依据《民法典》第122条请求乙返还处分该汽车获得的价款。

问题3：

丙是否可以依据《民法典》第172条主张乙代理行为有效，并获得该车之所有权。

丙获得该车所有权的前提是，虽然乙并无代理权，但丙有理由相信乙享有代理权，丙可基于表见代理主张乙的代理行为（负担行为和处分行为）有效，而取得该车之所有权。

（一）乙无代理权。甲乙原本订立了委托合同，甲曾经授予了乙代理权。后由于甲乙中断合作，甲撤回了代理权授予，乙丧失了为甲从事民事法律行为之代理权。

（二）乙有代理权之表征且可归责于甲。甲未能及时收回代理权授权委托书，造成乙享有代理权之外观，足以产生善意第三人的信赖，该代理权表征之信赖可归责于甲。

（三）丙系善意。丙有理由相信乙享有该代理权，可以代理甲实施负担行为和处分行为，为保护交易安全，丙应当受保护。

结论：丙可依据《民法典》第172条主张该无权代理行为有效，该无权代理之处分行为有效，据此，丙可以获得该车之所有权。

◆ **理论评析**

1. 善意取得：处分权的信赖和所有权的信赖

一般认为，善意取得的善意信赖基础是对所有权的信赖，而不是对处分权的信赖。如不动产善意取得，信赖基础是不动产登记簿的公示，信赖不动产登记簿上的所有人是不动产的所有人；动产善意取得，信赖基础也是对处分人是所有人的信赖，该信赖往往以处分人对动产的占有为基础。但也存在例外，如处分人虽然对动产没有占有，但享有占有创制权，[1]也足以产生对其享有所有权的信赖。总之，第三人信赖处分某物的是所有人，而与其从事交易行为，并支付合理对价，办理物权变动手续，可以善意取得该物的所有权。

而对处分权的信赖一般不适用善意取得。民法上，对处分权的信赖保护比较谨慎。首先，处分权的信赖缺乏足够有效的公示，没有所有权信赖保护的公示基础（登记或占有）。正如债权一般无法适用善意取得一样，债权缺乏足够充分的公示，缺乏法定的公示制度。其次，考虑所有权保护和交易安全保护的协调。如果完全保护处分权的信赖，并可以适用善意取得，会加剧对所有人利益的侵蚀，所有权更容易丧失。在一般民事交易中，也需要在保护交易安全的同时，兼顾所有人利益的保护。在商事交易中，由于对交易安全有特殊的要求，交易安全的考虑优于所有人利益的保护，因此对处分权的信赖也可以适用善意取得，但这是比较特殊的例外规则。[2]

2. 善意取得：代理权的信赖和所有权的信赖

善意取得的信赖基础是所有权，而不是代理权。代理权的信赖保护可以适用表见代理规则，表见代理只能解决代理行为的法律效果归属问题，即可以将无权代理的法律效果归属给被代理人。如果无权代理人以被代理人名义从事了无权处分行为，处分了他人之物，虽然相对人相信无权代理人有代理权，该无权代理之法律效果可归属给被代理人，但是相对人是否可以获得物的所有权，依然要符合善意取得之构成要件。如果符合善意取得之构成要件，则无权处分之法律效果可归属给被代理人，相对人可善意取得标的物的所有

---

〔1〕 See Müller / Gruber, Sachenrecht, Verlag Franz Vahlen, 2016, S. 282.
〔2〕 参见史尚宽：《物权法论》，中国政法大学出版社 2000 年版，第 563 页。

权；反之，如果不符合善意取得之构成要件，虽然无权处分之法律效果依然可归属给被代理人，但是相对人不能善意取得标的物的所有权。总而言之，相对人能否善意取得标的物的所有权，依然要回到对所有权的信赖保护，表见代理只能解决无权代理行为的法律效果归属问题，而无法解决善意取得问题。

3. 无权处分和无权代理

无权代理属于代理制度之范畴，针对的是意思表示之法律效果的归属问题，其并不涉及处分权的权限问题。即无权代理人以被代理人名义实施民事法律行为，包括负担行为、处分行为，其法律效果是否可以归属给被代理人。无权代理制度针对的是无权代理人的代理行为法律效果归属问题，即代理行为中代理权的瑕疵。无权代理的双方法律行为效力待定（未决的无效），在被代理人追认时，代理行为生效。

无权处分属于处分行为制度之范畴，针对处分行为的权限问题，即无处分权人以自己名义处分他人权利的处分行为。处分人无处分权而处分他人权利，该处分行为效力待定（未决的无效），在权利人追认或处分人获得处分权时，处分行为生效。

无权代理和无权处分属于不同的范畴，前者属于意思表示领域，涉及意思表示的代理，是意思表示之法律效果的归属问题；后者不涉及意思表示，而是处分行为的处分权问题。当被代理人享有处分权时，代理人以被代理人名义作出处分行为，该处分行为属于有权处分。[1]

案例 8

甲在乙书店看到了一本江老师主编的《民法学》，标价100元。甲很想购买该书。甲回家后，拨打了该书店橱窗上的销售电话，乙书店销售员接听电话，甲和乙达成买卖该书之合意，并约定本周末甲来乙处付款取书。第二天，甲到旧货市场购物，发现了一本江老师主编的《民法学》，售价130元，甲心

---

〔1〕　无权代理和无权处分存在交集的领域在处分行为领域，处分行为的生效一般包括四个要件：（1）特定权利；（2）处分意思；（3）公示；（4）处分权。代理权涉及第2个要件（处分意思表示），处分权涉及第4个要件（处分权），二者分属于不同的要件领域，其区分是明细的。显然，对于处分行为而言，即使无权代理构成表见代理，也仅仅是符合处分意思表示之要件，但是缺乏处分权，依然系无权处分（效力待定），无法直接发生处分行为的效力。

中窃喜。到了周末，甲到乙处取书，乙之销售员丙告诉甲，该书的价格系 200 元，甲说其在橱窗里看到的标价是 100 元。丙说，乙书店不会以 100 元价格出售该书，橱窗广告里标记的价格发生了错误。甲愤然离开。但是甲在旧货市场上无法找到那本售价 130 元的江老师主编的《民法学》。无奈，甲在网上购买了一本江老师主编的《民法学》，价格 220 元。

问题： 甲如何向乙主张权利？

答题指引

一、甲是否可依据《民法典》第 598 条请求乙交付该书，前提是甲乙之间存在有效的买卖合同。

（一）乙在橱窗里作出要约邀请，出售江老师主编的《民法学》一书，要约邀请表明的价格是 100 元。在橱窗里的商业广告一般被认为是要约邀请，因为广告人没有表明受约束的意思。如果将橱窗广告解释为要约，则其他人只要看到橱窗广告就可以作出承诺，广告人显然无法承受订立如此庞大数量的合同，广告人也没有接受如此多买卖合同的意思。因此橱窗广告一般被认定为要约邀请。但是如果广告的内容是具体明确的，而且表明了一经承诺即受约束的意思，则该广告可以认定为要约。如广告中写明，"先到先得""仅此 2 本"等表明受约束意思的内容，则说明一经相对人承诺，合同即可成立生效。

（二）甲向乙发出要约，要约的价款是 100 元。乙作出承诺，虽然乙内心真意是 200 元，但是乙在橱窗里标明的价格是 100 元，按照有相对人的意思表示解释规则（《民法典》第 142 条第 1 款），应从相对人的客观视角作规范解释，乙承诺的意思表示到达甲处，需要按照相对人甲的客观视角作规范解释，从甲的客观视角来观察，甲会认为乙承诺的价格是 100 元。因此，乙承诺的价款是 100 元。甲乙双方就 100 元成立买卖合同。

（三）乙可基于错误（重大误解）撤销该买卖合同。乙标错了价格，发生了表示错误，乙可基于依据《民法典》第 147 条之规定，撤销该买卖合同。该买卖合同被乙撤销后，自始无效，甲无法基于合同向乙主张请求权。

结论： 甲不能依据《民法典》第 598 条请求乙交付该书。

二、甲是否可依据《民法典》第 157 条对乙主张信赖利益之损害赔偿。乙基于错误撤销了甲乙之间的买卖合同，需要向甲承担信赖利益的损害赔偿责任。焦点问题是信赖赔偿的范围。

（一）信赖赔偿之范围。

甲预期以 100 元购买该书，但是实际支出 220 元，甲比预计多支出了 120 元。但是由于买卖合同被撤销，甲对基于 100 元价格产生的履行利益的主张无法得到支持，但是甲可寻求信赖利益的保护。依据民法理论，基于错误而撤销合同之信赖利益赔偿的目的在于使得当事人回到未信赖合同有效成立之原初状态（回到订立合同之前），同时赔偿数额不能超过合同有效成立时可以获得的利益（信赖利益不得超过履行利益）。此时需要考虑当事人未信赖合同有效成立可获得的机会以及当事人事实上多支出的费用。甲本来在旧货市场可以 130 元购买同样的书，而因为乙撤销合同，甲在网上花费 220 元购买了相同的书，因此甲产生了 90 元的信赖损害。如果甲乙未订立买卖合同，甲不会多支出 90 元的费用，该多支出的 90 元费用就是甲信赖合同有效成立而产生的信赖利益。

（二）与有过失问题。

受害人对于损害的发生也有过错的，受害人基于自己的过错也要分担责任（《民法典》第 157 条第 2 句），可以减轻加害人的赔偿责任，即受害人负有不真正义务，受害人违反不真正义务，可以减少赔偿数额。此时需要考虑甲本来可以获得的交易机会和甲按照乙的意思订立合同支付的价款。甲本来可在旧货市场以 130 元购买图书，但是如果甲接受乙的价格，可以 200 元购买同样的图书，而不需要在网上多花 20 元。据此，多花之 20 元属于甲基于自己过错造成的损失，应由甲自己负担，甲可向乙主张 70 元的损害赔偿。

结论：甲可依据《民法典》第 157 条对乙主张 70 元信赖利益之损害赔偿。

◆ **理论评析**

1. 信赖损害赔偿和与有过失

信赖损害，也被称为消极损害，是基于对法律行为的有效而产生的信赖利益的损害。损害赔偿的结果是回复到合同成立前的状态。但是信赖利益的赔偿不能超过合同正常履行可以获得的利益，信赖赔偿也不包括合同正常履行依然会落空的徒劳费用。在判断信赖利益赔偿的范围时，同时需要考虑与有过失问题，如果受害人违反不真正义务，即违反了照顾自己的义务，导致损失的扩大，则对该扩大的损失，撤销人不需要承担损害赔偿责任。与有过失是损害赔偿的基本规则，在违约损害赔偿、侵权损害赔偿、信赖损害赔偿以及其他损害赔偿中，都要考虑受害人的与有过失问题。受害人的过错导致损害的扩大，该扩大的部分不属于赔偿的范围。在理论上，也可以同时考虑损益同销问题，由于撤销的事实，受害人获得了利益，该利益和损害之间存在相当因果关系，而且扣除该收益对于受害人和撤销人而言是合理且正当的，可以扣除受害人因撤销之事实而获得的利益。

2. 意思表示的解释

意思表示的解释按照是否存在相对人，可以分为有相对人的意思表示之解释和无相对人的意思表示之解释，二者的解释规则完全不同。[1]

（1）有相对人的意思表示的解释适用规范解释规则，即从相对人的客观视角出发，作客观的规范解释。规范解释并不是探究当事人的内心真意，而是寻找相对人客观视角的规范含义。如果规范解释的结果和一方当事人的内心真意不符合，则可以通过意思表示错误规则处理，意思表示错误的表意人可依法撤销其意思表示，但涉及信赖利益的赔偿问题。

（2）无相对人的意思表示的解释适用自然解释规则，即从表意人的内心真意出发，作出探究表意人内心真意的自然解释。自然解释是探究表意人内心真意的过程，自然解释不必拘泥于表面的文义记载，不能完全拘泥于所使用的词句，而应当结合相关条款、行为的性质和目的、习惯以及诚信原则，确定行为人的真实意思。

案例 9

甲是汽车迷，一直想购买某大众途安 MPV。一日上午 9 时，甲在乙汽车专卖店看上了某部二手大众途安 MPV（标价 9999 元），甲与乙之销售员丙达成合意：甲需要与父母再协商一下，如果甲当天晚上 7 时前联系丙，则该买卖合同成立，否则，买卖合同不生效。丙在该车上竖立"已经出售"的标牌。当天下午 4 时，丁路过乙专卖店，也看上这部大众途安 MPV，于是向丙询问价格。丙回复，售价 10 500 元。丁欲购买，丙预计甲不会联系自己，于是与

---

〔1〕 参见王泽鉴：《民法总则》，北京大学出版社 2009 年版，第 385 页。

丁达成合意，丙以乙之名义与丁订立买卖合同，并依据让与合意交付汽车。当天晚上 6 时 30 分到 7 时，甲一直不断打电话给丙，丙一直不接电话。直到晚上 7 时 05 分，丙接通电话，并告诉甲，联系的时间过了，买卖合同不生效，而且该车已经出售给丁了。

问题： 甲如何向乙主张权利？

答题指引

一、甲是否可依据《民法典》第 598 条请求乙交付汽车。

甲可以依据《民法典》第 598 条请求乙履行买卖合同，并交付汽车，前提是甲乙成立有效的买卖合同。

（一）甲乙关于大众途安 MPV 的买卖合同成立。乙在专卖店展台上发出要约邀请，甲与乙之代理人丙展开磋商。甲向乙发出要约，乙作出承诺，甲乙双方就该车达成买卖之合意，买卖合同成立。但该买卖合同附加了停止条件，即如果甲在当天晚上 7 点前联系丙，则买卖合同生效。

（二）乙恶意地阻止该停止条件成就。甲一直与乙之代理人丙联系，但丙恶意不接电话，导致该买卖合同之停止条件不能成就，依据《民法典》第 159 条第 1 分句之规定，丙恶意阻止条件成就，视为条件已经成就。因此，甲乙之买卖合同已经生效。

（三）甲请求乙交付该车的请求权消灭，乙已将该车出售给丁。依据民法理论，处分行为附停止条件的，如果条件成就，义务人在条件未定期间的处分为无权处分，第三人为恶意时，该处分行为确定不发生效力，权利人可主张处分标的物之返还。[1] 该案中，甲乙系针对负担行为附停止条件，而非针对处分行为附停止条件，该约定无法影响乙丁处分行为之效力，丁可终局获得该车之所有权。据此，甲请求乙交付该车的请求权消灭，甲不能依据《民法典》第 598 条请求乙交付汽车。

二、甲是否可依据《民法典》第 577 条请求乙承担违约责任。

甲是否可依据《民法典》第 577 条请求乙承担违约损害赔偿责任。

（一）甲乙之间买卖合同生效。甲乙已经达成意思表示一致，买卖合同成立且有效。

---

〔1〕 See Karl Lanrenz, Manfred Wolf, Allgemeiner Teil des Deutschen Bürgerlichen Rechts, C. H. Beck Verlagsbuchhandlung, 1989, S. 501.

（二）该买卖合同因乙之违约行为导致履行不能，乙需要对甲承担违约责任。甲可请求乙承担继续履行、损害赔偿之违约责任。依据《民法典》第584条之规定，同时依据民法理论，甲可享有替代利益请求权，即可请求乙返还其将该车出售给丁所获得的价款（10 500元），同时甲需要向乙支付价款9999元，据此甲可获得501元的损害赔偿。[1]

（三）甲可依据《民法典》第563条解除合同，并向乙主张违约责任（《民法典》第566条第2款）。由于乙的违约行为导致合同无法履行，该买卖合同之目的无法实现，甲可依法解除该买卖合同，但是甲请求损害赔偿之权利不受影响，甲可依据《民法典》第566条第2款的规定请求乙承担违约责任。

◆ 理论评析

1. 附条件的民事法律行为

附条件的民事法律行为是指民事法律行为的效力取决于将来不确定的事实。条件包括停止条件和解除条件。停止条件是决定民事法律行为生效的条件，附停止条件的民事法律行为意味着在停止条件成就时，民事法律行为生效。解除条件是决定民事法律行为失效的条件，附解除条件的民事法律行为意味着，解除条件成就时，民事法律行为自动失效，而无需当事人另行作出意思表示。[2]因此附解除条件的民事法律行为与合同的解除完全不同，解除合同必须通过解除的意思表示才能将合同解除，而附解除条件的合同，在解除条件成就时，自动失效。合同解除中解除，其对应的德文单词是 Rücktritt，而附解除条件合同中的解除对应的德文单词是 Auflösung。这两个解除在法教义学上是完全不同的概念。[3]由于条件可以直接决定民事法律行为的效力，因此对应恶意阻止条件成就的，为防止非法行为人从其不法行为中获益，可以视为

[1] See Dirk Looschelders, Schuldrecht Allgemeiner Teil, Verlag Franz Vahlen, 2017, S. 220, 230.
[2] 参见王泽鉴：《民法总则》，北京大学出版社2009年版，第398页。
[3] 附解除条件的民事法律行为，其针对意思表示附解除条件，在解除条件成就时，意思表示自动失效，无需做出行为。由于意思表示失效，其民事法律行为的效果自动失效。如果针对所有权转移的处分行为附解除条件，则在解除条件成就时，处分行为失效，所有权移转无效，其自动回复到让与人处。解除合同，其针对是合同关系的解除，其法律效果是免除合同当事人继续履行合同的给付义务，因此需要合同当事人通过解除权的行使来解除合同关系，免除给付义务。合同解除后产生返还财产、恢复原状的法定债务关系。

条件已经成就。

2. 替代利益请求权

替代利益请求权是指给付标的物毁损灭失或被转卖时，债权人可请求债务人交出标的物之替代利益的请求权，包括标的物毁损灭失之后的保险金、赔偿金和补偿金等（非法律行为的代位金），还可以包括标的物转卖之后的价款（基于法律行为获得的价款）。[1]我国《民法典》未明确规定债权人对债务人的替代利益请求权，但是《民法典》第584条第1分句后段中"……合同履行后可以获得的利益"的规定可以解释出损失赔偿额包括替代利益，虽然合同标的物毁损灭失或被转卖，但是标的物的替代利益可以解释为合同履行后可以获得的利益，债权人可以向债务人主张替代利益请求权。替代利益请求权在债务人违约转卖时具有实益，该请求权可以剥夺债务人转卖获得的超额利益，有效地遏制为谋取超额转售利益而恶意违约，因为替代利益请求权意味着债权人可请求债务人返还转售获得的全部价款。

案例 ⑩

在北京市海淀区东坞公园内，甲在乙经营的绿植店以 2000 元价格购买了一棵棕榈树。甲想将该树木一直放在室外的庭院里，于是甲向乙询问，该棕榈树是否耐寒，可否一直放在室外种植。乙刚刚引进棕榈树，对棕榈树的种植不是太熟悉。乙随口回答："是的，耐寒。"后来，甲将棕榈树一直放在室外种植，该树因严寒而死亡。甲非常气愤，向乙主张撤销合同，并请求返还价款。

问题：甲对乙的请求权关系如何？

答题指引

一、甲是否可以依据《民法典》第509条、第577条、第582条、第583条、第584条请求乙承担继续履行、采取补救措施或者赔偿损失的违约责任。

（一）甲乙意思表示一致，订立了棕榈树的买卖合同（《民法典》第595条），产生了买卖合同上的债权债务关系。出卖人乙负担交付约定标的物、转移标的物所有权的主给付义务，同时还负担妥善包装、开具收据、如实告知等从给付义务和协助、通知和保密等附随义务。

（二）乙违反了如实告知义务。甲向乙询问棕榈树重要的耐寒特性时，乙

---

〔1〕　参见史尚宽：《债法总论》，中国政法大学出版社 2000 年版，第 388-391 页。

未尽到对出售商品特性的合理了解义务，并隐瞒该情况，作出不符合客观情况的错误回答，违反了出卖人如实告知义务。

（三）乙对如实告知义务的违反导致棕榈树一直被甲放在室外种植而最终死亡，乙作为绿植店的经营者在合同订立时可以预见到该损失的发生，甲可以依据《民法典》第577条、第582条、第583条、第584条的规定，请求乙承担违约责任。甲可以依据《民法典》第582条的规定，请求乙重新提供一棵棕榈树；甲还可以依据《民法典》第584条第1分句的规定请求乙赔偿损失。

（四）甲可以依据《民法典》第563条第1款的规定解除合同，并依据《民法典》第577条之规定请求乙赔偿损失。乙违反如实告知义务，导致合同标的物棕榈树死亡，致使买卖合同目的无法实现，甲可主张解除合同，请乙返还价款。该合同因乙违约而解除，不影响乙承担违约责任，甲可依据《民法典》第566条第2款的规定向乙主张违约责任。

结论： 甲可以依据《民法典》第509条、第577条、第582条、第583条、第584条请求乙承担继续履行、采取补救措施或者赔偿损失的违约责任。甲还可选择依据《民法典》第563条第1款的规定解除合同，并依据《民法典》第566条之规定请求乙返还价款，并赔偿损失。

二、甲是否可以依据《民法典》第500条第（二）项的规定请求乙承担损害赔偿责任。

乙在合同订立时违反先合同义务（如实告知义务），在未了解标的物特性的情况下，提供了虚假情况，使甲产生信赖，基于此，甲将棕榈树置于室外种植，进而导致棕榈树死亡。棕榈树的死亡与乙在合同订立时违反如实告知义务存在因果关系，乙需要对其违反如实告知义务而造成的损害承担赔偿责任（缔约过失责任）。

结论： 甲可以依据《民法典》第500条第（二）项的规定请求乙承担损害赔偿责任。

三、甲是否可以依据《民法典》第148条的规定撤销合同，并依据《民法典》第157条第1句第1分句、第122条请求乙返还2000元价款。

（一）甲乙订立了棕榈树的买卖合同，该买卖合同成立。

（二）乙违反如实告知义务，向甲提供了虚假情况。乙对标的物特性未尽到合理的了解义务，但是乙对甲未如实告知该客观事实，而是隐瞒了其未仔细全面调查的事实，而且随意告知甲错误的事实。乙的故意隐瞒行为属于欺诈行为。

观点争议

一种观点认为，乙的行为不构成欺诈。乙随意回答"耐寒"，并不存在主观上的欺诈故意。乙确实对棕榈树的特性不太了解，未尽到全面的了解知悉义务，但其行为并不构成欺诈。但是笔者认为，乙在主观上具有可归责性，乙确实是为了促销，在没有了解棕榈树性质的情况下，随意回答棕榈树的耐寒属性，是为了获取销售的利益。乙对棕榈树的性质未产生错误，而是隐瞒自己未尽到了解知悉义务的客观事实，对棕榈树的性质做出有助于销售的虚假陈述，并使得买受人产生错误，买受人基于错误作出购买之意思表示，乙的行为可以构成欺诈。

（三）乙的欺诈行为与甲的意思表示决策存在因果关系。基于乙的欺诈行为，甲与乙订立买卖合同。乙的欺诈行为具有违法性，乙在主观上存在欺诈的故意。甲可主张撤销合同，并在撤销合同之后，请求乙返还不当得利。

结论：甲可以依据《民法典》第148条的规定撤销合同，并依据《民法典》第157条第1句第1分句、第122条请求乙返还2000元价款。

四、甲是否可以依据《民法典》第1165条第1款的规定请求乙承担损害赔偿责任。

（一）由于乙的欺诈行为影响了甲的意思表示自由，甲基于乙的欺诈发生错误而订立买卖合同，支付了2000元价款。甲购买的棕榈树死亡，甲的财产权受到损害。

（二）甲之权益损害由乙的欺诈行为导致，二者之间存在相当因果关系，甲之权益损害在法律保护目的范围之内。

（三）乙违反如实告知义务，存在过错。

结论：可以依据《民法典》第1165条第1款的规定请求乙承担损害赔偿责任。

◆ **理论评析**

1. 欺诈的判断标准

民法上的欺诈和人们一般理解的欺骗不同。民法上欺诈属于意思表示不自由的一种类型，欺诈的成立有严格的构成要件[1]。欺诈的构成要件包括以下几个方面。

（1）行为人作出欺诈行为。欺诈行为包括积极欺诈和消极欺诈。积极欺诈是指行为人作出虚假陈述，隐瞒真实的客观事实，消极欺诈是指行为人违反如实告知义务，隐瞒真实的客观事实，应当如实告知，但却保持沉默。消极欺诈以行为人负担主动如实告知义务为前提。

（2）行为人的欺诈行为导致表意人作出意思表示。行为人的欺诈行为导致表意人产生错误，欺诈行为与表意人错误之间存在因果关系。表意人基于该错误作出意思表示，该错误与表示之间存在因果关系，即行为人的欺诈行为影响了表意人的意思表示决策，导致表意人作出了意思表示。反之，如果欺诈行为未影响表意人的意思表示决策，或者表意人识破了欺诈行为，而将计就计，此时，并不构成欺诈。可见，消费者权益保护法上的欺诈和民法上的欺诈存在区别，知假买假的行为并不是民法上的欺诈行为。

（3）行为人的欺诈行为具有违法性。欺诈行为具有违法性，不存在违法阻却事由。如女职工隐瞒怀孕事实就不具有违法性，虽然女职工隐瞒怀孕事实，实施了欺诈行为，但是该行为并不构成民法上的欺诈行为，不能适用欺诈规则。

（4）行为人主观上具有欺诈的故意。行为人明知自己实施了欺诈行为，而且在主观上希望或放任欺诈结果的发生。如果行为人无意中把话说错了，并不存在欺诈的故意，则也不构成欺诈。该案中是否构成欺诈，存在进一步讨论的空间。乙并不知道棕榈树的耐寒情况，但是为了促销，隐瞒其未尽充分调查之义务，虚假陈述棕榈树的耐寒性质，主观上存在故意，应当构成欺诈。

2. 合同撤销和合同解除的关系

（1）合同撤销主要针对的是合同订立阶段意思表示的瑕疵，针对的是合同效力的瑕疵，如意思表示不一致；意思表示错误；意思表示不自由（欺诈、胁迫，还包括显失公平等[2]）。合同撤销的法律效果是合同自始无效，返还

---

〔1〕 欺诈构成的具体分析，可参见人民法院出版社编：《最高人民法院 最高人民检察院指导性案例》，人民法院出版社 2021 年版，第 46-48 页。

〔2〕 参见［德］卡尔·拉伦茨：《德国民法通论》，王晓晔等译，法律出版社 2013 年版，第659-660 页。

财产、恢复原状，当事人回到合同订立之前的状态。主要通过不当得利返还规则和信赖利益赔偿规则处理当事人之间的法律关系。合同被撤销后，为合同提供的担保无效。

（2）合同解除主要针对的是合同履行阶段的给付障碍（包括合同基础条件的重大变化导致的情事变更）。合同解除以合同有效为前提。合同解除之最实质的法律效果是免除给付义务，当事人可以摆脱合同给付义务的束缚，未履行的义务，可以不再履行，虽然当事人依然需要承担不履行义务的违约责任。合同解除可以消灭当事人的合同当事人地位，摆脱当事人之间合同关系的约束，更好尊重当事人的意愿。对于已经履行的，合同解除的法律效果是返还财产、恢复原状，其在某些情况下可以实现与合同撤销相同的法律效果。但是需要注意的是，合同解除无法改变合同订立时形成的给付关系，[1]在标的物毁损灭失计算价额时，不是简单按照市场价格计算，而是按照合同订立时约定的价格来计算。合同解除不影响损害赔偿。合同因违约而解除的，不影响违约责任的承担，可以依法主张履行利益的损害赔偿。合同解除的，为合同提供的担保继续有效。

---

〔1〕　See Hirsch, Schuldrecht Allgemeiner Teil, 7. Auflage, 2011, Nomos Verlagsgesellschaft, S. 130, 140.

第四章 债 法

第一节 债法总论和合同

案例 ①

甲收到了乙公司邮寄过来的一件衣服，附函中写明："10日内未作表示，即视为购买。"甲对该衣服没兴趣，将之放到一边。几周之后，甲在打扫卫生时，将该衣服作为垃圾丢弃。

问题：乙是否可向甲主张请求权？

答题指引

一、乙是否可以依据《民法典》第626条第1句的规定请求甲支付价款。

（一）乙公司向甲以邮寄衣服的方式发出了现物要约，该要约到达甲处。乙公司邮寄衣服属于现物要约，该要约的内容是具体明确的，同时表明一经受领人承诺，买卖合同即可成立。但是现物要约也存在风险，如果受领人不作出承诺，不同意缔约，则要约人需要负担标的物毁损、灭失的风险，因为受领人并没有为要约人保管标的物的义务。

（二）甲未作出承诺。乙在附函中将沉默视为承诺的表示对甲无约束力，任何人不能随意为他人设定义务，在民事交往活动中，沉默一般视为拒绝，除非存在约定或法律规定（《民法典》第140条第2款）。因此，甲和乙的意思表示未达成一致，买卖合同不成立。

结论：乙不可以依据《民法典》第626条第1句的规定请求甲支付价款。

二、乙是否可以依据《民法典》第235条的规定请求甲返还原物。

（一）该衣服的所有人是乙。

（二）甲现在已经不是该衣服的占有人，不构成无权占有。乙无法基于物权向甲主张原物返还。

结论：乙不可以依据《民法典》第235条的规定请求甲返还原物。

三、乙是否可以依据《民法典》第1165条第1款的规定请求甲承担损害赔偿责任。

（一）乙的财产权受到损害。乙的衣服被作为垃圾抛弃。

（二）乙的财产权损害由甲的抛弃行为导致，二者存在因果关系。乙的财产权损害也在法律保护目的范围之内。

（三）甲不存在过错。乙主动将衣服邮寄给甲，干扰了甲的正常生活，甲对乙的衣服没有保管义务。甲打扫卫生时，可以将该衣服作为垃圾处理。作为衣服的所有人，乙应当自行负担该风险。

结论：乙不可以依据《民法典》第1165条第1款的规定请求甲承担损害赔偿责任。

四、乙是否可以依据《民法典》第122条的规定请求甲返还不当得利。

不当得利返还的前提是甲获得利益。甲已经将衣服抛弃，并未获得利益。因为甲未获得任何利益，未获得所有权，也未享有占有和使用的利益，因此乙不能依据《民法典》第122条的规定请求甲返还不当得利。

◆ **理论评析**

1. 请求权检索顺序分析方法

该案的分析思路依然是请求权检索顺序的分析方法。按照从合同请求权、类合同请求权、物权请求权、侵权请求权到不当得利请求权的顺序依次检索当事人之间的请求权。对于现物要约而言，需要首先分析合同是否能够成立，依次分析类合同关系，分析无因管理是否可以成立，然后分析物权请求权，要约人是否可依据物权主张原物返还，然后还需要分析侵权请求权，最后检索不当得利请求权。在自动售货机的民事纠纷中（如：甲向自动售货机投入2元硬币，自动售货机退出3元硬币），当事人的请求权关系也是按照这个思路展开的。这种请求权检索分析方法可以包括几乎所有的民事法律关系，请求权的检索全面且完整。

2. 现物要约中受要约人的保管义务和责任

如果受要约人不接受现物要约，买卖合同不成立，标的物的处理值得分析。

其一，受要约人对标的物并无保管义务。要约人和受要约人之间并未达成保管合同的合意，二者之间不存在保管关系。因此受要约人（消费者）对投寄之物品不负有保管义务。

其二，受要约人对他人所有的物应予以尊重，故意或重大过失丢弃者，负侵权责任。但是需要注意的是，投寄是擅自侵入受保护的私人领域，受要约人将该物品抛弃之行为依然能够受到保护。受要约人的抛弃与要约人（邮寄人）的预期是一致的，如果买卖合同被拒绝，要约人（邮寄人）系向受要约人免费提供了物品，受要约人需要通过抛弃来消除邮寄的不法性。受要约人在打扫卫生时，将标的物抛弃的行为符合一般人的注意义务标准，不存在重大过失，不需要承担侵权责任，此时要约人需要自行负担自己所有的标的物毁损灭失之风险。

案例 2

甲到乙（阿玛尼专卖店）购买阿玛尼西服。甲明确告知服务员丙，自己要买意大利原产的阿玛尼西服。丙拿出一件阿玛尼西服，明确告诉甲，这件衣服就是意大利原产的阿玛尼西服。甲决定买下该西服，并支付了价款。甲回到家里，才发现该西服的内标签上写明，保加利亚制造，非意大利原产。事后查明，乙专卖店以为该西服系意大利原产而出售，因进口西服式样繁多，乙未能一一仔细核对产地和厂商。

问题： 甲如何向乙主张权利？

答题指引

一、甲是否可以依据《民法典》第 577 条、《消费者权益保护法》第 52 条的规定请求乙承担继续履行、采取补救措施和赔偿损失的违约责任。

（一）甲乙意思表示达成一致，订立买卖意大利原产的西服买卖合同。尽管当事人对标的物的产地发生了错误认识，但是合同依然有效成立。

（二）乙提供的西服不符合合同约定的产地，属于违约行为。甲可请求乙交付意大利原产的西服，并依据《民法典》第 577 条、《消费者权益保护法》

第 52 条的规定，请求乙赔偿更换西服过程产生的必要费用。

结论：甲可以依据《民法典》第 577 条、《消费者权益保护法》第 52 条的规定请求乙承担继续履行、采取补救措施和赔偿损失的违约责任。

二、甲是否可以依据《民法典》第 563 条第 1 款的规定主张解除合同，并依据《民法典》第 566 条第 1 款、第 2 款的规定请求乙返还财产，赔偿必要费用损失，并承担违约责任。

（一）甲乙订立了买卖合同。

（二）乙提供的西服不符合合同约定，属于根本违约行为，导致合同目的无法实现，甲可依据《民法典》第 563 条第 1 款的规定解除合同。解除合同后，甲可请求乙返还价款，并赔偿必要费用损失（交通费、通信费），并可请求乙承担违约责任。

结论：甲可以依据《民法典》第 563 条第 1 款的规定主张解除合同，并可依据《民法典》第 566 条第 1 款、第 2 款的规定请求乙返还价款，赔偿必要费用损失，承担违约责任。

三、甲是否可以依据《民法典》第 147 条的规定主张撤销合同，并依据《民法典》第 157 条第 1 句的规定请求乙返还价款，并依据《消费者权益保护法》第 52 条的规定请求乙赔偿损失。

（一）甲乙意思表示一致，订立了买卖合同。

（二）甲乙双方都对标的物的产地发生了错误认识，都认为该西服产地是意大利，于是就该衣服达成买卖合同（负担行为意思表示错误），并达成所有权移转之意思表示合意，交付西服，转移其所有权（处分行为意思表示错误）。甲乙双方就该衣服达成了错误的债权合意和物权合意，属于双方错误。民法理论认为，双方的意思表示之共同错误，可依据诚信原则处理，但并不排斥撤销权的行使。

（三）甲可撤销该错误的意思表示，即撤销该买卖合同。因甲系消费者，应受到《消费者权益保护法》的特殊保护，该错误的发生源于经营者未仔细检查羽绒服的产地标记，因此在消费者甲就衣服产地进行询问时，乙未作出真实的回复（《消费者权益保护法》第 20 条第 2 款），乙存在重大过失。甲可依据《消费者权益保护法》第 52 条的规定请求乙赔偿损失。

结论：甲可以依据《民法典》第 147 条的规定主张撤销合同，并依据《民法典》第 157 条第 1 句的规定请求乙返还价款，并依据《消费者权益保护法》第 52 条的规定请求乙赔偿损失。

观点争议

关于乙（阿玛尼专卖店）的行为是否构成欺诈，存在争议。欺诈的构成要件包括欺诈行为、欺诈行为导致意思表示错误、欺诈行为具有违法性、行为人具有主观故意等构成要件。乙未能仔细一一核对西服的产地标签，因此乙未能准确说明西服的产地，并作出了虚假陈述，该虚假陈述导致甲的意思表示错误，甲和乙订立买卖合同。乙的虚假陈述行为具有违法性，但是争议的焦点是，乙是否存在主观上的故意。乙作为经营阿玛尼西服品牌的专卖店，主营意大利原产的阿玛尼西服，不存在以次充好，以假充好的主观故意。乙对自己销售的阿玛尼西服的产地发生了错误，乙误以为该西服是意大利原产的，而将其作为意大利原产西服来销售。乙是基于自身的错误认识而作出了虚假陈述，乙在主观上不存在欺诈的故意，乙的行为不构成欺诈。

四、甲是否可以依据《民法典》第 500 条的规定请求乙赔偿损失

（一）乙在合同订立阶段违反了先合同义务，对甲的询问未作真实回复。

（二）乙的不真实回复导致了甲的财产损失。

结论： 甲可以依据《民法典》第 500 条的规定请求乙赔偿损失。

五、甲是否可以依据《民法典》第 1165 条第 1 款的规定请求乙赔偿损失。

（一）甲的财产权益受到损害。乙的不真实回复导致甲支付了价款，而且发生了更换衣服的费用损失。

（二）甲的财产权损失由乙的行为导致，二者之间存在相当因果关系，甲的财产损失在法律保护目的范围之内。

（三）乙存在过错。乙未尽到合理的注意义务，未合理审查西服的产地，作出不真实的回复，存在明显的过错。

结论： 甲可以依据《民法典》第 1165 条第 1 款的规定请求乙赔偿损失。

◆ **理论评析**

1. 消费者权益保护法和民法的关联

消费者权益保护法和民法存在关联。消费者和经营者之间存在民事合同关系，同时消费者还受到消费者权益保护法的特殊保护，经营者的权利则受到消费者权益保护法的特殊限制。此类案例分析思路是，依然按照民事请求

权的检索框架展开，但同时考虑消费者权益保护法的特殊规定。在消费者和经营者双方发生共同错误时，应当更多保护消费者的合法权益，由经营者负担信赖利益的赔偿责任。在缔约过失责任领域，更多强调经营者的说明义务和告知义务。民法并不是存在于真空当中，会和消费者权益保护法、产品质量法、食品安全法、反不正当竞争法等诸多法律存在竞合关系，此时需要关注民法与其他法律部门之间的衔接，在民事法律关系、民事请求权检索的基本体系和框架范围内，关注特殊主体的特殊保护规则，以协调民法与其他法律部门之间的关系，更好地实现社会利益和社会主义核心价值观。

2. 侵权责任的分析

合同关系的存在，并不排斥侵权责任的成立。由于经营者虚假陈述导致消费者支付了价款，支出了更多的费用，或者造成其他损失，如果符合侵权责任的构成要件，消费者也可以通过侵权责任规则获得保护，并请求侵权损害赔偿。如合同责任和侵权责任的给付内容是同一的，可以形成请求权竞合关系；如果合同责任和侵权责任的给付内容是不同的，则可以形成请求权聚合关系。

◆ **参考法条**

《消费者权益保护法》

第二十条　经营者向消费者提供有关商品或者服务的质量、性能、用途、有效期限等信息，应当真实、全面，不得作虚假或者引人误解的宣传。

经营者对消费者就其提供的商品或者服务的质量和使用方法等问题提出的询问，应当作出真实、明确的答复。

经营者提供商品或者服务应当明码标价。

第五十二条　经营者提供商品或者服务，造成消费者财产损害的，应当依照法律规定或者当事人约定承担修理、重作、更换、退货、补足商品数量、退还货款和服务费用或者赔偿损失等民事责任。

案例 3

葡萄酒供应商甲只将葡萄酒销售给自己熟悉的客户，从不销售给自己不认识的客户。乙不认识甲，如果乙向甲订购葡萄酒，甲是不会与乙缔约的。

于是乙以丙宾馆的名义向甲发出要约（丙宾馆是甲的长期客户）。乙在丙宾馆住宿时获得了带有丙宾馆抬头的信纸，乙在该信纸上以丙的名义写好订购5箱葡萄酒的要约，留下自己的地址，并谎称该地址是丙的仓库。乙将要约邮寄给甲。

甲针对该要约作出承诺，并将承诺好的文件的原件邮寄给丙，同时将复印件邮寄给乙。丙在收到该承诺的文件后，立即写信给甲，自己库存的葡萄酒严重不足，请求甲立即供应该5箱葡萄酒。甲回复：没问题。但是甲迟迟未供货。丙再次写信给甲，明确表示，如果一周后甲还不供货，合同就自动解除。九天之后，甲将葡萄酒送到丙处，丙拒绝接收，因为丙已经在供应商丁处采购了葡萄酒，而且多花费了500元。

问题：

1. 甲是否可请求丙支付5箱葡萄酒的价款？
2. 丙是否可请求甲承担自己多支付的价款？

答题指引

问题1：

甲对丙的价款请求权

甲是否可以依据《民法典》第626条第1句的规定请求丙支付5箱葡萄酒的价款。

（一）前提是甲和丙订立了买卖该5箱葡萄酒的买卖合同，该合同的成立以要约和承诺的一致为基础。问题是，丙是否向甲发出订购5箱葡萄酒的要约。

1. 事实上是乙以丙的名义向甲发出了该要约，虽然乙使用了丙的名义，但乙完全是为了自己的利益，其想把该法律效果归属给自己，该行为属于冒名行为，而不是代理行为。冒名行为的法律效果可直接归属给冒名行为人，可以不适用代理规则。

2. 但是，该假冒之名义使甲产生了信赖，如果乙直接向甲发出要约，甲不会与乙缔约，甲作出承诺是因为甲相信自己与丙订立买卖合同，而不是与乙缔约。因此，为保护甲对该假冒之名义的信赖，乙的冒名行为可类推无权代理，丙作为被代理人享有追认权。

3. 在丙收到甲的承诺函后，丙随即写信回复，确认了购买该5箱葡萄酒。

据此，可认定丙追认了该无权代理行为，将乙的冒名之要约归属于自己，同时该要约经过甲的承诺，甲丙就该 5 箱葡萄酒的买卖合同成立并生效。

结论：甲依据《民法典》第 626 条第 1 句之规定的价款请求权已经产生。

（二）甲对丙的价款请求权因为丙行使合同解除权而消灭。

1. 丙依据《民法典》第 563 条第 1 款第 3 项享有解除权。丙在收到甲的承诺函后，请求甲立即供货，甲对此予以确认，双方对合同履行期限达成一致。但甲迟延履行合同义务，经过丙催告后，在合理期限内仍然未履行合同义务。丙依据《民法典》第 563 条第 1 款第 3 项的规定享有合同解除权。

2. 丙依据《民法典》第 565 条第 1 款第 2 句后段行使解除权。合同解除权的行使可以通过当事人的行为来实现。甲经催告依然迟延履行，丙明确表示，如果一周后甲还不供货，合同自动解除。依据《民法典》第 565 条第 1 款第 2 句后段的规定，甲在一周内未履行债务的，合同自一周期限届满时解除。因此，甲和丙的买卖合同被丙依法解除，合同双方的给付被免除，双方之间的关系转变为回复清算关系，依据《民法典》第 566 条第 1 款，丙免除了支付价款的义务，甲的价款请求权消灭。

问题 2：

丙对甲的价款请求权

丙是否可以依据《民法典》第 577 条请求甲承担自己多支付的 500 元价款。解除合同不影响损害赔偿请求权，在因一方合同当事人违约而导致合同解除时，不能自动免除该合同当事人因违约造成的损害赔偿责任（《民法典》第 566 条第 2 款）。甲违约履行合同，造成丙不得不另行与丁订立买卖合同，多支出价款 500 元，这属于甲违约造成的损害，甲需要对此承担赔偿责任，而且该损失也未超过甲在缔约时可预见的范围（《民法典》第 584 条但书）。因此，丙可以依据《民法典》第 577 条请求甲负担该多支出的价款。

◆ **理论评析**

1. 冒名行为

冒名行为是指行为人为自己的利益擅自假冒他人名义实施民事法律行为。冒名行为不是代理，因为假冒人是为了自己的利益，而不是为被假冒人利益，其法律效果不是要归属给被假冒人，而是要归属给假冒人自己。冒名行为的法律效果关键的是交易相对人如何看待，以交易相对人的理解为准。[1]据此，冒名行为的法律效果可以分为两种基本类型。

（1）直接对假冒人生效——名义不具有私法上的意义

名义不具有区别性的意义，该契约对假冒行为人发生效力。一般而言，冒名行为是行为人自己的行为，而不论其借用了他人的名义。行为人系为自己订立契约而冒他人之名，相对人愿意与假冒行为人缔约，其并不在乎名义，对法律效果归属何人在所不问。我国《公司法解释（三）》[2]第28条规定冒用他人名义出资的，由冒名登记行为人承担相应责任。该规定就直接适用了冒名行为直接对假冒人生效规则。

（2）类推无权代理——名义具有私法上的意义

相对人对该被假冒之名义产生信赖，而意在与被假冒之名义人发生法律关系时，原则上可类推适用无权代理规则。该名义对于相对人从事交易具有决定性意义，则假冒他人名义的行为可以属于以他人名义实施的行为，可以参照无权代理。[3]即冒名行为，类推无权代理。如甲假冒某著名收藏家乙之名向丙订购某画，丙因仰慕乙之名气而同意出售该画。该冒名行为可类推无权代理，经过乙追认，该买卖合同可对乙发生法律效力。

虽然民事法律行为的名义具有重要的法教义学价值，但是核心依然是相对人的信赖保护，当相对人并不在乎名义时，即名义不具有私法上意义时，民事法律行为的效力可以不归属给名义人，而直接归属给实际行为人。反之，当相对人在乎名义时，即名义具有私法上意义时，此时需要保护相对人对名义的信赖，可类推无权代理，赋予名义人追认权。

2. 合同解除的时间

合同解除不同于附解除条件的合同，合同解除一般需要通过当事人的意思表示实现，即合同无法自动解除，而必须通过当事人作出解除合同的意思表示并送达对方当事人，才能解除合同。合同解除的意思表示是有相对人需

---

〔1〕 参见［德］卡尔·拉伦茨：《德国民法通论》，王晓晔等译，法律出版社2013年版，第842-843页。

〔2〕 全称为《最高人民法院关于适用〈中华人民共和国公司法〉若干问题的规定（三）》，以下简称《公司法解释（三）》。

〔3〕 See Karl Lanrenz, Manfred Wolf, Allgemeiner Teil des Deutschen Bürgerlichen Rechts, C. H. Beck Verlagsbuchhandlung, 1989, S. 601.

受领的意思表示。合同也可以通过诉讼或仲裁方式解除，在起诉状副本或仲裁申请书副本送达对方时，合同解除。合同采取通知解除方式的，合同解除通知里载明债务人在一定期限内不履行债务则合同自动解除，债务人在该期限内未履行债务的，合同自通知载明的期限届满时解除。

案例 4

甲向乙购买某部二手车，乙在其汽车上粘贴出售广告："38 000 公里、无交通事故、售价 5000 元。"甲乙就此达成合意，甲当即将该车买下，并支付 5000 元现金，双方达成让与合意并交付该车。后甲发现，该车在出售前经历过一次事故，其市场价值仅有 3000 元。但乙对该车发生过交通事故并不知情。甲原本打算将该车以 6000 元转卖给丙（乙卖车时对此知情）。一辆该型号且未发生交通事故的汽车的市场价值是 6000 元。

问题：甲对乙享有哪些权利？

答题指引

一、甲可依据《民法典》第 563 条第 1 款第（四）项、第 610 条第 1 句的规定解除甲乙之间的买卖合同，并依据《民法典》第 566 条第 1 款第 2 分句的规定请求乙返还价款 5000 元。

（一）甲乙之间达成意思表示之合意，成立买卖合同关系，依据该合同约定，乙应当向甲提供未发生交通事故的二手车，但是乙违反合同约定，向甲提供了事故车，不符合合同约定的质量要求，甲可依据《民法典》第 610 条第 1 句解除合同。

（二）是否发生交通事故属于汽车的重要性质。显然，该汽车存在重大瑕疵，乙提供事故车之违约行为属于根本违约行为，导致甲订立合同之目的无法实现，甲享有法定的单方解除权，甲可依据《民法典》第 563 条第 1 款第（四）项解除合同。

（三）虽然乙对事故车的事实并不知情，但买卖合同中物之瑕疵担保责任系法定责任，与出卖人是否知悉存在瑕疵不存在直接关联，不影响买受人法定解除权的行使。

结论：甲可依据《民法典》第 563 条第 1 款第（四）项、第 610 条第 1 句的规定解除甲乙之间的买卖合同，并依据《民法典》第 566 条第 1 款第 2

分句请求乙返还价款 5000 元，同时向乙返还该事故车。

二、甲可依据《民法典》第 617 条、第 582 条第 2 句后段请求乙返还自己多支付的价款 2500 元。

尽管甲享有解除权，甲仍可选择保留该车，并请求乙返还自己多支付的价款。依据《民法典》第 582 条第 2 句后段之规定，甲可依据该车的实际价值主张减少价款。该有瑕疵汽车的实际价值为 3000 元，而无瑕疵汽车的市场价值为 6000 元，合同约定的价款为 5000 元。由于合同未被解除，依然是有效的，甲应当支付的价款应当按照合同约定的给付关系来计算。无瑕疵汽车的市场价格是 6000 元，而合同约定的价格是 5000 元，给付关系是：5000：6000；现在汽车的实际价值是 3000 元，因此，甲应当按照 5000：6000 的给付关系支付相应的价款，甲应当支付的价款是 2500 元。由于甲已经支付了 5000 元价款，因此甲主张可减少价款 2500 元。比较简单的计算方法是，以合同约定的价格为基数，计算合同约定的标的物的市场价格和实际价格的比例，将合同约定价格乘以该比例。合同约定价格是 5000 元，合同标的物的市场价值是 6000 元，而其实际价值只有 3000 元，实际价值和市场价值的比例是 3000：6000，将 5000×（3000÷6000）＝2500 元就是甲应当支付的价款。由于甲已经支付了 5000 元价款。因此甲主张可减少价款 2500 元，请求乙返还自己多支付的 2500 元价款。

结论：甲可依据《民法典》第 617 条、第 582 条第 2 句后段享有减价请求权，可请求乙返还自己多支付的价款 2500 元。由于甲已经支付了 5000 元价款，因此甲主张可减少价款 2500 元。[1]

三、甲可依据《民法典》第 584 条第 1 分句后段请求乙承担 1000 元的损害赔偿责任。

对债权人进行损害赔偿的法律效果是，让债权人获得债务人正常履行债务时法律地位，即履行利益（合同履行后可以获得的利益）。如果乙正常给付，则甲可将车转卖给丙，获得 6000 元的价款，甲可以获得 1000 元的转售利益，而且乙知悉该转售利益，该转售利益的赔偿未超过合同订立时乙可预见之范围。乙对甲的 1000 元的转售利益损失应予赔偿。

结论：甲可依据《民法典》第 584 条第 1 分句后段请求乙承担 1000 元的

---

[1] 参见黄薇主编：《中华人民共和国民法典合同编释义》，法律出版社 2020 年版，第 279-280 页。

损害赔偿责任。

◆ 理论评析

1. 减价请求权的数额计算

买卖合同中标的物出现瑕疵，买受人不选择解除合同，而请求返还相应的价款，此时买受人请求返还的价款不能简单按照标的物市场价格和标的物实际价格的差额计算（差额说），而应当按照合同约定价格和市场价格的比例关系来计算买受人应当支付的价款（比例说），并以此来计算买受人可以请求返还的价款数额。比例说更加合理，因为合同依然是有效的，当事人在合同订立时形成的给付关系依然是有效的，没有理由不尊重当事人达成的合同约定。如果不考虑合同订立的给付关系的比例，而简单地按照标的物市场价格和实际价格的差额返还，会损害当事人合同约定的法律效力，同时会损害当事人利益。民事法律关系分析的逻辑起点是当事人的约定，其终极归宿依然需要尊重当事人的意思表示。

2. 转售获益的损害赔偿

买卖合同中因出卖人违约，买受人未能将买卖合同标的物转售，丧失了转售的获益，该获益是否可以作为违约损害赔偿范围，值得分析。从《民法典》第 584 条第 1 分句后段的文义来看，违约损害赔偿包括合同履行后可以获得的利益，该获得利益可以包括转售合同标的物获得的利益。该利益在理论上是履行利益，还是基于对合同履行产生的信赖利益，值得研究。履行利益一般是指基于合同本身正常履行可以获得的利益，而标的物转售的获益是基于另一转卖合同的获益，在严格意义上，该转售利益不属于基于合同履行获得的履行利益，或者延伸或间接的履行利益。从这个意义上来看，信赖利益的范围可以超出履行利益的范围，但是该信赖利益是否能够得到赔偿，则要受到可预见性规则和合同目的的限制。并不是所有的损害都能得到赔偿，而只有可归责给他人的损害，才能由他人承担损害赔偿责任。

案例 5

甲向乙购买 2500 升汽油，双方订立买卖合同，合同约定，价款 25 000 元，8 月 8 日 16 点到 17 点，乙将汽油送到甲处。8 月 8 日 16 点，乙驾车送货上门，该油罐车上存放了5000升汽油，其中还有2500升汽油系另一客户丙购买。乙先送货到甲处，但是甲不在。乙等到17点10分，甲还是不在，而且也联系不上。乙只好心情沮丧地继续向丙送货，在向丙送货过程中，由于乙轻微过失，未注意到左拐方向的车辆，发生交通事故，该油罐车的汽油全部烧毁。后查明，甲因本人无责的交通事故住院治疗，所以未能按时收货。

问题： 乙是否可请求甲支付买卖合同约定的价款？

答题指引

乙是否可依据《民法典》第626条第1句请求甲支付价款？

（一）《民法典》第626条第1句的请求权以有效的买卖合同为前提。甲和乙意思表示达成合意，订立了有效的汽油买卖合同，甲乙产生了买卖合同上的债权债务关系，甲享有请求乙交货的权利，乙享有请求甲支付价款的权利。

（二）乙履行了合同约定的交货义务，该种类之债的标的物在乙送货到甲处时被特定。按照甲乙的约定，该合同债务系种类之债，乙向甲提供2500升汽油。8月8日，乙向甲送货时，该合同的标的物被特定，尽管该油罐车上还存储了另一客户丙的2500升汽油，但这并不影响甲乙之间买卖合同标的物的特定。债法上标的物特定化的要求与物权法上标的物特定化的要求不同。债法的实质与核心是人与人之间的请求权关系，而不能解决标的物的物权归属问题。

（三）甲受领迟延，应当负担标的物毁损灭失的风险（《民法典》第605条）。甲未按照合同约定及时受领，虽然未及时受领不归责于甲，债权人的受领义务系不真正义务，即债权人有受领的权利，而不是强制债权人受领的义务，债权人受领迟延并不是义务之违反，无需考虑违反义务的过错和归责问题。因此，虽然甲未能及时受领是因为不可归责于甲的交通事故，依据《民法典》第605条的规定，但甲依然需要承担未能及时受领（未及时行使权利）的法律后果。

（四）乙对于标的物灭失不存在故意或重大过失，无需承担责任。在债权人受领迟延期间，债务人无故意或重大过失的，对债之标的物毁损灭失不承担责任。此时可参照《民法典》第897条的但书规定，无偿保管人证明自己没有故意或者重大过失的，不承担赔偿责任。由于乙轻微过失，未注意到左拐方向的车辆，发生交通事故，乙对标的物灭失不存在故意或重大过失，不需要承担标的物毁损灭失的赔偿责任。

结论：由于甲受领迟延，应当负担受领迟延期间标的物毁损灭失之风险，因此，乙可不履行2500升汽油的供货义务，同时可依据《民法典》第626条第1句请求甲按照合同约定支付相应的价款。

◆ **理论评析**

1. 受领迟延的构成要件和法律效果

受领迟延又称为债权人迟延，是指债权人对于债务人的给付迟延受领。[1]受领迟延构成要件包括：（1）债务人的给付需要债权人接受或者协助。（2）债务已届清偿期。（3）债务人已经提出或实际履行。（4）债权人受领迟延。受领迟延的法律后果主要是减轻债务人责任，包括：（1）债务人债务不消灭。但是债务人可通过提存自行消灭其给付债务。（2）债权人负担标的物毁损灭失的风险，债务人仅仅就故意或重大过失负责。（3）债务人无须支付受领迟延期间的利息。（4）债务人可请求债权人赔偿因提存给付或保管标的物之必要费用。

受领是债权人的权利，而不是义务，因此受领迟延是债权人违反了不真正义务，其负担的是违反不真正义务的减损责任。但是也有例外，如果当事人将受领约定为合同义务，则可适用债务人迟延规则，债务人可主张违约损害赔偿。

2. 债的标的和标的物

债的标的也被称为债的内容，是债之当事人之间的债权债务关系的内容。债的标的物是指债权债务关系指向的对象。物可以是物权的客体，也可以是债权的客体。但二者特定化的要求程度不同。物权的客体必须明确、特定，一般必须是存在于特定空间的可以用五官感知的有体物（可以用手抓取的）。[2]但是物权涉及物的权利归属，涉及对世效力，必须有非常明确的边界。但是特定物、种类物、无体物都可以成为债的标的物，而且债的标的物的特定化之要求和物权法上标的物特定化的要求也存在区别。

---

〔1〕　参见史尚宽：《债法总论》，中国政法大学出版社2000年版，第422-424页。
〔2〕　See Hanns Prütting, Sachenrecht, C. H. Beck, 2017, S. 1, 2.

案例 ⑥

甲在乙处以 5000 元购买了二手车，甲询问乙该车是否发生过交通事故，虽然乙明知该车发生过交通事故，但乙矢口否认。一辆未发生交通事故二手车的价值为 3500 元。甲在驾驶该汽车过程中，不慎将刹车和油门踩错，导致该车撞到隔离带上，该车严重毁损，剩余价值只有 500 元。后甲得知乙欺诈自己的事实后，向乙主张撤销合同，并请求乙返还 5000 元价款。

问题：甲的请求是否合法？

答题指引

甲是否可以依据《民法典》第 122 条的规定请求乙返还 5000 元价款。

（一）乙获得了 5000 元价款。

（二）乙的获益经由甲的给付获得。甲履行甲乙之间的买卖合同，有目的、有意识地增加了乙的财产。

（三）乙的获益缺乏正当的法律根据。甲乙虽然订立了买卖合同，但是乙隐瞒该车发生过交通事故的重要事实，作出虚假陈述，这导致甲发生意思表示错误，甲基于该错误与乙订立买卖合同，乙存在欺诈的故意，乙的虚假陈述构成欺诈，受欺诈的甲可依据《民法典》第 148 条的规定撤销合同，该合同一经撤销，自始无效。中间结论：甲可以依据《民法典》第 122 条的规定请求乙返还不当得利。

（四）法律效果。该案的焦点问题是返还价款的数额。

由于买卖合同被撤销而无效，甲可依据《民法典》第 122 条请求乙返还 5000 元价款。与此同时，乙可依据《民法典》第 122 条请求甲返还该车。但是由于该车被毁损，剩余价值仅 500 元。乙是否可请求甲补偿该车毁损部分的损失？

观点争议

（1）观点之一：两不当得利返还请求权说。买卖合同无效后，产生两个不当得利请求权，即甲对乙的价款返还请求权，乙对甲的汽车所有权返还请求权（如果将买卖合同无效解释为处分行为也无效，则甲不能获得该车的所有权，乙可依据《民法典》第 235 条请求甲返还原物）。由于汽车被毁损，剩余价值只有 500 元，依据《民法典》第 986 条的规定，对于不存在的获益，甲不承担返还义务，甲只需要返还该汽车或支付相应的 500 元价额款。如将两个不当得利请求权相互抵销，甲可请求乙返还 4500 元。

（2）观点之二：差额说。买卖合同无效后，将两个不当得利返还请求权综合考量，计算买受人支付的价款和标的物客观市场价值的差额，获得差额利益的一方当事人返还差额获益，只产生一个不当得利请求权。如张三与李四订立汽车买卖合同，合同约定价格是 5000 元，货款两清。后买卖合同无效，如汽车市场价值是 6000 元时，价款与标的物市场价值的差额是 1000 元，获得差额利益的买受人应当向出卖人返还 1000 元不当得利；如汽车市场价值是 4000 元时，价款与标的物市场价值的差额还是 1000 元，获得差额利益的出卖人应当向买受人返还 1000 元不当得利；如果该汽车市场价值是 5000 元时，则价款与标的物市场价值的差额是 0 元，当事人之间不产生差额利益返还请求权。该案中，合同约定的价款是 5000 元，而该汽车的市场价值是 3500元，价款和汽车市场价值的差额是 1500 元，获得差额利益的出卖人乙向买受人甲返还 1500 元价款。但是差额说的适用存在除外情形：如未成年人的交易、因欺诈或胁迫导致的合同无效等。[1]差额说不能适用于因欺诈被撤销而导致的合同无效情形，因此，乙需要向甲返还 5000 元价款，甲向乙返还汽车或支付相应的 500 元价额款。综合分析两个请求权，甲可请求乙返还4500 元。

（3）观点之三：两不当得利返还请求权修正说。买卖合同无效后，产生两个不当得利请求权，但是占有标的物的买受人应当负担标的物毁损、灭失的风险，即标的物在买受人处毁损灭失的，买受人应当进行价额补偿，买受人负担标的物毁损、灭失的风险符合合理性和可归责性的原理，尤其是买受人使用了标的物并从中获得利益。该案中，甲驾驶不当，导致该车毁损，应当承担该车毁损灭失的价额补偿责任（3500-500＝3000 元）。因此买受人甲可请求乙返还 5000 元价款，乙可请求甲返还汽车，同时可要求甲支付 3000元的价额补偿款。两个请求权综合考量，甲可请求乙返还 2000 元价款。

观点之三更具有说服力，乙的欺诈行为并未直接导致标的物毁损，标的物毁损源于甲驾驶不当，甲负担该价值补偿责任更具合理性。

---

〔1〕　See Karl Lanrez, Lehrbuch des Schuldrecht, Band Ⅱ Besonderer Teil, C. H. Beck' sche Verlags-buchhandlung, 1981, S. 344, 580.

结论：甲可依据《民法典》第 122 条的规定请求乙返还价款 2000 元。

但是，对于乙的欺诈行为造成甲的损失，甲可依据《民法典》第 500 条请求乙承担缔约过失责任，赔偿甲信赖合同有效产生的信赖利益，包括缔约费用，以及丧失的其他缔约机会的损失。还可以依据《民法典》第 1165 条第 1 款请求乙承担侵权损害赔偿责任。

◆ **理论评析**

双务合同无效后不当得利返还中的差额说

双务合同无效后的不当得利返还有三种学说，两不当得利返还请求权对立说、两不当得利返还请求权对立修正说、差额说。两不当得利请求权对立说是指双务合同已经履行完毕后认定无效的，产生两个不当得利返还请求权，合同当事人各自向对方当事人负担不当得利返还债务，如果一方获益不存在的，则不用返还。该学说会导致极端的不公平。如出卖人甲和买受人乙订立手机买卖合同，价款 1000 元。甲乙履行合同后，买卖合同被认定无效，则甲向乙返还 1000 元价款，乙向甲返还手机，但是如果手机毁损灭失，乙无需向甲返还手机，而甲需要向乙返还 1000 元价款，这对于甲而言，非常不公平。因此两不当得利返还请求权对立说被修正，发展出了两不当得利返还请求权对立修正说，即受益人需要负担利益毁损灭失的风险，如果利益毁损灭失或不存在了，受益人依然需要返还毁损灭失的利益或偿还其价额。[1]但是如果利益毁损或灭失可归责于受害人的，受益人当然不需要承担价额补偿的责任。如标的物的毁损是基于标的物本身质量瑕疵时，该质量瑕疵可归责于出卖人（受害人）。

差额说是指综合计算双务合同当事人的受益与受害的余额，只产生一个不当得利请求权[2]。如出卖人甲和买受人乙订立手机买卖合同，价款 1000 元，该手机价值是 900 元，则该合同的差额利益是 100 元，出卖人甲将该手机以比市场价格多出 100 元的价格出售，甲从该合同中获益了 100 元。买卖合同无效后，只需要甲向乙返还 100 元即可。差额说有助于简化法律关系，将当事人的受益和受害做整体考虑，只需要受益的一方返还其获益即可。但

---

〔1〕 See Wieling, Bereicherungsrecht, Springer-Verlag Berlin Heidelberg, 2007, S. 69.

〔2〕 参见王泽鉴：《不当得利》，北京大学出版社 2015 年版，第 182-183 页。

是差额说也存在问题，差额说未考虑合同无效的理由，同时没有对特殊群体提供有效的保护。因此，差额说也存在限制，如差额说对未成年人不能适用；对于一方先给付的，一方未给付的，由于不存在给付和对待给付的对价关系，差额说规则也不能适用。[1]

案例 7 [2]

甲出售 A 房给乙，双方约定，乙付清价款 1000 万元之半数后即办理所有权登记，余款在登记后 1 年内付清。乙支付了 500 万元。500 万元为担保余款，在办理 A 房登记后，乙在 A 房上设定抵押权给甲。房屋登记 1 年后，乙未能清偿余款。经双方协商，甲同意将 500 万元余款转为借款，借期 1 年，利息为 40%（此时一年期贷款市场报价利率为 4.35%），丙受乙之委托对该借款债务承担保证责任。

问题：

1. 甲对乙主张之债权为何？债权数额如何？

2. 甲是否可申请拍卖 A 房屋？乙有无抗辩可能？

3. 甲对丙的权利如何？丙履行保证责任后有何权利可主张？

答题指引

问题 1：

甲对乙的债权及其数额说明如下：

甲可向乙主张借款合同债权。甲乙之间成立借款合同（《民法典》第 667 条），甲可向乙主张返还 500 万元借款。依据《最高人民法院关于审理民间借贷案件适用法律若干问题的规定》第 28 条第 1 款之规定，甲可向乙请求本金 17.4% 的利息（贷款利息不超过一年期贷款市场报价利率的 4 倍，4.35%×4＝17.4%），即 87 万元。因此，甲一共可向乙请求支付 587 万元。甲对乙的买卖合同价款债权未消灭。如将甲乙之尾款转为借款的约定解释为债之更改，则成立新债务，同时消灭旧债务，买卖合同之价款债务消灭。如将甲乙之该约定解释为新债清偿（间接给付），则乙未消灭借款合同债务，买卖合同之价

---

〔1〕　See Karl Lanrez, Lehrbuch des Schuldrecht, Band Ⅱ Besonderer Teil, C. H. Beck' sche Verlags-buchhandlung, 1981, S. 344, 581.

〔2〕　参见张璐：《债法题型破解》，新学林出版股份有限公司 2015 年版，第 5-19 页。

款债务也不消灭，两债务并存，借款合同债务消灭，导致买卖合同的价款债务也消灭。但是，甲应当先就借款债权主张权利，如果借款债权无法实现，甲依然可继续主张买卖合同中的价款债权。该案中，当事人意思不明确，而且当事人并没有消灭房屋买卖合同关系的意思。从保护债权人角度出发，应解释为新债清偿，如果乙不履行借款合同债务，甲依然可向乙主张买卖价款债权。

问题 2：

乙不清偿借款合同债务时，甲可申请法院拍卖 A 房，说明如下：

抵押权系担保特定债权而设定之担保物权，具有从属性，因被担保债务的消灭而消灭。如果将甲乙之约定解释为债之更改，则买卖合同价款债务消灭，抵押权基于其从属性，也一并消灭，甲不能行使该抵押权。因此，乙可考虑从债之更改的解释角度，提出抗辩，主张价款债务消灭，抵押权也消灭。但正如上文所述，该案应当解释为新债清偿（间接给付），原买卖价款债务不消灭。乙从债之更改的角度的抗辩理由不成立。因此，如果乙不清偿借款合同债务，甲的借款合同债权无法实现，则甲可依据买卖价款债权行使权利，并可就抵押物（A 房）行使优先受偿权。

问题 3：

乙之借款合同债务届期不履行，甲不可直接请求丙清偿。如丙清偿后可向乙求偿。说明如下：

（一）依据《民法典》第 686 条第 2 款之规定，甲丙未对保证方式进行约定，视为一般保证，丙有先诉抗辩权，甲不可直接请求丙承担保证责任。借款债务到期后，如乙不能清偿到期债务，甲可请求丙承担保证责任。

（二）如丙向甲清偿，依据《民法典》第 700 条的规定，可适用债权让与之规则，在其清偿限度内，受让甲对乙之债权，而向乙求偿。丙还可参照《民法典》第 921 条第 2 句之规定，并依据乙丙之委托合同之约定，向乙求偿。

◆ 理论评析

代物清偿、新债清偿（间接给付）、债之更改

代物清偿、间接给付属于特殊的清偿方式，债之更改则属于债之消灭的

特殊类型。[1]当债务人向债权人提供了不同于合同约定的给付时，会存在代物清偿和间接给付的区别。

（1）代物清偿是指债权人受领他种给付代替原给付，而使得债务人的给付义务消灭。代物清偿的构成要件包括：当事人达成以他种给付替代原给付的合意；债权人受领该给付。代物清偿合同属于有偿契约，可以参照买卖合同的规则，债权人负担代物清偿标的价值低于债权额之风险，债权人通过买卖合同之瑕疵担保制度获得救济。代物清偿合同属于要物契约，只有债权人受领债务人之给付，债务才能消灭。未受领标的物的代物清偿约定，可以按照代物清偿预约处理。代物清偿合同属于处分行为、准物权契约，债权人通过受领他种给付代替原给付，而使得给付义务消灭。[2]如：甲出售 A 车给乙，价金 10 万元，契约成立后，甲乙达成合意，乙以 C 画充抵 10 万元价款。乙依据让与合意将该画所有权转移给甲，甲受领该画。乙的付款债务消灭。如果 C 画的价值不足 10 万元，甲可以就该画向乙主张瑕疵担保责任。代物清偿和新债清偿、债之更改的最大区别在于代物清偿系实践合同，需要债权人受领债务人的给付，代物清偿合同才能成立。

（2）新债清偿又称为间接给付、间接清偿、为清偿之给付、延期清偿，是指债务人以清偿新债务之方式清偿旧债务，新债务消灭之前，旧债务不消灭。新债清偿属于负担行为，其产生新债务，无需债权人受领，达成合意即可生效。新债清偿的法律效果是新债务不消灭，旧债务不消灭，即旧债务与新债务并存。债务人不履行新债务的，依然负担旧债务。新债清偿属于延期清偿，债权人应先就新债权求偿，如果债权人首先就旧债求偿，债务人可主张债权人先就新债求偿的抗辩。如果新债无法清偿，债权人才可就旧债求偿。[3]如：甲出售 A 地于乙，价金 100 万元，为清偿债务，乙签发一个月后到期的同额本票于甲。乙负担票据债务的行为属于新债清偿，票据债务和合同债务并存，票据债务消灭，合同债务也消灭。但债权人应先就票据主张权利，票据债权无法实现时，债权人依然可继续就合同债权主张权利。在代物清偿和新债清偿存疑时，从债权人利益保护的角度出发，可解释为新债清偿，即旧债不

---

〔1〕 参见史尚宽:《债法总论》，中国政法大学出版社 2000 年版，第 814-819 页。

〔2〕 See Hirsch, Schuldrecht Allgemeiner Teil, 7. Auflage, 2011, Nomos Verlagsgesellschaft, S. 118.

〔3〕 See Hirsch, Schuldrecht Allgemeiner Teil, 7. Auflage, 2011, Nomos Verlagsgesellschaft, S. 119.

消灭。

（3）债之更改是指当事人双方以成立新债务而使得旧债务消灭的意思表示合意，是为了使新债务成立而让旧债务消灭的契约。债之更改合同包含处分行为和负担行为，即消灭原债务，产生新债务。债之更改无需债权人受领，达成合意即可生效。债之更改中的新债务和旧债务在要素上不同，不具有同一性，新债相比旧债，存在质变，而非量变。仅仅变更履行期限、场所或给付数量、附加担保等，系非要素之变更，不得成立债之更改。债之更改、新债清偿存在疑义时，从债权人利益保护的角度出发，可解释为新债清偿，即旧债不消灭。

案例 ⑧

甲父答应为甲（20周岁）购买电脑，甲父和乙订立了电脑买卖合同，价款 1000 元，合同约定甲可直接请求乙交付电脑，甲父支付了价款。甲请求乙交付了电脑。在甲使用电脑期间，该电脑出现故障，无法使用。甲将电脑送回乙处，并告知乙，如乙不能在 14 天内修理好，则甲将解除合同。半个月后，电脑一直未修好，甲主张解除合同。甲父向乙主张减少 300 元价款，甲父自己来修理电脑。甲则表示反对，其认为甲父无法修好电脑。

问题：

1. 甲可否解除合同，并请求乙返还 1000 元价款？

2. 甲可否请求乙返还减少的 300 元价款？

答题指引

问题 1：

甲是否可以依据《民法典》第 563 条第 1 款第（三）项向乙主张解除合同，且是否可以依据《民法典》第 566 条第 1 款第 2 分句请求乙返还 1000 元价款。

甲主张解除合同的前提是甲系合同当事人，同时存在法定或约定的合同解除情形。

（一）存在《民法典》第 563 条第 1 款、第 610 条第 1 句规定的法定解除情形。电脑买卖合同的出卖人乙的主义务是提供符合质量要求的电脑，确保电脑可以正常使用，在电脑出现故障无法使用时，应当及时修理。乙迟延履行修理义务，导致电脑一直无法正常使用，电脑买卖合同的买受人可依据《民法典》第 563 条第 1 款的规定解除合同。

（二）甲不是电脑买卖合同当事人，不享有合同解除权，不能依据《民法典》第 563 条第 1 款的规定解除合同。电脑买卖合同由甲父和乙订立，甲父和乙是合同当事人，甲父享有合同解除权。该买卖合同系为第三人利益合同，甲是该买卖合同的利益第三人，其享有对债务人乙的请求权，以及与此相关的请求权，如请求继续履行、损害赔偿、采取补救措施等权利，但不享有改变基本合同关系的权利，如解除权、撤销权等。为第三人利益合同，实质上是债权的分割让与，合同当事人保留合同当事人之法律地位，而将某部分合同债权切割给第三人；在为第三人利益合同中，债务人直接对第三人负担债务，第三人可直接请求债务人履行债务。甲可依据《民法典》第 522 条第 2 款第 1 分句后段的规定，请求乙承担违约责任，但无法主张合同解除权。

（三）甲不享有合同解除权，不能向乙主张返还 1000 元价款。甲父系合同当事人，其可选择不解除合同，而主张减少价款，甲对此无法主张异议。

结论： 甲不可以依据《民法典》第 563 条第 1 款第（三）项向乙主张解除合同，也不能依据《民法典》第 566 条第 1 款第 2 分句请求乙返还 1000 元价款。

问题 2：

甲是否可以依据《民法典》第 522 条第 2 款第 1 分句后段的规定，请求乙返还 300 元价款。

（一）甲父主张减少价款。甲父系买卖合同当事人，其可选择不解除合同，但是如果甲父选择减少价款，该合同系为第三人利益合同，甲可直接请求乙履行合同并承担违约责任，因此乙应当依据《民法典》第 522 条第 2 款第 1 分句后段向甲支付减少的价款，而不能向甲父返还减少的价款。

（二）甲直接主张减少价款。甲作为为第三人利益合同的第三人可以直接向出卖人乙主张违约责任，向乙主张减少价款请求权，请求乙返还 300 元价款。

结论： 甲可以依据《民法典》第 522 条第 2 款第 1 分句后段的规定，请求乙返还 300 元价款。

观点争议

如甲父解除合同，乙向谁返还 1000 元价款？

观点之一：甲系为第三人利益合同的第三人，应当享有合同相关的权利，甲父解除合同后，因解除合同产生的价款返还请求权也应当归属给甲。

观点之二：合同解除权导致合同履行义务消灭，导致第三人对债务人的请求权也消灭。据此，甲丧失了其基于为第三人利益合同所享有的债权。合同解除之后产生的返还财产清算关系属于新产生的法律关系，与第三人无关，甲父作为合同当事人享有价款返还请求权。《最高人民法院关于适用〈中华人民共和国保险法〉若干问题的解释（三）》第16条第1款的规定可供参考，投保人解除保险合同的，解除保险合同后的保单现金价值退给投保人，而非被保险人或受益人。

笔者认为，第二种观点值得赞同。为第三人利益合同中的第三人并非合同当事人，其不享有合同当事人的权利和义务，合同解除后，第三人丧失为第三人利益合同中第三人的法律地位，其无法享有合同权利，无法享有价款返还请求权。价款应当返还给合同当事人。

◆ 理论评析

为第三人利益合同中第三人的权利义务范围

为第三人利益合同是指直接赋予第三人对合同当事人独立请求权的合同。第三人虽然不是合同当事人，但是享有对合同当事人的请求权。[1]首先，第三人不是合同当事人，不具有合同当事人地位，不享有合同当事人的权利和义务，尤其是不享有决定合同关系产生、变更和消灭的权利，如解除权、撤销权等。其次，第三人享有的权利以其享有的请求权为射程，包括请求合同债务人履行给付义务，如果合同债务人不履行或迟延履行给付义务，第三人还可以请求合同债务人承担违约责任（《民法典》第522条第2款第1分句后段），即第三人可请求合同债务人继续履行、采取补救措施，甚至赔偿损失。为第三人利益合同，类似于合同债权的分割让与，第三人获得了合同债权，但是并未成为合同当事人。为第三人利益合同不同于债权让与，债权让与是合同当事人将其合同债权让与受让人，而为第三人利益合同在合同成立时第三人就可以获得债权，不存在合同债权让与的转移过程。最后，第三人的权利以合同有效成立为前提。如果合同解除或合同撤销，为第三人利益合同不

---

[1] 参见王泽鉴：《债法原理》，北京大学出版社2013年版，第67页。

复存在，第三人丧失为第三人利益合同中第三人的法律地位，失去其独立的请求权。合同解除或合同撤销后，恢复原状之法律关系存在于合同当事人之间，第三人不能请求合同当事人返还财产。为第三人利益合同的给付关系依然存在于合同当事人之间，当为第三人利益合同无效时，给付不当得利请求权依然存在于合同当事人之间，除非存在特别的针对无偿受益第三人的返还规则（《民法典》第 988 条）。[1]

案例 9

买受人甲和出卖人乙订立自行车买卖合同，价款 500 元。货款两清后，甲骑车去郊游，发现该车存在诸多问题，该车的刹车不正常，经常无法刹住车。一次，由于刹车失灵，该车的前轮直接撞到墙上，被撞歪了。该车的踏脚是坏的。该车的坐垫破了，甲在骑车过程中，大腿被坐垫下面的铁丝划伤。甲去医院治疗，支出医药费 100 元。甲告知乙，并请求乙在 3 周内修理好自行车，乙一直知悉该车的状况，但置若罔闻。无奈之下，甲请求乙返还价款，并请求乙赔偿医药费，同时承担精神损害赔偿责任。

问题： 甲的主张是否合法？

答题指引

一、甲是否可以依据《民法典》第 563 条第 1 款第（三）项的规定主张解除合同，并依据《民法典》第 566 条第 1 款第 2 分句的规定请求乙返还价款。

（一）甲乙的意思表示达成一致，订立了有效的买卖合同。

（二）乙提供的自行车存在重大瑕疵，而且乙迟延履行修理义务，导致自行车无法正常使用，经过甲催告，乙依然不履行修理义务，该买卖合同目的无法实现。甲可基于乙违约主张解除合同，并请乙返还价款。

结论： 甲可以依据《民法典》第 563 条第 1 款第（三）项的规定主张解除合同，并依据《民法典》第 566 条第 1 款第 2 分句的规定请求乙返还 500 元价款。

二、甲是否可以依据《民法典》第 566 条第 2 款、第 577 条、第 584 条、第 996 条、第 1183 条的规定请求乙承担损害赔偿责任。

（一）甲基于乙的违约行为而主张法定的违约解除权，该解除权行使不影

---

〔1〕 参见黄薇主编：《中华人民共和国民法典合同编释义》，法律出版社 2020 年版，第 1059 页。

响甲向乙主张违约责任，甲可以依据《民法典》第566条第2款、第577条、第584条的规定请求乙承担违约责任。该损失包括因为违约造成的损失、财产损失和人身损害，也可以包括精神损害。（1）医药费。甲支出的医药费属于乙违约造成的损失，属于乙在合同订立时可以预见的范围，甲可以依据《民法典》第584条请求乙赔偿100元医药费。（2）精神损害赔偿。依据《民法典》第996条、第1183条的规定，只有受到严重的精神损害，受害人才可以依法主张精神损害赔偿，因此甲主张精神损害赔偿难以得到支持。

观点争议

乙的违约行为已经侵害了甲的身体健康，并造成了损害，甲可以依据《民法典》第996条、第1183条的规定主张精神损害赔偿，可以向乙主张精神抚慰金。笔者认为，甲在骑车过程中，大腿被坐垫下面的铁丝划伤，并不是重大的身体伤害，未造成严重精神损害，不足以支持精神损害赔偿的请求。侵害自然人人身权益造成严重精神损害的，或者因故意或重大过失侵害自然人具有人身意义的特定物造成严重精神损害的，被侵害人才可以请求精神损害赔偿。精神损害赔偿请求权是保护自然人人身权益的权利，但是权利的行使存在法定的程序和要件，不能随意滥用，否则会造成损害赔偿范围的随意膨胀，损害社会交往中的行为自由。

三、甲是否可以依据《民法典》第1165条第1款的规定请求乙承担损害赔偿责任。

（一）甲的身体权和健康权受到侵害。甲在骑车过程中，身体受到伤害，支付医药费100元。争议的问题是：甲的财产权是否受到损害？甲购买的自行车原来就存在瑕疵，因此甲对该车的所有权在购买时并未受到侵害。但是在使用自行车过程中新发生的损害属于甲的财产损失，如由于刹车失灵导致车的前轮被撞坏的损失。

（二）甲的权益侵害由乙的违约行为导致，二者之间存在相当因果关系，甲的权益损害在法律保护目的范围之内。

（三）乙存在过错。甲需要负担举证责任，证明乙存在过错，即乙明知或应知该车存在瑕疵，依然将该车出售给甲。乙知悉该车的车况，依然将该车出售给甲，乙主观上存在过错。

结论：甲可以依据《民法典》第1165条第1款的规定请求乙承担损害赔偿责任。

甲可以依据《民法典》第 566 条第 2 款、第 577 条的规定请求乙承担损害赔偿责任，也可以依据《民法典》第 1165 条第 1 款的规定请求乙承担损害赔偿责任。对于给付内容相同的部分，甲对乙的请求权可以构成竞合关系，但是对于给付内容不同的部分，甲对乙的请求权可以构成聚合关系。甲可以依据《民法典》第 566 条第 2 款、第 577 条的规定请求乙承担财产损害赔偿责任，还可以依据《民法典》第 1165 条第 1 款的规定请求乙承担人身损害赔偿责任。

◆ **理论评析**

违约责任和侵权责任的竞合和聚合

（1）违约责任和侵权责任存在区别。违约责任主要是指合同当事人违反合同约定而承担的法律责任。合同上义务，不仅包括约定的给付义务，还包括附随义务。违约责任还包括合同当事人违反合同上的附随义务而应当承担的赔偿责任。违约责任的构成要件非常明确，其一，存在有效的合同，其二，当事人违反了合同约定。违约责任属于合同领域的合同责任。侵权责任主要是指侵权人因侵权行为导致他人权益损害而承担损害赔偿责任。侵权责任的构成要件也非常明确，其一，事实构成，受害人的权益受到侵害，该侵害由侵权人可归责的行为导致，权益侵害和侵权人的加害行为之间存在因果关系。其二，违法性，侵权人的加害行为不存在违法阻却事由。其三，有责性，侵权人具有责任能力，且存在故意或过失。违约责任和侵权责任的概念范畴、构成要件、法律效果都存在差别，但是二者存在竞合和聚合的可能。

（2）违约责任和侵权责任的竞合。合同当事人的违约行为同时也可能构成侵权行为，违约造成的损害，同时也可能是侵权造成的损害，对于同一损害事实，受害人既可以基于违约责任主张违约损害赔偿请求权，也可以基于侵权责任主张侵权损害赔偿请求权。此时，对于同一给付内容，违约损害赔偿请求权和侵权损害赔偿请求权可以构成请求权的竞合，受害人可选择其一主张。某一请求权的目的实现时，另一请求权也随之消灭。反之，某一请求权目的未能实现时，受害人可继续主张另一请求权。

（3）违约责任和侵权责任的聚合。合同当事人的违约行为造成了合同对方当事人（受害人）的财产损害，合同当事人的侵权行为同时造成了合同对方当事人（受害人）的人身损害，受害人可基于财产损害的事实向合同当事人主张违约损害赔偿，还可基于人身损害的事实向合同当事人（侵权人）主张侵权损害赔偿[1]。由于给付内容不同，违约损害赔偿请求权和侵权损害赔偿请求权可以构成聚合关系。如甲为乙提供家庭住房装修服务，甲迟延完工，导致乙只能在外租房，多支付两个月房租5000元。在甲装修过程中，甲因重大过失将乙砸伤，乙支付医药费2000元。由于给付内容不同，乙可向甲主张5000元的违约损害赔偿，同时还可向甲主张2000元的侵权损害赔偿。在请求权检索时，先考虑合同请求权，然后考虑侵权请求权。

案例 **10**

买受人甲在出卖人乙处以10 000元购买了一匹马，甲明确告知乙，自己将训练这匹马，并用该马参加马术表演比赛。甲支付10 000元现金后，将马牵走。后查明，该马患有一种特殊的疾病，无法跳跃，更无法参加马术表演比赛。该马的价值仅仅为2000元，而一匹未患该疾病的马之正常市场价格为8000元。甲饲养该马支出饲养费250元，为训练该马跳跃支付训练费500元。某日晚上，马跑出马厩，跌入路边的水沟，被水淹死了。甲向乙主张解除合同，并主张返还价款并赔偿损失。

问题： 当事人的请求权关系如何？

答题指引

一、甲对乙的请求权

（一）甲是否可以依据《民法典》第563条第1款第（四）项的规定解除合同，并依据《民法典》第566条第1款第2分句的规定请求乙返还价款。

（1）甲乙意思表示一致，达成合意，订立了买卖合同。（2）乙向甲提供的马患有特殊疾病，无法参加马术比赛，导致买卖合同目的无法实现，甲可依据《民法典》第563条第1款第（四）项的规定行使法定解除权。（3）甲行使解除权后，可请求乙返还10 000元价款、恢复原状。由于甲基于乙的违约行为而解除合同，甲可以向乙主张违约责任。

观点争议

争议的问题是：甲是否可以请求乙返还10 000元产生的相应利息（自甲付款日到乙返还日）。观点之一：由于甲向乙支付了现金，乙可直接将该现金

---

[1] 参见王泽鉴：《民法思维》，北京大学出版社2009年版，第133—134页。

消费，该 10 000 元对乙而言并未产生利息的收益，甲不可以向乙请求支付 10 000 元价款的相应利息。观点之二：乙获得了 10 000 元现金，同时可以享有该价款的利息利益，乙可将该 10 000 元存入银行而获得利息，乙应当向甲返还 10 000 元产生的相应利息。笔者赞同第二种观点，乙获得了 10 000 元产生的收益，同时也享有该 10 000 元产生的收益，乙没有任何理由保有该 10 000 元产生的利息。在合同解除后返还财产时，不仅需要返还财产，还应当返还基于财产而产生的收益，包括价款的利息。

结论：甲可以依据《民法典》第 563 条第 1 款第（四）项的规定解除合同，并可依据《民法典》第 566 条第 1 款第 2 分句的规定请求乙返还 10 000 元价款及其利息。

（二）甲是否可以依据《民法典》第 566 条第 1 款第 2 分句的规定请求乙支付饲养费。甲为该匹马支出的饲养费属于必要费用，该必要费用属于甲信赖合同有效履行产生的信赖利益保护范围。由于乙的违约导致合同被解除，甲的履行信赖应当受到保护，乙应当赔偿甲支出的饲养费用。

结论：甲可以依据《民法典》第 566 条第 1 款第 2 分句的规定请求乙支付 250 元的饲养费。

（三）甲是否可以依据《民法典》第 566 条第 1 款第 2 分句的规定请求乙支付训练费。甲为该匹马支出的训练费属于有益费用，该有益费用属于甲信赖合同有效履行产生的信赖利益保护范围，而且也没有超过乙在缔约时可预见的范围。由于乙的违约导致合同被解除，甲的履行信赖应当受到保护，乙应当赔偿甲支出的训练费用。

结论：甲可以依据《民法典》第 566 条第 1 款第 2 分句的规定请求乙支付 500 元的训练费。

（四）甲是否可以依据《民法典》第 500 条第 2 项的规定请求乙承担损害赔偿责任。乙在合同订立时违反先合同义务，未如实告知该匹马患有重大疾病的事实，造成甲订立了不利的合同，甲可请求乙承担缔约过失责任。

结论：甲可以依据《民法典》第 500 条第（二）项的规定请求乙承担损害赔偿责任。

二、乙对甲的请求权

（一）乙是否可以依据《民法典》第 566 条第 1 款第 2 分句的规定请求甲赔偿马的损失。

(1) 甲解除合同后, 甲乙之间产生返还财产、恢复原状的法定债务关系。乙向甲返还价款, 甲向乙返还标的物。(2) 标的物因甲保管不善而灭失, 作为标的物的占有人, 甲应当负担标的物毁损、灭失的风险 (参照《民法典》第 604 条), 甲应当赔偿相应的价款。合同解除针对合同履行阶段之障碍, 而无法改变合同订立时确定的给付关系, 因此, 标的物的价额计算应当依据当事人在合同订立时确定的给付关系来确定 (比例说)。一匹马的市场价格是8000 元, 而买卖合同约定的马之价款是 10 000 元, 因此应当按照 4∶5 的比例计算甲应当返还的价款 (甲需要支付的价款)。该马的市场价格是 2000 元, 则对应的甲应当支付的价款是 2500 元。由于该马已经灭失, 乙可请求甲赔偿2500 元的损失。

结论: 乙可以依据《民法典》第 566 条第 1 款第 2 分句的规定请求甲赔偿 2500 元。

(二) 乙是否可以依据《民法典》第 566 条第 1 款第 2 分句的规定请求甲支付马的使用费。

甲解除合同后, 乙可请求甲返还标的物, 同时可请求甲返还使用该标的物而获得的利益, 使用标的物的利益无法适用原物返还的, 可以适用价值补偿规则。使用收益返还规则以标的物价值折旧学说为基础。马的使用收益价额以该马的实际市场价格 (2000 元) 为基础进行计算。

结论: 乙可以依据《民法典》第 566 条第 1 款第 2 分句的规定请求甲支付马的使用费。

观点争议

一种观点认为, 买受人存在动机错误, 可以依据《民法典》第 147 条撤销买卖合同, 而该错误可归责于出卖人, 买受人无需承担信赖利益之赔偿责任。如果符合撤销之构成要件, 当事人主张的撤销权可以优先于合同解除, 意思表示瑕疵可以优先考虑, 然后才是合同履行阶段的给付障碍问题。

◆ **理论评析**

1. 合同撤销和合同解除的关系

(1) 合同撤销一般是指撤销当事人有瑕疵之意思表示, 不让当事人的意思表示发生其预期的法律效果。合同撤销后, 合同自始无效, 当事人之间产生不当得利返还之债务关系，同时还会有信赖赔偿关系。

（2）合同解除是指合同有效成立后，在合同履行阶段出现障碍，当事人通过约定或法定的方式免除给付义务，不再继续履行合同，已经履行的，恢复原状、返还财产。合同解除后，合同订立时确定的给付关系不受影响，当事人之间产生返还财产、恢复原状的债务关系。

2. 合同解除后返还财产、恢复原状的具体计算

合同解除之后产生返还财产、恢复原状之清算关系，这属于法定债务关系，包括合同当事人相互请求返还财产、恢复原状的债务关系，其包括三个基本规则：收益、损害赔偿和费用，原物返还一般会涉及这三个规则。[1]

（1）收益。合同解除后，无论是返还价款，还是返还标的物，都需要考虑收益问题。如果是返还价款，则需要计算价款的利息；如果返还标的物，则需要计算标的物的使用收益，可以按照市场价格计算标的物的使用费。

（2）损害赔偿。如果标的物存在毁损或灭失，则需要计算价额赔偿的数额。需要注意的是，合同解除以合同有效为前提，合同解除无法改变合同订立时形成的给付关系，因此标的物毁损灭失的价额计算不应当按照市场价格计算，而应当按照合同订立形成的给付关系来计算。如当事人以 10 000 元价格购买了价值 8000 元的马，后该马灭失了，计算马的价额补偿时，应当以合同约定的 10 000 元计算，而不是市场价格 8000 元。从某种意义上说，合同解除具有中性的色彩，其实质功能在于免除合同当事人的给付义务，其仅仅是让合同当事人从合同给付义务的债务关系摆脱出来，而不能免除合同当事人的违约责任，也不能改变合同订立时形成的给付关系。在对已经付出的劳务计算价额补偿时，依然需要考虑合同订立时对劳务价格的约定，而不是简单地按照市场价格计算。[2]

（3）费用。标的物上会存在保管、维护等合理的必要费用（如动物的饲养费、医疗费），还会可能存在改善标的物的有益费用（如房屋的装修费用），同时还可能会存在不必要的奢侈费用（如动物的染色费用）。对于标的物上支出的必要费用，占有标的物的合同当事人可请求对方当事人支付。对方当事

---

[1] 参见史尚宽：《债法总论》，中国政法大学出版社 2000 年版，第 555~560 页。

[2] See Hirsch, Schuldrecht Allgemeiner Teil, 7. Auflage, 2011, Nomos Verlagsgesellschaft, S. 130, 140.

人可以请求占有标的物的合同当事人返还标的物的收益，也需要负担就标的物支出的必要费用。对于标的物上支出的有益费用，占有标的物的合同当事人是否可以请求对方当事人负担，需要具体分析。如果合同解除是由对方当事人违约导致的，该有益费用属于合同履行的信赖利益，且在对方当事人缔约时可预见的范围之内，则对方当事人应当负担。如果属于其他解除类型，则需要考虑通过参照无因管理规则处理。对于标的物上支出的奢侈费用，也需要具体分析。如果合同解除是由于对方当事人违约导致的，该奢侈费用属于合同履行的信赖利益，且在对方当事人缔约时可预见的范围之内，则对方当事人应当负担。如果属于其他解除类型，则其请求权基础的寻找会非常困难。

案例 11

甲和房屋所有人乙订立房屋租赁合同，租期 1 个月，租金 10 000 元。甲明确告知乙，自己将用该房屋举办人才招聘会，并详细告知相关事宜。为订立该租赁合同，甲支出打印费、邮寄费、交通费 800 元。该房屋月租金的市场价格是 12 000 元。甲为筹备人才招聘会，在房屋内粘贴宣传画，布置会场，为此支出广告费用 2000 元，人工费用 5000 元。在人才招聘会举办之前，乙擅自主张解除合同，导致人才招聘会无法举办。甲请求乙赔偿损失。

问题：甲对乙的请求权关系如何？

答题指引

一、甲是否可以依据《民法典》第 577 条、第 584 条的规定请求乙承担损害赔偿责任。

（一）甲乙意思表示一致，订立了有效的房屋租赁合同（《民法典》第 703 条）。

（二）乙擅自单方主张解除合同，并导致人才招聘会无法举办，属于严重的违约行为。合同解除不影响违约责任的承担，甲可向乙主张违约责任，要求乙对违约损害进行赔偿。

（三）如果合同可以正常履行，由于合同约定的租金价格低于市场价格 2000 元，甲可以从该租赁合同履行中获得 2000 元的履行利益，因此甲可以向乙主张 2000 元的履行利益之损害赔偿。合同解除不改变合同订立时形成的给付关系，因合同当事人违约而解除合同的，不影响违约责任的承担，不影响履行利益的损害赔偿。

结论：甲可以依据《民法典》第 577 条、第 584 条的规定请求乙承担 2000 元的损害赔偿责任。

二、甲是否可以依据《民法典》第 566 条第 1 款第 2 分句、第 584 条的规定请求乙承担损害赔偿责任。

（一）甲为订立房屋租赁合同，支出了打印费、邮寄费、交通费 800 元，该费用属于信赖合同有效成立的信赖利益，该信赖利益可以解释为缔约成本或缔约费用。缔约费用是为实现履行利益服务的，因此缔约费用和履行利益存在选择关系，合同当事人可选择其一向违约方主张损害赔偿。如果甲不选择向乙主张履行利益之损害赔偿，其可依据《民法典》第 566 条第 1 款第 2 分句、第 584 条的规定请求乙赔偿 800 元缔约费用之损失。

（二）甲为布置人才招聘会会场支出了广告费用 2000 元、人工费用 5000 元，该费用属于信赖合同履行的信赖利益，该信赖利益不同于信赖合同有效成立的缔约费用或缔约成本。由于乙违约主张解除合同，导致合同无法履行，损害了甲对合同正常履行的信赖。由于乙违约解除合同，导致甲信赖合同履行而支付的费用成为徒劳的费用，该费用属于违约造成的损害，而且该费用支出属于违约方可预见的范围，因为在合同订立时，甲将用承租的房屋举办人才招聘会的详情明确告知了乙。甲可以依据《民法典》第 566 条第 1 款第 2 分句、第 584 条的规定请求乙承担 7000 元的损害赔偿责任。

结论：甲可以依据《民法典》第 577 条、第 566 条第 1 款第 2 分句、第 584 条的规定请求乙承担 9000 元损害赔偿责任。

◆ **理论评析**

信赖利益的类型区分和实益

（1）信赖利益的范围丰富，按照内容的差异，其不仅包括各种支出的费用、利息和成本，还包括其他可能获得的机会和利益。该区分的实益是，信赖利益的赔偿范围一般不应当超出合同正常履行后当事人可获得的利益。当事人不应当通过合同撤销获得超出合同正常履行可以获得的利益。其他可能获得之机会利益的信赖赔偿不能超过合同正常履行的获益。如甲因为和乙缔约（甲可盈利 1 万元），丧失了与丙的缔约之机会（甲可盈利 2 万元），后乙撤销了甲和乙订立的合同。虽然甲的信赖利益是 2 万元，但是甲的信赖赔偿不能超过 1 万元，因为信赖赔偿不能超出合同正常履行的获益范围。

（2）按照功能作用的发挥，可以包括合同正常履行后依然会落空的费用，和因合同撤销或合同违约才会落空的费用。该区分的实益是，对于合同正常履行后依然会落空的费用或者徒劳的费用，法律无法提供保护，法律无法挽救失败的交易。如履行利益为零或者为负数的买卖合同当事人，在合同撤销之后，无法主张缔约费用的赔偿，因为即使合同正常履行，该缔约费用也是徒劳的费用。

（3）按照合同订立和合同履行的时间阶段之区分，信赖利益还包括缔约阶段的缔约信赖和合同履行阶段的履行信赖。缔约信赖是指缔约阶段产生的信赖利益，包括缔约费用、丧失的其他交易机会等；履行信赖是指履行阶段产生的信赖利益，包括信赖合同履行支出的各种费用（如装修费、运输费、包装费）。该区分的实益是，缔约信赖，尤其是缔约成本，是为履行利益服务的，其可以被履行利益所涵盖，因此缔约成本的赔偿一般不应当超过履行利益。而履行信赖在合同履行阶段发生，属于履行利益无法涵盖的利益，应当在缔约信赖之外单独计算。如本案中当事人为订立合同支付的打印费、邮寄费和交通费就属于缔约信赖中的缔约费用，该费用属于缔约成本，其赔偿数额不能超过履行利益。但是当事人支付的广告费用、人工费用则属于履行信赖，其应当在缔约成本之外单独计算和考量，其赔偿不受履行利益的限制，即使当事人的履行利益为零或负数，当事人的履行信赖可以得到赔偿，除非其属于合同正常履行后依然会落空的费用。[1]当然，履行信赖的赔偿要受到可预见规则的限制。

案例 12

甲（11 周岁）被乙骑车撞伤，乙需要对甲赔偿 1000 元。乙将 10 张 100 元纸币用信封包好，前往甲处偿债，碰巧甲父（甲的监护人）不在家。乙将该信封交给甲，并向甲表示清偿自己对甲的侵权债务，甲表示同意并接受。

---

[1] 受害人未受合同之信赖而支出费用，该费用补偿请求权不能得到保护。例如：受害人在不能确定是否能够签订合同和施工进程的情况下，径直前往采购建筑材料并与他人签订材料采购合同等，属于自行扩大损失，该扩大之损失，法院不予支持。参见江西省瑞昌市人民法院民事判决书（2020）赣 0481 民初 979 号。

后甲携带该信封出去玩耍，该信封不慎被丢失。甲父知悉该情况后，要求乙再次清偿1000元。

问题： 乙是否需要再次清偿1000元？

答题指引

一、甲是否可以依据《民法典》第1165条第1款、第1179条第1句请求乙赔偿1000元。

（一）乙骑车将甲撞伤，侵害甲的人身权益，应当依据《民法典》第1165条第1款承担侵权损害赔偿责任。甲的人身权益受到侵害，该侵害由乙骑车行为导致，该可归责之乙的行为与甲的损害存在相当因果关系，且甲的损害在法律保护目的范围之内，不存在违法阻却事由，乙存在过错，乙需要对甲承担侵权损害赔偿责任。

（二）乙向甲的清偿行为未能消灭侵权债务。乙的清偿行为可以分解为给付行为和给付效果两个层面。

1. 就给付行为而言，乙向甲交付10张100元纸币的给付行为系处分行为，甲乙双方就该10张100元纸币所有权之转移达成意思表示的合意，并完成交付，乙向甲转移了该10张100元纸币的所有权。虽然甲系限制民事行为能力人，但由于该处分行为对甲而言系纯粹获益的民事法律行为，依据《民法典》第22条但书的规定，甲可以实施纯获利益的民事法律行为，因此该处分行为对甲而言是有效的，甲做出的行为在民法理论上称为"取得行为"，甲可以获得该10张100元纸币的所有权。

2. 就给付效果而言，焦点问题是：乙的清偿行为是否会导致乙的债务消灭，这涉及甲的受领问题。因为甲系限制民事行为能力人，甲不具有受领债务清偿的资格，因此乙向甲清偿不会发生债务消灭之法律效果，该侵权债务并未消灭。如果将甲的受领解释为受领行为，并参照处分行为的规则，因甲系限制民事行为能力人，因此其受领行为属于无权受领，可参照无权处分规则，其效力待定。甲父并未追认该受领行为，因此该受领行为无效（参照《民法典》第22条第1分句），乙的债务不消灭。

（三）乙的侵权债务并未消灭，甲的获益构成不当得利，但是依据《民法典》第986条之规定，甲免除返还义务。

1. 由于乙的侵权债务不消灭，甲的获益缺乏正当法律根据。乙向甲做出给付，乙有目的、有意识地增加甲的财产，但给付目的未能实现，甲获得的 1000 元纸币所有权属于给付不当得利。

2. 为保护未成年人利益，可认定甲系善意获益人（甲不知道或不应当知道自己没有受领资格），[1] 仅需返还现存利益。由于该 1000 元纸币已经灭失，甲的获益已经消灭，依据《民法典》第 986 条之规定，甲不承担返还该利益的义务。因此，乙无法用该不当得利返还债务与其侵权债务抵销。

结论：乙对甲的清偿行为未导致侵权债务消灭，甲可以依据《民法典》第 1165 条第 1 款、第 1179 条第 1 句请求乙赔偿 1000 元，乙应当向甲父再次清偿债务。

◆ **理论评析**

1. 债务清偿的三阶层理论

债务清偿可以分解为三个阶层，即给付意思、给付行为、给付效果。对债务清偿行为可以分解为该三个阶层展开细致分析和阐释。

（1）给付意思。债务人的债务清偿可以包括债务人的主观要素，即给付意思。债务人的给付意思将给付行为与消灭债务的给付效果相连接。[2] 缺乏给付意思，且不存在值得保护的善意债权人时，一般不会发生债务消灭之给付效果。关于给付意思的法律属性存在理论争议，有的观点认为给付意思可以参照适用意思表示的规则，可以适用行为能力、意思表示瑕疵和撤销规则。有的观点认为给付意思属于自然意思，不能完全适用行为能力和意思表示规则。

（2）给付行为。给付行为是债务人做出的具体清偿行为，可以是民事法律行为（负担行为、处分行为），也可以是非民事法律行为（准民事法律行为、事实行为等）。如果给付行为是民事法律行为，则需要单独分析其法律效力。如果给付行为是事实行为，则客观存在给付行为，即发生事实行为的法律效果。但需要注意的是，给付行为有效或有法定效果，并不必然导致债务消灭。

（3）给付效果。给付效果是债务清偿行为导致债务消灭的法律效果。债

---

[1] 民法理论认为，对于给付不当得利而言，受益人为未成年人时，其善意判断以其法定代理人为准。因此在该案中，受益人可认定为善意，其负担返还现存利益之义务，现存利益不存在的，则不负担返还义务。See Manfred Wandt, *Gestezliche Schuldverhältnisse*, Verlag Franz Vahlen, 2019, S. 213.

[2] See Chris Thomale, *Leistung als Freiheit*, Mohr Siebeck, 2012, S. 8, 12.

务人的清偿行为是否会导致债务消灭的法律效果需要单独分析。如果债务清偿需要债权人受领，则还需要单独分析债权人受领问题，债权人的受领可以解释为一种受领资格。如果债权人无受领资格，即使债务人做出给付行为，债权人也做出受领，债务依然不会消灭。理论上，还可将债权人的受领解释为受领行为，将其类推处分行为。债权人的无权受领，可类推无权处分的规则，此时不会发生债务消灭的法律效果。

案例 13

甲和乙银行订立借款合同，甲向乙借款 1 万元，借期 1 年。乙银行向甲提供了借款。在借期届满时，甲提出将自己的一辆二手汽车（价值1.2万元）所有权转让给乙来清偿借款，乙表示同意，并受领该汽车。后，乙银行发现该车存在严重的质量问题，需要大修，修理费昂贵。于是，乙向甲提出解除以车偿债的合同约定，请求甲取回汽车并返还 1 万元借款及其利息。

问题： 乙的请求是否合法？

答题指引

乙是否可以依据《民法典》第 675 条第 1 句的规定，请求甲返还 1 万元借款。

（一）甲乙订立了有效的借款合同（《民法典》第 667 条），乙向甲提供了借款，借款期限届满时，甲对乙负担了返还借款的债务。

（二）甲的返还借款债务是否因为以车偿债而消灭［《民法典》第 557 条第 1 款第（一）项］。该案的焦点问题是：甲乙达成以车偿债的合同，该合同是否构成债务履行，其是否会导致甲的返还借款债务消灭。

1. 当债务人向债权人提供不同于合同约定的他种给付时，债权人可以拒绝受领；如果债权人受领，则存在两种可能。其一，代物清偿，即债权人通过受领他种给付取代原给付，导致债务消灭，债权人的债权通过他种给付实现。如果该他种给付存在瑕疵，债权人通过瑕疵担保获得保护。代物清偿在理论上被解释为：债务人通过他种给付清偿了债务。代物清偿是要物合同，需要债权人受领债务人的给付，代物清偿合同才能成立。其二，新债清偿（间接给付），即债权人受领他种给付，债务不消灭。只有在他种给付完全实现了债的目的时，债务才会消灭。此时并存两个债务，基于原给付的原债务和基于他种给付的新债务。只有在新债务消灭时，原债务才会消灭。债权人只能先就新债务主张权利，只有在新债无法实现债之目的时，才可以继续主张原债务。因此，新债清偿（间接给付）有延缓清偿原债务的法律效果。新债清偿（间接给付）在理论上被解释为：债务人试图通过他种给付来清偿债务，原债务并不会直接消灭。在具体个案中，到底是代物清偿还是间接给付，需要通过意思表示的解释规则来确定。如果当事人未作出明确约定，从保护债权人的角度出发，可推定为间接给付，即原债务不消灭。

2. 在该案中，当事人未对代物清偿或间接给付作出明确约定，此时，可推定为新债清偿（间接给付）。当事人作出以车偿债的约定并未消灭借款合同债务，如果该汽车无法实现借款债务清偿之目的的，无法清偿借款债务，乙可继续向甲主张借款合同债务，可依据《民法典》第 675 条第 1 句的规定，请求甲返还 1 万元借款及其利息。

3. 如果将甲乙之间的以车偿债约定结合乙的受领行为解释为代物清偿，则原债务因甲的代物清偿之履行而消灭［《民法典》第 557 条第 1 款第（一）项］。甲乙的以车偿债约定可适用买卖合同的规则（《民法典》第 595 条），由于该汽车存在瑕疵，甲负担瑕疵担保责任。同时由于该车存在重大质量问题，修理费用昂贵，乙可依据《民法典》第 563 条第 1 款第（四）项、第 610 条第 1 句的规定主张解除以车偿债合同，并可以依据《民法典》第 566 条第 1 款第 2 分句的规定，主张返还财产、恢复原状。以车偿债合同的解除可以实现恢复借款合同债务关系的法律效果，甲的返还借款债务继续存在。[1]乙可向甲主张借款合同债务，可依据《民法典》第 675 条第 1 句的规定，请求甲返还 1 万元借款及其利息。

结论：甲的还款债务依然存在，乙可依据《民法典》第 675 条第 1 句的规定，请求甲返还 1 万元借款及其利息，乙的请求合法。

◆ **理论评析**

1. 代物清偿和新债清偿的区别

代物清偿是指债权人受领债务人提供的其他给付来代替原给付，以此来

---

〔1〕 See Winfried Schwabe, Holger Kleinhenz, Lernen mit Fällen: Schuldrecht I Allgemeiner Teil und vertragliche Schuldverhältnisse, Richard Boorberg Verlag GmbH, 2009, S. 124.

消灭债务人的原给付义务。新债清偿是债务人通过负担新债务来清偿旧债务，在新债务清偿前，旧债务不消灭。代物清偿包含处分行为（消灭原给付义务）和负担行为（产生新给付义务），新债清偿是负担行为（仅仅产生新债务）。代物清偿是要物合同，只有债权人受领债务人给付，代物清偿才能成立；新债清偿是诺成合同，当事人达成合意，即可成立，债权人是否受领他种给付，在所不问。争议的焦点是，当债权人受领了债务人的其他给付时，究竟是代物清偿，还是新债清偿？即原给付义务是否消灭？代物清偿是直接通过其他给付来清偿债务，新债清偿是试图通过负担新债务来清偿，二者在法教义学上的边界是清晰的，但是在实践中有时会难以查明当事人的意思，究竟是否要消灭原债务。此时，可以从保护债权人利益的角度分析，可以对当事人的行为作出规范解释，即推定当事人没有消灭原债务的意思，债权人受领债务人其他给付的行为属于新债清偿，原债务不消灭。新债清偿和债之更改的争议，也可适用该解释规则。代物清偿和债之更改，都涉及原债务消灭、新债务产生。[1]二者也存在区别，代物清偿是要物合同，其针对的是债务清偿方式的替代，而债之更改涉及整体债务关系的质变，债之更改的范围更广，涉及的法律关系更多。债之更改是债务消灭的一种特殊方式。

2. 代物清偿合同的违约责任和解除

代物清偿合同属于当事人经由意思表示一致且结合要物行为达成的合同，可适用合同的一般规则。代物清偿合同一般适用买卖合同的基本规则。首先，如果代物清偿的标的物存在瑕疵，债务人负担出卖人的瑕疵担保责任。其次，代物清偿合同可以适用预约合同的规则，在债权人未受领债务人他种给付时，债权人和债务人达成代物清偿合意，该合意可解释为代物清偿合同的预约合同。再其次，如果代物清偿合同无法实现合同目的，债务人存在根本违约行为，债权人可依法行使解除权，解除代物清偿合同，请求返还财产、恢复原状。如果代物清偿合同被解除，则原给付义务可恢复，债务人依然需要负担原给付义务。

---

[1]　参见史尚宽：《债法总论》，中国政法大学出版社 2000 年版，第 822–824 页。

案例 14

甲想租一套门面房从事餐饮经营活动。乙向甲提供房屋一套,并承诺提供《食品经营许可证》,甲可以利用该房屋从事餐饮服务经营活动。于是,甲和乙订立租赁合同,甲向乙支付了 1 年的房屋租金 30 万元(该地段同类房屋的年租金是 35 万元)。为开展经营活动,甲对该房屋进行装修,支付装修费用 2 万元。后,乙迟迟不提供《食品经营许可证》,导致甲无法开展餐饮经营活动。后查明,乙对甲谎称自己拥有《食品经营许可证》。甲为订立该租赁合同,支出打印费、快递费、中介费等共计 1 万元。

问题:甲对乙的请求权关系如何?

答题指引

一、甲是否可以依据《民法典》第 577 条、第 584 条的规定请求乙承担损害赔偿责任。

(一)甲和乙意思表示一致,订立了租赁合同。

(二)乙承诺提供《食品经营许可证》,但是迟迟不提供,属于违约行为,乙需要承担相应的违约责任。

(三)乙的违约行为导致合同无法继续履行,合同的目的无法实现,甲可依据《民法典》第 563 条第 1 款第(四)项的规定解除合同,并可依据《民法典》第 566 条第 2 款请求乙承担违约损害赔偿责任。(1)甲可请求乙赔偿租赁合同履行后可以获得的利益。合同解除不影响合同订立时确立的给付关系,当事人在合同订立时获得的履行利益不受影响,甲可请求乙返还 30 万元的租金及相应的利息,并赔偿 5 万元履行利益的损失。甲为订立该租赁合同,支出打印费、快递费、中介费等共计 1 万元属于缔约费用,属于为订立合同而发生的缔约成本,为合同履行利益服务,被合同履行利益所包括。如果甲主张 5 万元履行利益的损害赔偿,则不能主张该缔约费用的损害赔偿。甲可以选择赔偿 1 万元缔约费用的损失,而不赔偿 5 万元的履行利益的损失。对受害人而言,履行利益和缔约费用之间是选择关系,并不是并用关系。(2)甲支付的装修费用属于履行信赖,[1]履行信赖不同于缔约信赖,其不是为履行利益服务的,不能被履行利益所包括,应当单独计算,但是履行信赖的赔偿不能

---

[1] See Medicus / Lorenz, Schuldrecht I Allgemeiner Teil, C. H. Beck, 2012, S. 228.

超过违约方在合同订立时可预见之范围。甲可请求赔偿信赖租赁合同履行而支付的装修费，该损失属于因违约造成的损失，也未超过乙在合同订立时可预见的范围，甲可请求乙赔偿自己支付的装修费用2万元。

结论：甲可以依据《民法典》第577条、第584条的规定请求乙承担37万元的损害赔偿责任。

二、甲是否可以依据《民法典》第148条的规定撤销合同，并请求乙承担损害赔偿责任。

（一）乙做出了欺诈行为，故意隐瞒其没有《食品经营许可证》的事实，并作出虚假陈述。

（二）乙的欺诈行为使得甲产生错误，甲基于该错误与乙订立租赁合同。乙的欺诈行为与甲的错误存在因果关系，甲的错误和甲乙订立租赁合同存在因果关系。

（三）乙的欺诈行为具有违法性。

（四）乙主观存在欺诈的故意。

结论：乙的行为构成欺诈。甲可依据《民法典》第148条的规定撤销租赁合同。

焦点问题是：甲可向乙主张损害赔偿数额的计算。甲可依据《民法典》第157条第2句前段的规定请求乙承担损害赔偿责任，还可以依据《民法典》第122条的规定请求乙返还已经支付的30万元租金。在甲撤销合同后，应当恢复原状，返还财产，回到甲在合同订立之前的状态，乙应当赔偿甲的信赖利益损失。（1）信赖合同有效成立的损失（缔约信赖）。甲为订立该租赁合同，支出打印费、快递费、中介费等共计1万元，甲可请求乙赔偿该1万元的信赖损失，该费用未超过履行利益，甲的赔偿请求可以得到支持。（2）信赖合同有效履行的损失（履行信赖）。甲为开展经营活动，支付装修费2万元，该费用未超过合同订立时乙可预见的范围，甲可请求乙赔偿该损失。缔约信赖存在不得超过履行利益的限制。在合同撤销时，履行信赖是否也存在一定的限制，该问题值得深入研究分析。（3）返还已经支付的租金及其相应利息。撤销合同后，乙获得的租金收入缺乏正当的法律根据，属于不当得利，甲可依据《民法典》第122条请求乙返还30万元及相应利息。

结论：甲可依据《民法典》第157条第2句前段、第122条的规定请求乙赔偿和返还33万元。

三、甲是否可以依据《民法典》第 500 条第（二）项的规定请求乙承担损害赔偿责任。

（一）乙在和甲订立租赁合同的缔约阶段隐瞒重要事实，违反了如实告知义务，违背了诚信原则。

（二）乙违反如实告知义务的行为造成甲的财产损失。

结论：甲可以依据《民法典》第 500 条第（二）项的规定请求乙承担损害赔偿责任。

四、甲是否可以依据《民法典》第 1165 条第 1 款的规定请求乙承担损害赔偿责任。

（一）由于乙的欺诈行为，甲的意思表示决策自由受到了侵害。同时甲的财产权受到侵害，由于乙的欺诈行为，甲支付了房屋租金，同时还产生了装修费用。

（二）甲的权益侵害由乙的欺诈行为导致，与乙的欺诈行为存在相当因果关系，该权益损害在法律保护目的范围之内。

（三）乙存在主观上的欺诈故意。

结论：甲可以依据《民法典》第 1165 条第 1 款的规定请求乙承担损害赔偿责任。

◆ **理论评析**

1. 履行信赖的限制规则

缔约信赖受到履行利益的限制，无论合同撤销还是因违约解除合同，缔约信赖赔偿数额都不能超过履行利益的范围，当事人不能因为合同撤销或主张违约责任获得超出合同正常履行可以获得的利益。但是履行信赖是否也需要存在限制，值得研究和讨论。其一，如果是因违约解除合同，履行信赖属于因违约造成的损失，其受到违约方在合同订立时可预见的范围之限制，受到合同目的范围的约束。违约方在合同订立时无法预见的违约损害，违约方不需要承担损害赔偿责任，包括不可预见的履行信赖。其二，如果是合同撤销，履行信赖属于信赖合同有效履行的信赖利益，应当得到赔偿，但是赔偿范围是否依然会受到一定的限制呢？笔者认为，合同撤销后的法定债务关系，属于准合同债务关系（类合同债务关系），可以适当参照合同的规则。合同被撤销，履行信赖的赔偿范围依然可以参照违约方在合同订立时可预见的标准，同时也可以考虑合同目的的范围进行适当的限制。[1]

2. 取缔规范和效力规范的区分

法律的强制性规范可以分为取缔规范和效力规范。[2]

（1）取缔规范，也称为管理规范，是指仅防止民事法律行为实施的强制性规范。其立法目的在于禁止民事法律行为的实施，对民事法律行为进行行政管理，禁止其非法作出，使其在合法的时间、地点并经由合乎资质的主体作出。管理规范所禁止的民事法律行为并不是绝对不能实施，而是必须在符合法律规定的时间、地点并通过合适的方式或形式来实施。民事法律行为违反取缔规范，并不必然无效，更多的是承担行政责任，甚至刑事责任，而在民法上一般依然有效。违反取缔规范，民事法律行为是否继续有效，还需要具体分析各个取缔规范的立法规定和立法目的，不能一概而论。如果未取得《食品经营许可证》而从事食品经营活动，订立食品服务合同，该合同违反的就是取缔规范。

（2）效力规范是指使得民事法律行为无效的强制性规范。效力规范的立法目的在于使得民事法律行为无效，只有让民事法律行为无效才能实现效力规范的规范意旨。如买卖妇女儿童的合同。该合同违反的是效力规范，效力规范的立法目的在于使得该合同无效。[3]效力规范所针对的民事法律行为，一般是民事主体在任何时间、任何地点都不能以任何形式实施的民事法律行为，该行为必须认定无效，否则无法实现效力规范的立法目的。效力规范直接针对民事法律行为的效力进行规制，而取缔规范则是针对民事法律行为的实施时间、地点和方式进行规制。取缔规范和效力规范的具体区分，需要结合法律条款的文义和立法目的具体分析；违反取缔规范的民事法律行为之效力是否继续有效，也需要结合具体条款的立法目的具体分析。

---

〔1〕 参见韩世远：《合同法总论》，法律出版社 2011 年版，第 555-556 页。

〔2〕 参见王泽鉴：《民法总则》，北京大学出版社 2009 年版，第 270-271 页。

〔3〕 参见史尚宽：《民法总论》，中国政法大学出版社 2000 年版，第 330 页。

第二节 缔约过失

案例 1

甲向其在高尔夫俱乐部的朋友乙抱怨，其缴纳的个税太高了。乙给了甲一个电话号码，让其联系丙公司，可以参与丙公司组织的基金会活动，以此避税。甲联系了丙公司（主营基金业务）经理丁。甲向丁表示，其投资基金会之目的是合理避税。丁向甲作出虚假陈述：如果甲向丙公司组织的基金会投入 15 万元以上，则可以完全规避个税。据此，甲与丙公司订立合作合同，并在合同中约定避税保证条款。甲向丙公司投入了 15 万元。后来发现，该资金投入并不能避税，甲支付了个税款 2 万元。

问题：

1. 甲如何向丙公司主张权利？

2. 甲是否可请求丁返还 15 万元？

3. 甲是否可请求乙返还 15 万元？

4. 如在甲丁磋商过程中，丁可从该甲的 15 万投资中提成 30% 的收益，而且甲是完全信赖丁的虚假陈述和专业说明才和丙公司缔约，如何处理？

答题指引

问题 1：

甲对丙的请求权分析如下：

一、合同上的请求权

（一）《民法典》第 577 条

甲是否可依据《民法典》第 577 条请求丙承担违约责任。前提是甲丙成立有效的合同关系，而且丙违反了合同约定。丙通过其代理人丁与甲订立合作合同，双方达成了意思表示之合意，合同成立并有效。丙未履行其在该合同中约定的义务，应当向甲承担违约责任，赔偿甲遭受的损失，包括可以依法合理避税的免税税款、利息等。

结论： 甲可依据《民法典》第 577 条的规定请求丙承担违约责任，返还 15 万元的投资款，并承担损害赔偿责任。

（二）《民法典》第 563 条第 1 款第（四）项、第 566 条第 1 款和第 2 款

甲是否可依据《民法典》第 563 条第 1 款第（四）项之规定，解除甲丙的合作合同。前提是甲丙订立了有效的合同，而且甲享有法定或约定的解除权。甲丙订立有效合作合同，丙未履行合同的主要义务，构成根本违约，导致合同目的无法实现，甲享有法定合同解除权。甲可依据《民法典》第 563 条第 1 款第（四）项之规定，解除合同。因违约解除合同的，不影响违约责任的承担。

结论：甲可依据《民法典》第 566 条第 1 款和第 2 款之规定，请求丙返还 15 万投资款，并承担违约责任。

（三）《民法典》第 148 条、第 157 条

甲是否可依据《民法典》第 148 条之规定撤销该合作合同。丙公司代理人丁故意隐瞒投资基金会不能依法避税的客观事实，而且作出虚假陈述和承诺，造成甲产生可以避税的错误认识，该欺诈行为与甲的错误认识存在因果关系，该欺诈行为存在违法性，而且丁存在故意，丁的行为构成欺诈。丁系丙公司的代理人，该欺诈行为可归属给丙公司。

结论：甲可以依据《民法典》第 148 条之规定撤销该合同，并可依据《民法典》第 157 条之规定，请求丙返还 15 万元之投资款，并赔偿甲由此所受到的损失。

（四）《民法典》第 147 条、第 157 条

甲是否可依据《民法典》第 147 条之规定，撤销该合同。丙公司代理人丁故意隐瞒投资基金会不能依法避税的客观事实，而且作出虚假陈述和承诺，造成甲产生可以避税的错误认识。甲可基于错误（重大误解）依据《民法典》第 147 条之规定撤销该合同。由于丙公司之代理人丁系恶意，甲无需向丙公司承担信赖赔偿责任。甲还可依据《民法典》第 157 条之规定，请求丙返还 15 万元之投资款，并赔偿甲由此受到的损失。

二、《民法典》第 500 条第（二）项

甲是否可依据《民法典》第 500 条第（二）项请求丙公司承担损害赔偿责任。

（一）丙公司违反先合同义务。丙公司作为主营基金会业务的公司，对客户负有真实说明投资款不能避税的告知义务，但是其代理人丁未尽真实说明义务，反而作出虚假陈述，显然违反缔约时的如实告知义务。

（二）丙公司违反先合同义务之行为造成甲的损失。丙公司代理人丁的虚

假陈述，导致甲与丙订立投资 15 万元之合作合同，无法实现依法合理避税之目的，造成甲的财产损失。

（三）丙公司违反先合同义务之行为与甲的损失有因果关系。

结论：甲可依据《民法典》第 500 条第（二）项请求丙公司承担损害赔偿责任。

三、《民法典》第 1165 条第 1 款

甲是否可以依据《民法典》第 1165 条第 1 款的规定请求丙承担损害赔偿责任。

（一）该当性（事实构成）。（1）甲的意思表示自由受到侵害；因甲未能依法合理避税，甲支出了更多的税款，在财产权益上遭受了损失。（2）丙公司的雇员丁作出欺诈的不法侵权行为，该行为可归属于丙。（3）甲的权益损害与丙公司不法侵害行为存在因果关系。

（二）违法性。丙的侵害行为具有违法性，不存在违法阻却事由。

（三）有责性。丙公司存在故意。

结论：甲可依据《民法典》第 1165 条第 1 款的规定请求丙承担损害赔偿责任。

四、《民法典》第 122 条

如甲撤销与丙的合作合同，甲是否可以依据《民法典》第 122 条请求丙公司返还不当得利。

（一）丙公司获得了甲投入的 15 万元的权益。

（二）该权益经由甲的给付而获得。

（三）该获益没有法律根据。如甲撤销甲丙的合作合同，则该获益不存在法律原因，构成不当得利。

结论：甲可依据《民法典》第 122 条请求丙返还 15 万元投资款以及相应的利息。

问题 2：

甲对丁的请求权分析如下：

一、甲不能向丁主张返还 15 万元。其理由如下：

（一）甲是否可以依据《民法典》第 577 条的规定请求丁承担违约责任。丁是丙公司的代理人，甲丙之间存在合同关系，而甲与丁之间不存在合同关系，丁不是合同当事人。

结论：甲不能依据《民法典》第 577 条请求丁承担违约责任。

（二）甲是否可以依据《民法典》第 500 条的规定请求丁承担赔偿责任。丁是丙公司的代理人，合作合同之当事人是甲和丙，不是丁，缔约过失责任主体是合同当事人，一般并不包括代理人或履行辅助人，丁不需要承担缔约过失责任。

结论：甲不能依据《民法典》第 500 条向丁主张赔偿责任。

（三）甲是否可以依据《民法典》第 1165 条第 1 款请求丁承担损害赔偿责任。丁是丙的雇员，依据《民法典》第 1191 条第 1 款第 1 句之规定，工作人员（雇员）在雇佣期间造成的侵权责任应当由用人单位（雇主）承担责任。丁作出虚假陈述造成的甲之权益损害，应由丙承担损害赔偿责任。甲应当向丙主张侵权损害赔偿责任。

结论：甲不能依据《民法典》第 1165 条第 1 款向丁主张损害赔偿。

问题 3：

甲对乙的请求权分析如下：

一、甲不能向乙主张返还 15 万元。其理由如下：

（一）甲是否可以依据《民法典》第 577 条的规定请求乙赔偿损失。乙给了甲一个电话，推荐甲联系丙公司，属于好意施惠行为，甲乙之间不成立合同关系。

结论：甲不能依据《民法典》第 577 条请求乙赔偿损失。

（二）甲是否可以依据《民法典》第 500 条的规定请求乙赔偿损失。首先，甲丙订立合作合同，缔约过失责任一般由合同当事人承担。乙仅仅是提供缔约机会的介绍人，不是合同当事人。其次，乙提供缔约机会，并未违背诚信原则，未违反先合同义务。最后，甲乙的接触并未使甲产生特别之信赖，甲的缔约并不是基于对乙的个人信赖，而且乙也未在该缔约过程中获得特别的个人利益。

结论：甲不能依据《民法典》第 500 条请求乙赔偿损失。

（三）甲是否可以依据《民法典》第 1165 条第 1 款的规定请求乙承担损害赔偿责任。甲的意思表示决策自由和财产权益受到损害。乙做出了推荐行为，该推荐行为导致甲和丙订立合同，进而导致甲的损失。但乙的推荐行为与甲的损害之间不存在直接的因果关系，甲的损害是基于甲和丙订立的投资合同，该损害无法归责于乙的推荐行为，而且乙在主观上也不存在过错。乙的侵权责任不成立。

结论：甲不能依据《民法典》第 1165 条第 1 款请求乙赔偿损失。

问题 4：

甲是否可依据《民法典》第 500 条请求丁承担损害赔偿责任。

合同当事人对合同代理人或履行辅助人产生了特殊信赖，而且代理人或履行辅助人在该合同缔约过程中存在自己的个人利益，则代理人或履行辅助人应当对受害之合同当事人承担缔约过失责任。在该案中，甲与丙缔约基于对丁个人专业知识的信赖，丁在甲丙缔约过程中发挥了决定性的作用，而且丁在该缔约中享有特殊的个人利益，即可以获得提成 30% 的利益。丁向甲作出虚假陈述，并造成甲的信赖利益损失，丁应当对甲承担缔约过失责任。

结论：甲可依据《民法典》第 500 条的规定请求丁承担损害赔偿责任。

◆ **理论评析**

1. 合同有效和缔约过失责任

缔约过失责任是指在合同订立阶段因违反先合同义务造成对方当事人损害而承担的损害赔偿责任。缔约过失责任的承担与合同是否成立、合同是否有效没有必然关联。只要在合同订立阶段存在违反先合同义务之行为，即可存在缔约过失责任之可能。合同不成立、被撤销或无效的，或者合同成立、有效的，只要符合缔约过失责任要件的，缔约过失责任都可以成立。在合同有效时，一方当事人违反了先合同义务造成了对方当事人损失的，受害的当事人可依法主张缔约过失责任。即合同有效时，依然可存在缔约过失责任。[1]

2. 缔约过失责任和侵权责任

缔约过失责任和侵权责任可以并存，当事人享有的缔约过失责任请求权和侵权责任请求权存在竞合或聚合的空间和可能。缔约过失责任以合同订立为基础，同时受到侵权法的指引。缔约过失责任的产生和发展与侵权法息息相关。在某种意义上，正是由于侵权法无法对受害人的损害提供有效的救济，才产生了缔约过失责任。[2]如果缔约过失责任和侵权责任都针对同一损害事实，当事人请求权的内容是同一的，则缔约过失责任请求权和侵权责任请求权存在竞合，如果缔约过失责任和侵权责任指向不同的损害事实，当事人请

---

〔1〕 参见韩世远：《合同法总论》，法律出版社 2011 年版，第 129 页。

〔2〕 See Dirk Looschelders, Schuldrecht Allgemeiner Teil, Verlag Franz Vahlen, 2017, S. 59.

求权的内容不相同，则缔约过失责任请求权和侵权责任请求权存在聚合，当事人可同时主张缔约过失责任请求权和侵权责任请求权。

3. 第三人的缔约过失责任

缔约过失责任的责任主体一般是合同订立阶段的合同当事人，而不包括代理人、履行辅助人、中介人、交易平台提供者等第三人。但是民法理论认为，如果第三人在合同订立阶段为合同订立提供了重要的信赖基础，尤其使受害人在选择订立合同时产生了特殊的信赖，受害人正是基于对第三人的信赖，才订立合同；同时第三人从合同订立中获得了经济利益，此时受害人也可以向第三人主张缔约过失责任。[1]该理论对于目前互联网平台经济时代保护互联网从业者的权益具有重大实益，如果互联网平台使当事人的合同交易产生了特殊信赖，同时平台又从交易中获得了经济利益，其也可以成为缔约过失责任的责任主体。缔约过失责任的责任基础之一是信赖保护，如果第三人为合同订立提供了信赖基础，同时又从合同中获得了经济利益，让第三人承担缔约过失责任存在正当性和合理性。

案例 2

甲在晚报上发布一个推销广告，该广告标题是：兼职月收入 5000 元的好机会。乙阅读了该广告，并按照广告提示的营销方式运作，即从甲处购买厨房用品，然后在周末市场上向第三人出售获利。乙在甲处购买了价值 15 000 元的厨房用品。但是该用品在周末市场鲜有人问津，乙获利不多，兼职月收入只有 1000 多元。后查明，甲不存在恶意欺诈。

问题： 乙可向甲主张何种权利？

答题指引

一、《民法典》第 617 条

乙是否可以依据《民法典》第 617 条请求甲承担违约责任。

（一）甲乙之间成立了买卖合同。该买卖合同有效成立，甲乙就买卖厨房用品达成合意。

（二）甲向乙提供的商品不存在质量瑕疵，甲不存在违约行为，不需要承担违约责任。甲并未向乙作出保证销售获利的承诺，买卖合同并未约定甲应

---

[1] See Dirk Looschelders, Schuldrecht Allgemeiner Teil, Verlag Franz Vahlen, 2017, S. 62, 63.

当对无法转卖的损失承担责任。因此乙转卖情况不佳属于乙自己负担的经营风险,无法向甲主张违约责任。

结论:乙不能依据《民法典》第 617 条请求甲承担违约责任。

二、《民法典》第 500 条第(二)项

乙是否可以依据《民法典》第 500 条第(二)项请求甲承担赔偿责任。

(一)甲违反了先合同义务。在甲乙订立合同过程中,甲有说明义务和告知义务。厨房用品之销售与市场供求关系、市场变化息息相关,存在较大的市场风险,这属于与订立合同有关的重要事实。甲在与乙磋商订立合同时,应当全面告知乙相关市场风险和盈利存在的风险,而不能仅仅是诱使乙订立合同。而甲未能尽到全面如实告知的义务,隐瞒了与订立合同有关的重要事实,未能充分地向乙说明经营的风险。

(二)甲违反先合同义务,造成乙的信赖利益之损害。甲违反先合同义务之行为与乙遭受的损失存在因果关系。如果甲履行全面充分之告知义务,乙就不会与甲订立合同。甲在合同订立时违反告知义务,应当承担乙信赖合同订立而产生的损害赔偿责任。

结论:乙可依据《民法典》第 500 条第(二)项的规定请求甲承担赔偿责任。

三、《民法典》第 1165 条第 1 款

乙是否可以依据《民法典》第 1165 条第 1 款请求甲承担侵权责任。

(一)乙的财产权益受到损害,该损害属于纯粹经济损失。

(二)乙的财产损害与甲的未完全告知义务存在因果关系。

(三)甲的不作为行为具有违法性。

(四)甲不具有主观上的恶意。对于纯粹经济损失,只有行为人具有主观上恶意时,才需要承担损害赔偿责任。[1]由于甲并不存在主观恶意,甲并不需要对乙的纯粹经济损失承担责任,乙对甲的侵权责任请求权被排除。

结论:乙不能依据《民法典》第 1165 条第 1 款请求甲承担侵权损害赔偿责任。

四、《民法典》第 122 条

乙是否可以依据《民法典》第 122 条请求甲返还不当得利。

(一)甲获得了 15 000 元价款。

---

[1] See Müller, Frank, Fälle Schuldrecht BT 1 Kauftrecht, Alpmann Schmidt, 2019, S. 12.

（二）甲收益是通过乙的给付获得。

（三）问题是甲的获益是否有正当法律原因？甲获益是基于甲和乙订立的买卖合同，问题是乙是否可撤销该合同？由于甲不存在恶意欺诈，因此乙不能依据《民法典》第148条的规定撤销该买卖合同。乙在与甲订立合同的过程中，基于兼职月收入5000元的想法与甲订立合同，该想法属于订立合同的理由，不影响合同之效力。因此，乙在合同订立过程中意思表示没有瑕疵，不存在错误，乙不能依据《民法典》第147条的规定撤销该合同。因此，甲的获益有正当法律原因，不构成不当得利。

结论： 乙不可以依据《民法典》第122条请求甲返还15 000元价款。

◆ **理论评析**

1. 缔约过失责任中的说明义务

违反说明义务构成了缔约过失责任的核心。缔约过失责任的典型表现形态是当事人违反说明义务造成对方当事人的损害。但是说明义务的范围以及是否违反说明义务是缔约过失责任认定中的难点问题。是否存在说明义务以及说明义务的具体范围需要结合个案情事和当事人的结合关系进行具体分析。就商业营销广告而言，广告主应当充分说明营销活动中存在的风险，并提醒缔约当事人，否则就可能构成说明义务之违反，可以依法成立缔约过失责任。从事经营性活动的经营者，与从事一般民事活动的民事主体不同，其负有更高的说明义务。如在消费者和经营者的交易活动中，经营者负担更多的说明和告知义务，而消费者享有更多的知情权和自主选择权。

2. 缔约过失责任和违约责任、侵权责任

（1）缔约过失责任和违约责任。缔约过失责任是在合同订立阶段因违反先合同义务而承担的法律责任，违约责任是在合同履行阶段违反约定的合同义务而承担的法律责任，二者针对的时间阶段不同，针对的义务违反也不同。缔约过失责任是法律直接规定的责任，属于法定责任；违约责任由当事人约定，是约定的责任。缔约过失责任的责任形式主要是损害赔偿，而违约责任的责任形式还包括继续履行和采取补救措施等。缔约过失责任主要是赔偿信赖利益的损失，当然也可以涉及固有利益的赔偿（人身、财产损害）。有民法理论认为，如果当事人不违反先合同义务，合同可以订立且可以正常履行，则受害人可以主张履行利益的损害赔偿。违约责任的责任范围包括履行利益、信赖利益、固有利益、迟延履行造成的损害等。但是，缔约过失责任和违约责任可以并存，如果当事人在合同订立阶段违反了先合同义务，在合同履行阶段也违反了合同约定的义务，则当事人既需要承担缔约过失责任，也需要承担违约责任。

（2）缔约过失责任和侵权责任。缔约过失责任是违反先合同义务的法定责任，侵权责任主要是指基于可归责的侵权行为导致他人人身财产损失而产生的损害赔偿责任。[1]缔约过失责任仅仅针对合同订立阶段产生的损害，而侵权责任没有该限制。缔约过失责任针对的是先合同义务违反造成的损害之赔偿，其构成要件的核心是因先合同义务之违反而造成损害。侵权责任针对的是将损害归属给他人承担，其核心是可归责问题，其构成要件按照该当性（事实构成）、违法性、有责性逐一推进和展开。缔约过失责任和侵权责任可以存在竞合。当事人违反先合同义务的行为导致的损害，既可以符合缔约过失责任的构成要件，也可能同时符合侵权责任的构成要件。

第三节　无因管理

案例 1

甲去土耳其旅游四周，走之前委托乙给其房间内的植物浇水。甲在土耳其旅游期间，未告知乙地址和联系方式，乙无法与甲取得联系。乙为甲浇花期间，闻到一股恶臭，原来是甲房间内的冰箱插座未插，冰箱里的食物开始融化腐烂。冰箱里的物品都用不透明的锡箔纸包裹。为了阻止污水污染房间，乙与其女儿戴着口罩和手套，着手清理冰箱。他们将腐烂的食物倒入垃圾桶，并擦洗冰箱，开窗通风。

后，甲从土耳其归来。当乙告诉甲，自己将冰箱清理干净后，甲突然向乙发问，是否发现自己的首饰？原来，甲将其首饰以锡箔纸包裹藏在冰箱里。后甲去垃圾桶寻找，未果。于是甲向乙主张损害赔偿，数额是首饰的价值，共计 34 120 元。

---

〔1〕　参见韩世远：《合同法总论》，法律出版社 2011 年版，第 134 页。

乙因为为甲清理冰箱，错过了与丙订立买卖合同的机会，丧失了获利 10 万元的机会。

问题：

1. 甲是否可请求乙负担该损害赔偿之义务？

2. 乙是否可向甲主张清理冰箱的报酬？

3. 乙是否可向甲主张其因丧失缔约机会而遭受的 10 万元损失之赔偿请求权？

答题指引

问题 1：

一、《民法典》第 577 条

甲是否可以依据《民法典》第 577 条请求乙赔偿其首饰的损失，前提是甲乙之间存在清理冰箱的委托合同，同时乙存在违约行为。甲乙之间存在给植物浇水的委托合同，但并不存在清理冰箱的委托合同。甲乙并未就清理冰箱达成意思表示之合意，甲乙之间不存在清理冰箱的委托合同关系，乙不存在违约行为。

结论：甲不能依据《民法典》第 577 条请求乙赔偿首饰的损失。

二、《民法典》第 981 条第 1 句

甲是否可以依据《民法典》第 981 条第 1 句请求乙赔偿其首饰的损失，前提是乙的行为构成无因管理行为，而且因为乙的管理行为不恰当造成了甲的首饰损失。

（一）乙清理冰箱的行为构成无因管理。

1. 乙管理了甲的事务。清理冰箱显然属于甲之事务，但由于甲不在家中，冰箱内物品腐烂，乙主动管理了属于甲的事务。

2. 乙有为甲管理的主观意思。该管理事务客观上属于甲之事务，可推定乙有为甲管理之意思，乙也确有为甲管理之意思。

3. 乙的该管理行为无法定或约定的义务。虽然甲乙之间订立了委托合同，但该合同仅仅针对为植物浇水，而不涉及清理冰箱，乙为甲清理冰箱无法定或约定的原因。

4. 乙的管理行为不违背甲明知或可推知的意思。如冰箱不及时清理，腐烂的废水流入房间，会造成更大的损害，乙的管理行为在成立时符合甲明知或可推知的意思。

中间结论：乙的管理行为在成立时符合《民法典》第 979 条规定的无因管理之构成要件。

（二）乙在管理过程中无故意或过失，尽到了管理人之注意义务。

1. 乙清理甲的冰箱，并将冰箱里腐烂的食物抛弃，属于恰当的管理行为。（1）乙无法得知冰箱里保存有贵重的首饰。微小的首饰用锡箔纸严密包裹，无法查知。按照一般观念，冰箱里不会存放珍贵的首饰，一般人即使尽到善良管理人之注意义务也无法得知。（2）乙按照一般的清理方法清理冰箱，尽到了管理人之注意义务，不存在故意或过失。

2. 甲将其贵重的首饰放在冰箱里，其目的是防盗，而无法排除其被清理人员抛弃之风险。甲需要负担清理人员将其首饰抛弃之风险。

结论：甲无法依据《民法典》第 979 条第 1 款、第 981 条第 1 句之规定请求乙承担该首饰的损害赔偿责任。

三、《民法典》第 1165 条第 1 款

甲是否可以依据《民法典》第 1165 条第 1 款请求乙赔偿其首饰的损失。

（一）该当性（事实构成）。（1）甲之首饰的所有权丧失，甲的权益受到损害。（2）乙清理冰箱的行为导致了甲的首饰所有权丧失。（3）乙清理冰箱的行为与甲的权益损害二者之间存在因果关系。

（二）违法性。乙清理冰箱之行为属于无因管理，存在正当之法律依据，不具有违法性。

（三）有责性。乙在清理冰箱过程中，尽到管理人之注意义务，不存在过错，其行为不构成侵权。

结论：甲不能依据《民法典》第 1165 条第 1 款的规定请求乙承担首饰之损害赔偿责任。

问题 2：

无因管理系无偿行为，乙不能依据《民法典》第 979 条第 1 款向甲主张报酬请求权。民法理论认为，管理人从事之管理行为属于管理人职业活动时，其可向本人主张相应之报酬。[1]但乙并非以清理冰箱为职业，清理冰箱并非其职业活动，其无法向甲主张报酬请求权。

---

[1] 参见金可可："《民法典》无因管理规定的解释论方案"，载《法学》2020 年第 8 期。

问题 3:

乙是否可依据《民法典》第 979 条第 1 款第 2 分句的规定请求甲承担丧失获利 10 万元的损害赔偿责任。依据民法理论,无因管理可类推委托合同。管理人主张之费用不得超过无因管理事务本身可预见之界限,即符合一个理性的管理人在管理事务成立时的合理预测。管理人无法主张超过管理事务范围的不必要费用。管理人主张的损害赔偿请求权不得超过受益人在无因管理事务成立时可预期的损害赔偿范围。无因管理造成的损害涉及这样的风险,即其与履行事务的行为相关,包括因管理行为而导致升高的风险。但是管理人的损失,应当是典型的、可预见的,如果存在不成比例的过高损失,则需要审查,该事务管理是否符合受益人的利益。因此,乙主张丧失缔约机会而造成的 10 万元之损失,显然超出该无因管理事务可预见的范围,承担该风险也不符合甲的利益,甲无需承担损害赔偿责任。因此,乙不能向甲主张该超出无因管理预见范围之损害赔偿请求权。

结论:乙不能依据《民法典》第 979 条第 1 款第 2 分句的规定请求甲承担丧失获利 10 万元的损害赔偿责任。

◆ **理论评析**

1. 管理人的报酬请求权。一般认为,无因管理系无偿行为,管理人不能主张报酬请求权。无因管理的立法目的在于鼓励相互帮助,助人为乐。如果赋予管理人报酬请求权,则与无因管理之立法目的相悖。但是也有理论和观点认为,如管理事务属管理人职业范围(例如医生救助"昏迷"之路人),应当支持管理人的报酬请求权。[1]管理人提供了属于其职业范围的管理服务,受益人基于管理人的职业服务支付相应的报酬也符合受益人的获益状况,体现了获益与付出的一致性。管理人从事属于管理人职业范围的管理行为是否可以获得报酬请求权,有待我国司法实践的进一步发展,有待我国民法典司法解释进一步明确。

2. 管理人的损害补偿请求权。管理人因管理事务受到损失的,可以请求受益人给予适当补偿,而不是全部都可以请求受益人承担赔偿责任。关于该问题存在完全赔偿和补偿两种不同的观点。我国《民法典》采取了补偿的观

---

〔1〕 参见金可可:"《民法典》无因管理规定的解释论方案",载《法学》2020 年第 8 期。

点，即受益人对管理人的损害赔偿不以过错为要件，即使受益人没有过错，也要承担补偿性的赔偿责任。管理人因管理事务而遭受的损失，请求受益人作出适当补偿具有正当性和合理性。管理人的损害补偿请求权的成立有以下几个要件。（1）管理人因管理事务受到损失。该损失基于管理事务产生，即在管理事务过程中产生。（2）管理人因适当管理而遭受的损失。如果管理人实施了不适当的管理行为，因违反了管理义务而遭受的损失，该损失可归责于管理人，应由管理人自行承担。（3）管理人遭受的损失由与管理事务相关的典型风险造成，属于典型的、可预见的损失。该损失未超出受益人在无因管理事务成立时可预期的范围。如果存在不成比例的过高损失，则需要审查该事务管理是否符合受益人的利益，是否符合无因管理制度的立法目的。管理人因管理事务受到的损失，是否需要请求受益人给予补偿，不仅仅是因果关系的判断，而且涉及受益人可预见范围的分析，同时还需要考虑无因管理制度之规范目的，涉及风险是否可归属于受益人的理论阐释。

案例 2

甲驾车正常行驶在道路上，突然乙（12周岁）迅速横穿马路，为避让乙，甲紧急刹车并向右边猛打方向盘，车撞上路旁大树，甲头部和手臂受伤，支出医药费2000元，汽车被撞坏，支付修理费5000元。

问题： 甲对乙的请求权关系如何？

答题指引

一、甲是否可以依据《民法典》第121条、第979条第1款的规定请求乙偿还必要费用、给予适当补偿。

（一）甲从事了管理事务的行为。甲为避免撞到乙，紧急刹车并向右猛打方向盘，实施了避险的行为。

（二）甲为管理他人事务的自然意思。甲为避让乙，而造成自己受伤。在主观上，甲有为他人紧急管理的意思。

（三）甲管理的是自己的事务，而非他人事务。甲驾驶汽车，开启了驾驶危险的源头，因此，在结果上，甲必须规避驾驶过程中的风险，即规避驾驶汽车相关的风险属于甲的事务，而非他人事务。甲避让乙的行为是为了减轻自己驾驶汽车的风险和责任，而不属于管理他人之事务。因此，甲管理的是自己的事务，该避让行为不构成无因管理。

观点争议

观点之一，甲管理的事务属于他人的事务，至少包含他人的事务，甲为避免乙受伤，有为乙管理之意思，甲的避让行为可以构成无因管理。

观点之二，甲管理的事务属于他人的事务，但是甲避让乙的行为是法律规定的义务，甲的事务管理行为存在法定义务的要求，不属于没有法定义务或约定义务的事务管理，甲的避让行为不构成无因管理。

结论：甲不可以依据《民法典》第121条、第979条第1款的规定请求乙偿还必要费用、给予适当补偿。

二、甲是否可以依据《民法典》第1165条第1款的规定请求乙承担损害赔偿责任。

（一）甲的身体权、健康权、财产权受到损害。甲头部和手臂受伤，支出医药费2000元，汽车被撞坏，支付修理费5000元。

（二）甲的权益损害是因为避让乙横穿马路的行为导致的，二者之间存在相当因果关系。虽然甲的权益侵害是自己的紧急避让行为导致的，但是这由乙横穿马路引发，乙横穿马路的行为提高了驾驶汽车的风险，该提高的风险由于甲的避让而现实化，并导致甲的人身和财产损害。甲的人身财产损害可归责于乙突然横穿马路的行为，且在法律保护目的范围之内。乙的行为造成了甲的人身和财产损害。

（三）乙系限制民事行为能力人，对其造成的损害，依据《民法典》第1188条第1款第1句的规定，由监护人承担责任。

结论：甲不可以依据《民法典》第1165条第1款的规定请求乙承担损害赔偿责任，但甲可以依据《民法典》第1188条第1款第1句的规定请求乙的监护人承担赔偿责任。乙的监护人尽到监护职责的，可以减轻其赔偿责任。如乙有个人财产，则从乙的个人财产中支付赔偿费用；不足部分，由监护人赔偿。

三、甲是否可以依据《民法典》第182条第1款的规定请求乙承担损害赔偿责任。

甲为避免乙的人身权益受害的急迫危险，为保全乙的生命安全，紧急刹车并猛打方向盘属于紧急避险的法律事实，对该紧急避险造成的损害，包括甲的人身损害和财产损害，甲可请求引起险情的乙承担民事责任。

结论：甲可以依据《民法典》第182条第1款的规定请求乙承担损害赔

偿责任。

◆ **理论评析**

1. 管理他人事务的体系构成。无因管理属于管理他人事务的一种类型。在学理上，按照管理人有无为他人管理的意思，可以分为真正无因管理和不真正无因管理。按照是否符合受益人意愿，真正无因管理又可分为适法管理（符合受益人意愿；虽然不符合受益人意愿，但是受益人意愿违法或违背公序良俗）和不适法管理（不符合受益人意愿）。[1] 按照管理人是否是善意，不真正无因管理又可以分为误信管理（误以为他人事务是自己事务而管理）和不法管理（明知是他人事务，而为自己利益管理）。如果管理的是自己事务，不构成无因管理。如幻想管理（误以为自己事务是他人事务而管理）不是无因管理。因此判断事务的归属，是判断无因管理是否成立的第一步。该案的争议焦点即在于，司机避让行人的行为是否属于管理自己的事务。如果认定司机的避让行为属于自己的事务，则该行为不构成无因管理。

2. 无法定或约定义务的判断。无因管理是指无法定或约定的义务管理了他人事务。如果存在法定或约定义务，则不构成无因管理。在该案中，如果认为司机避让行人的行为是司机必须履行的法定义务，则该避让行为不构成无因管理。如消防员的职责是救火，消防员履行职责的救火行为不构成无因管理。

案例 ③

甲将其汽车停放于某停车场，然后去办事。甲办完事后，发现车被乙洗干净了。乙请甲支付50元洗车费。甲断然拒绝，甲表示：其并未让乙洗车，而且也不想现在洗车。

问题： 乙是否可请求甲支付50元洗车费？

答题指引

一、乙是否可以依据《民法典》第770条第1款的规定请求甲支付50元洗车费。

---

〔1〕 王泽鉴老师将适法无因管理和不适法无因管理称为：正当无因管理和不正当无因管理。参见王泽鉴：《债法原理》，北京大学出版社2013年版，第313页。

乙是否可以基于双方以默示方式订立洗车服务合同的事实请求甲支付洗车费，前提是甲乙意思表示一致，成立洗车服务合同。但是甲并不希望乙为自己洗车，乙虽然通过洗车行为发出要约，但是甲明确拒绝作出承诺，甲乙的洗车服务合同不成立，甲不负担支付50元洗车费用的合同义务。

结论：乙不可以依据《民法典》第770条第1款的规定请求甲支付50元洗车费。

二、乙是否可以依据《民法典》第121条、第979条第1款第1分句的规定请求甲支付50元洗车费。

乙是否可以基于无因管理的法律事实请求甲支付洗车费用，首先需判断乙的洗车行为是否符合无因管理的构成要件。

（一）乙管理了甲的事务，为甲清洗了车辆。

（二）乙主观上有为甲管理的意思，清洗汽车在客观上也是归属于甲的事务。

（三）乙没有法定或约定的义务为甲洗车。

（四）但是乙的洗车行为违背了甲的意思，而且甲的意思也不违背公序良俗，不违反法律。甲并不希望自己的车被洗，甲的主观意思应当得到尊重。据此，乙的洗车行为不构成无因管理。如果认定该事实构成无因管理，则会破坏私法自治的秩序，损害了自由竞争，也会损害消费者的选择权。

结论：乙不能依据《民法典》第121条、第979条第1款第1分句的规定请求甲支付50元洗车费。

三、乙是否可以依据《民法典》第1165条第1款的规定请求甲支付50元洗车费。

乙为甲清洗车辆，支付了洗车的费用，耗费了水电和人工，其权益受到了损害。但是这属于乙主动提供的洗车服务，该损害与甲没有因果关系，乙因自己行为导致的损害不可归责于甲，而且甲没有任何过错，乙不能向甲主张侵权损害赔偿。

结论：乙不能依据《民法典》第1165条第1款的规定请求甲支付50元洗车费。

四、乙是否可以依据《民法典》第122条的规定请求甲支付50元洗车费。

（一）甲的汽车被乙清洗干净，在客观上，甲的汽车在外观上更加美观整洁。但是该获益违背了甲的主观意愿，属于强迫得利，此时需要考虑甲的主观意愿，对甲而言，可视为该利益不存在。因此甲并未获得洗车的利益，乙不能向甲主张不当得利返还。

（二）乙明知自己对甲不负担债务，而主动为甲清偿车辆，这不属于给付不当得利［《民法典》第 985 条第（三）项］，给付不当得利请求权被排除，乙不能向甲主张不当得利返还。

结论： 乙不可以依据《民法典》第 122 条的规定请求甲支付 50 元洗车费。

◆ **理论评析**

不当得利和强迫得利。不当得利的获益判断不仅仅是一个客观利益的评价，同时还要考虑受益人的主观方面，如果该利益对于受益人主观方面而言，毫无利益可言，则属于强迫得利，可以认定为利益不存在。如甲的房屋被他人擅自装修成了日式风格，房屋价值显著增加了，但是甲并不喜欢日式风格，此时该利益对甲而言属于强迫得利，可视为利益不存在，不能适用不当得利返还规则。同时还需要考虑受益人的选择自由，对于强迫交易，虽然其在客观上使得受益人获益，但是其剥夺了受益人的意思自由，破坏了正常的交易秩序，不能通过不当得利规则获得保护。如乙未经甲允许直接为甲擦窗户，不能基于此请求甲返还不当得利。

案例 4

甲偷窃乙的汽车出售给不知情的丙，丙将其送到修理厂修理，支出修理费 1 万元。乙请求丙返还汽车，丙请求乙支付修理费。

问题：

1. 丙对乙的请求是否合法？
2. 如丙系恶意，丙对乙的请求权是否合法？

答题指引

问题 1：

一、丙是否可以依据《民法典》第 121 条、第 979 条第 1 款的规定请求乙支付修理费。

（一）丙将汽车送到修理厂修理，从事了事务管理行为。

（二）丙从事的事务管理行为在客观上属于乙的事务，依据《民法典》第 312 条由于该汽车系盗赃物（占有脱离物），丙无法依据《民法典》第 311 条第 1 款之规定获得该汽车的所有权。该汽车所有权依然属于乙，丙修理该汽车的事务在客观上属于乙之事务范围。

（三）丙缺乏为乙管理之意思。丙以为该汽车属于自己所有，因此将其送去修理，丙在管理自己的事务，丙没有为乙管理事务的意思，因此丙的管理行为不构成为乙之利益的无因管理。

结论：丙不可以依据《民法典》第 121 条、第 979 条第 1 款的规定请求乙支付修理费。

二、丙是否可以依据《民法典》第 460 条但书的规定请求乙支付修理费。

（一）丙系该汽车的善意占有人，丙不知道或不应当知道该汽车所有权属于乙。

（二）丙为修理该汽车支出必要费用 1 万元。

（三）但是丙对该汽车的占有基于丙和甲的买卖合同产生。依据《民法典》第 458 条第 1 分句的规定，丙支出的必要费用之赔偿可以通过甲和丙之间的合同关系处理，即丙可基于买卖合同，依据《民法典》第 577 条、第 584 条的规定，请求甲承担违约损害赔偿责任。

结论：丙不可以依据《民法典》第 460 条但书的规定请求乙支付修理费。

三、丙是否可以依据《民法典》第 122 条的规定请求乙支付修理费。

（一）乙获得利益。乙的汽车被修理，汽车的价值增加。

（二）乙的获益由非给付的方式获得。丙误信该汽车属于自己所有，而将其送去修理，提高该汽车的价值，丙无意识、无目的地增加了乙的财产，在民法理论上，乙的获益属于费用补偿型不当得利。

（三）乙的获益无正当的法律依据。

结论：丙可以依据《民法典》第 122 条的规定请求乙支付修理费。

问题 2：

一、丙是否可以依据《民法典》第 121 条、第 979 条第 1 款的规定请求乙支付修理费。

（一）丙将汽车送到修理厂修理，从事了事务管理行为。

（二）丙从事的事务管理行为在客观上属于乙的事务，依据《民法典》

第 312 条，由于该汽车系盗赃物，丙无法依据《民法典》第 311 条第 1 款之规定获得该汽车的所有权。该汽车所有权依然属于乙，丙修理该汽车的事务在客观上属于乙之事务范围。

（三）丙缺乏为乙管理之意思。丙明知该汽车属于乙所有，但是据为己有，为了自己的利益，并将其送去修理，丙没有为乙管理事务的意思，因此丙的管理行为不构成为乙之利益的无因管理。

结论：丙不可以依据《民法典》第 121 条、第 979 条第 1 款的规定请求乙支付修理费。

二、丙是否可以依据《民法典》第 980 条的规定请求乙支付修理费。

（一）丙系恶意，且为了自己的利益，但是丙依然管理了乙的事务，将乙的汽车送去修理。

（二）乙请求丙返还该汽车，客观上享受了该汽车修理后增值的利益，在主观上推定乙有享有该事务管理利益之意思，这可以解释为对不法管理行为的承认，可以准用无因管理的规则（《民法典》第 980 条后段）。

（三）乙应当向丙支付必要的修理费用。

结论：丙可以依据《民法典》第 980 条的规定请求乙支付修理费。

观点争议

另一种观点：丙的管理行为在理论上称为"不法管理"，不法管理行为适用无因管理的规则的前提是受益人行使选择权，其主张享有不法管理获得的利益时，才能适用无因管理规则，管理人才能请求受益人支付必要的费用。由于受益人并未明确选择适用无因管理规则，因此管理人不能依据无因管理之规则即依据《民法典》第 979 条第 1 款请求乙支付必要之费用。

三、丙是否可以依据《民法典》第 122 条的规定请求乙支付修理费。

（一）乙获得利益。乙的汽车被修理，汽车的价值增加。

（二）乙的获益非由给付的方式获得。丙明知该汽车属于乙所有，但是据为己有，为自己利益送去修理，没有向乙给付之给付目的。但是修理行为提高了该汽车的价值，客观上增加了乙的财产。

（三）乙的获益无正当的法律依据。

结论：丙可以依据《民法典》第 122 条的规定请求乙支付修理费。如果适用了无因管理规则解决修理费问题，则无因管理为乙的获益提供了正当的法律依据，据此，《民法典》第 122 条不能适用。

◆ **理论评析**

1. 不适法管理、不法管理的承认。对于不构成无因管理的不适法管理（有为受益人管理的意思，但违背受益人意愿）、不法管理（明知是受益人事务，但为自己利益管理），受益人享有管理利益的，可以适用无因管理的规则，受益人可请求管理人移交管理利益，管理人可请求受益人负担必要之费用。不适法管理、不法管理的承认规则之立法目的在于尊重受益人意愿，保护受益人利益，同时也可以约束管理人，防止管理人从其违法的管理行为中获得不正当利益。尤其是管理人经由管理事务获得超额利益时，受益人可通过承认规则，剥夺管理人获得的超额利益。但需要注意的是，对于误信管理（管理人误将他人事务作为自己事务管理），受益人不能承认。不能通过受益人承认，对善意的误信管理人施加无因管理之法定债务关系，误信管理人既无为受益人管理之意思，也不存在恶意违法之事实而须惩戒之必要。

2. 不适法管理、不法管理的承认和无因管理的追认。不适法管理、不法管理的承认是指受益人针对不构成无因管理的管理行为的承认，使之适用无因管理规则，而无因管理的追认是指受益人针对符合无因管理要件之管理行为的追认，使之适用委托合同规则，当然管理人可以排除无因管理的追认。无因管理本质上属于准合同（类合同）关系，其很多规则都是参照委托合同规则。

案例 5

甲公司承租乙的房屋，房屋的下水道坏了，甲公司委托丙修理，丙知悉甲承租乙房屋的事实，丙花费修理费 1 万元。后甲公司丧失了清偿能力。

问题：丙是否可请求乙支付修理费？

答题指引

一、丙是否可以依据《民法典》第 121 条、第 979 条第 1 款的规定请乙支付修理费。

（一）丙从事了修理乙之房屋的下水道的行为。

（二）修理下水道的事务属于乙的事务范围（《民法典》第 712 条）。虽然丙修理下水道的行为属于履行甲和丙的承揽合同的给付行为，但是对于出租人而言，出租人负有修理租赁物的义务，下水道修理工作依然是属于出租人乙的事务范围。

（三）丙并无为乙管理事务之意思。丙修理下水道的目的在于履行甲和丙之间的合同，丙虽然管理了乙之事务，但其缺乏为乙管理事务之意思。基于合同相对性原理，丙选择甲作为合同相对人，就应当承担甲破产的风险，而不能转而向乙主张费用补偿，否则会严重破坏合同当事人之间的抗辩关系，损害交易秩序。丙和乙之间不存在无因管理关系，而且丙是在履行自己的合同义务，属于管理自己的事务，不存在管理他人事务的行为。丙的行为不构成无因管理。

结论：丙不可以依据《民法典》第 121 条、第 979 条第 1 款的规定请乙支付修理费。

观点争议：

另一种观点：虽然丙修理下水道的目的是履行自己和甲的承揽合同，但是由于其在客观上属于乙的事务范围，丙知悉甲承租乙之房屋的事实，因此可推定存在丙为乙管理事务之意思。丙和乙之间并无法定或约定的义务。虽然丙和甲之间存在修理合同，但是丙和乙之间并无合同关系，丙对乙没有负担约定或法定的修理义务。丙的事务管理并不违反乙明知或可推知的意思。结论：丙的修理行为属于无因管理行为，丙可以依据《民法典》第 121 条、第 979 条第 1 款的规定请乙支付修理费。如果丙乙之间存在无因管理关系，则无因管理为乙的获益提供了正当的法律根据，丙不能依据《民法典》第 122 条向乙主张不当得利返还请求权。

二、丙是否可以依据《民法典》第 122 条的规定请求乙支付修理费。

（一）乙获得利益。作为房屋所有人，乙的房屋之下水道得到疏通，其价值增加。

（二）乙的获益由非给付的方式获得。丙的给付行为系基于甲丙之间的承揽合同向甲作出的给付，丙乙之间并不存在给付关系。

（三）乙的获益没有正当的法律根据。虽然甲乙之间存在租赁合同，但是甲委托丙修理下水道并非该租赁合同项下甲对乙的给付义务，乙无法通过租赁合同获得该给付利益。因此甲和乙之间的租赁合同无法为乙的获益提供正当性的法律根据。

结论：丙可以依据《民法典》第 122 条的规定请求乙支付修理费。

观点争议：

另一种观点：乙的获益有正当的法律根据。乙的获益基于甲和乙之间租赁合同产生的给付关系，正当给付关系的存在排除非给付不当得利的存在。

◆ 理论评析

1. 管理人为他人管理的管理意思。无因管理构成的核心是管理人为受益人管理的管理意思，管理意思的判断是无因管理构成中的重要问题。在该案中，甲丙之间存在修理合同，丙的修理行为是为了履行甲丙之间的修理合同，丙管理事务的意思是否可以包含为受益人乙的意思？该案中的观点争议值得分析。如果案例事实可以查明，丙在履行自己合同义务的同时，也确实有为所有人乙管理事务之意思，可以成立同时为他人管理之管理意思。无因管理的管理意思并不排斥同时包含管理自己事务意思的混合意思。[1]

2. 合同关系和无因管理。无因管理是无法定或约定义务的事务管理。但是争议的问题是，合同当事人履行合同义务的履行行为，是否可以同时构成对第三人的无因管理。在该案中，甲和丙之间存在修理合同，丙履行对甲负担的合同义务，修理乙的房屋，该修理行为是否可以构成对乙的无因管理？虽然丙的修理行为属于履行修理合同义务的履行行为，但是其也可以包含管理乙之事务的管理行为。虽然丙对甲负担修理义务，但是丙对乙并不负担修理义务，丙的修理行为可依法认定为丙对乙的无因管理。总而言之，合同当事人履行合同义务之行为，如果包含为第三人的事务管理行为，可以依法构成合同当事人和第三人之间的无因管理债务关系。

3. 合同关系和不当得利。不当得利构成的核心是得利人（受益人）的获益是否有正当的法律根据。争议的问题是，得利人是否可以依据合同关系，排除受害人的不当得利请求权。在该案中，甲和乙之间存在租赁合同，乙是否可以将租赁合同作为获益的正当法律根据？此时，需要具体分析合同关系是否可以为获益提供正当根据，而不能简单地将合同关系作为获益的正当根据。虽然甲和乙之间存在租赁合同，但是承租人没有修理房屋的义务，如果当事人没有特殊约定，租赁合同无法为出租人获得房屋修理之利益提供正当

---

〔1〕　参见王泽鉴：《债法原理》，北京大学出版社 2013 年版，第 316 页。

的法律根据。[1]

案例 6

甲将其土地出售给乙，双方订立买卖合同，约定价款 1 万元。后按照乙的需要，甲在该土地上建造房屋，支付费用 2.5 万元。双方又约定价款为 3.5 万元。后，该合同无效。甲请求乙赔偿 2.5 万元的建造费用。

问题：甲的请求是否合法?

答题指引

甲是否可以依据《民法典》第 121 条、第 979 条第 1 款第 1 分句的规定请求乙支付 2.5 万元的费用。

（一）应乙的需要，甲在自己的土地上建造房屋，从事了事务管理之行为。

（二）虽然甲在自己土地上建造房屋，但是在主观上，甲是为了乙建造该房屋，在主观上，该事务属于乙之事务的范围。

（三）甲有为乙管理事务之意思。在补充合同协议订立时，应乙的需要，甲建造房屋，甲管理事务之目的在于为乙的利益。

（四）由于合同无效，甲管理乙之事务没有约定和法定之义务。

（五）甲的事务管理符合乙的意思，正是基于乙的意思，甲才会建造房屋。

结论：甲建造房屋的行为构成无因管理，甲可以依据《民法典》第 121 条、第 979 条第 1 款第 1 分句的规定请求乙支付 2.5 万元的费用。

观点争议：

另一种观点：合同无效后，产生不当得利返还关系，而不能适用无因管理规则。因此，甲的建造房屋行为不构成无因管理。

◆ **理论评析**

不当得利与无因管理。首先，一般认为，无因管理提供了获益的正当法律根据，二者是排斥关系，即成立无因管理，则排除不当得利。其次，合同

---

〔1〕 See Manfred Wandt, Gestezliche Schuldverhältnisse, Verlag Franz Vahlen, 2019, S. 35.

撤销或无效后，一般不能适用无因管理规则，而是依法适用不当得利返还。因为在事实管理行为实施时，行为人是以存在合同义务为基础的（尽管其因为撤销或无效后并不存在）。但是也有理论认为，即使合同无效，依然存在符合无因管理之情形，无因管理依然可以成立。笔者认为，法教义学分析需要和法律价值判断相互结合，与法律规范保护目的相互衔接。合同无效后，当存在需要保护之实施管理事务行为的当事人，而不当得利请求权对之无法予以充分保护时，或者通过无因管理能更好地协调当事人之间的利益关系时，则在符合无因管理构成要件之基本框架内，无因管理之法定债务关系可以适用。

第四节　不当得利

案例 1

甲向乙银行借款 7000 元，并指示乙向甲的债权人丙转账，因为甲和丙订有买卖合同，甲需要向丙支付价款 7000 元。后查明，甲在订立买卖合同和借款合同时，无行为能力。

问题：乙是否享有对丙的不当得利返还请求权？

答题指引

一、乙是否可依据《民法典》第 122 条的规定请求丙返还不当得利。

（一）给付不当得利分析

不当得利请求权的检索首先需要检索给付不当得利请求权。给付的核心是受害人有目的、有意识地增加他人财产。有意识是指受害人意识到自己在增加他人财产。如受害人不知道或未意识到他人财产增加，不成立给付关系。如果受害人以为是增加自己财产，则不构成给付关系。如受害人误将他人的鸡当作自己的鸡喂养，则不存在给付意识，不构成给付关系。有目的是指受害人为实现债务清偿或者基于为债务清偿作准备等目的增加他人财产。如甲为履行与乙订立的合同而汇款，但是错误地把款汇给了丙。甲汇款的目的是履行甲对乙负担的合同债务，甲向丙汇款不存在向丙清偿债务的给付目的，甲的给付目的是向乙清偿债务，因此甲丙之间不构成给付关系。又如，甲为履行与乙订立的买卖合同，指令丙向乙支付价款。虽然丙向乙支付了价款，但是丙和乙之间没有债务关系，丙没有向乙清偿债务的给付目的，丙乙之间不存在给付关系。

给付不当得利的判断首先需要明晰当事人之间的给付关系，如果当事人之间并不存在给付关系，则不构成给付不当得利。给付关系判断的逻辑起点是给付人的给付意思，即给付人是否是有意识、有目的地增加他人财产。给付意思的判断可参照适用意思表示的规则，在给付意思存疑或发生争议时，由于给付意思存在相对人，因此可以适用有相对人（受领人）之意思表示的解释规则，从受领人的客观视角作出规范解释。受领人的客观视角实质上是对给付关系的客观判断。

该案是一个典型的指示给付关系，甲丙之间订立了买卖合同，甲乙之间订立了借款合同。甲指示乙向丙转账。在指示关系中，甲是指示人，乙是被指示人，丙是领取人。从丙的客观视角来看，甲指示乙向丙转账，是甲在向丙清偿买卖合同债务，乙在向甲清偿借款合同债务，给付关系存在于甲乙之间，甲丙之间。乙丙之间不存在给付关系。

中间结论：由于乙丙之间不存在给付关系，乙不能依据《民法典》第122条的规定向丙主张给付不当得利返还请求权。

（二）非给付不当得利分析

不当得利请求权检索其次需要考查非给付不当得利请求权。

1. 丙获得了对乙银行的债权（丙的账户增加了7000千元的债权）。

2. 丙获得的利益非基于给付的方式获得。

首先，如果存在正当的给付关系，则排除非给付不当得利。正如上文所分析，在指示给付中，应当按照各自的债务关系来确定给付关系。乙和丙之间不存在给付关系。给付关系存在于甲乙之间、甲丙之间。如果乙的付款行为可归属给甲，则乙的付款行为属于甲对丙的给付行为，乙可以向甲主张权利。如果乙的付款行为不可归属给甲，则乙的付款行为与甲没有关联，乙独立承担付款行为的法律后果。如果付款行为不能归属给指示人甲，被指示人乙可向领取人丙主张非给付不当得利。由于甲在订立借款合同和指示时无行为能力，其缺乏给付意思能力，该指示是无效的，该指示不能归属给甲。乙向丙的付款行为与甲没有关联，乙独立承担付款行为的法律后果。由于乙和丙之间并不存在给付关系。据此，乙系无目的、无意识地增加丙的财产，即乙以非给付之方式增加了丙的财产。

其次，即使从丙作为受领人的客观视角来分析，存在甲对丙的给付关系，但是因为甲系无行为能力人，对其的保护优先于交易安全，即无行为能力人的保护优先于受领人客观视角的规范解释。给付意思可参照适用意思表示的规则，甲无行为能力，无法作出给付意思，甲无法向丙作出给付。据此，甲丙之间不存在给付关系。乙以非给付之方式向丙转账，增加了丙的财产。

3. 丙获得的利益没有正当的法律原因。因为甲系无民事行为能力人，甲和丙的买卖合同无效，丙之获益缺乏正当的法律根据。

结论： 乙可依据《民法典》第 122 条的规定向丙主张非给付不当得利返还。

◆ **理论评析**

不当得利请求权的检索

（1）不当得利请求权的检索首先应当检索给付不当得利请求权是否可以成立。给付不当得利的核心是给付意思，即有目的、有意识地增加他人财产。[1]给付意思的分析可参照适用意思表示的规则。

其一，需要分析给付人的给付意思能力。给付意思能力可以参照民事行为能力的规则，因此需要分析给付人的民事行为能力。无民事行为能力人不具有给付意思能力，限制民事行为能力人的给付意思能力受到限制，其无法独立作出给付意思。因此，无民事行为能力人和限制民事行为能力人因给付意思能力缺乏或受限制，其一般无法作出给付，无法形成给付关系，因此"无限人"一般不能主张给付不当得利请求权，而可以主张非给付不当得利请求权。在该案中，甲乙订立了借款合同、甲丙订立了买卖合同，一般的理解是：给付关系存在于甲乙之间、甲丙之间。但是由于甲系无民事行为能力人，甲的指示行为无效，乙的付款行为不能归属给甲，乙未向甲作出给付，同时由于甲无行为能力，甲也无法向丙作出给付。因此乙可向丙主张非给付不当得利返还。

其二，给付意思应当从给付受领人的客观视角做规范解释。[2]客观视角

〔1〕　参见王泽鉴：《不当得利》，北京大学出版社 2015 年版，第 30-31 页。
〔2〕　See Manfred Wandt, Gesetzliche Schuldverhältnisse, Verlag Franz Vahlen, 2019, S. 131.

的规范解释，在很大程度上，是对给付关系的客观分析和判断，而给付关系的判断在很多时候以合同关系为基础。即在分析给付不当得利时，首先应当清晰分析当事人之间的合同关系，当事人之间的合同关系是判断给付关系的基础。无论是给付连锁、缩短给付、指示给付，还是为第三人利益契约，首先需要清晰全面地界定当事人之间的合同关系，尤其是明确各个合同的当事人，给付关系存在于各个合同之间。如在指示给付中，甲乙之间存在借款合同，甲丙之间存在买卖合同，甲指示乙向丙付款。虽然是乙直接将价款支付给丙，但基于对合同关系的分析可知，甲指示乙付款，实质在履行甲和丙的买卖合同，乙受到甲指示向丙付款，实质上是履行乙对甲的借款合同，给付关系存在甲丙之间，乙甲之间。乙丙之间不存在合同关系，乙丙之间没有给付关系。

给付意思的判断还需要考虑给付的可归责性（可归属性），给付当事人通过履行辅助人、被指示人、代理人给付时，当履行辅助人、被指示人、代理人的给与行为可归属于给付当事人时，给付当事人与受领人之间存在给付关系。但是，当履行辅助人、被指示人、代理人或其他第三人的给与行为不可归属于给付当事人时，则给付当事人与受领人之间不存在给付关系。

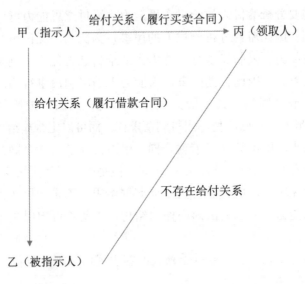

其三，需要考虑受领人是否是善意。如果受领人知悉给付人没有给付意思而受领，则受领人不受受领人客观视角之规范解释的保护（受领人和给付

人之间的合同关系不足考量），给付人和受领人之间不存在给付关系，受领人以非给付之方式获益，依法负担非给付不当得利返还之债务。

（2）不当得利请求权的检索其次应当检索非给付不当得利请求权。如果不存在给付关系，则需要进一步检索非给付不当得利请求权是否可以成立。

案例 2

土地所有人甲委托乙公司建造 2 间家庭房，价款 320 000 元。乙公司由其事务管理人丙建筑师作为代理人与甲订立合同。丙擅自将该房屋的主体建筑部分转委托给丁公司施工。丙以甲之代理人名义与丁磋商，达成在甲之土地上施工之合意并订立合同。丁以为丙获得了甲的授权。丁施工完成后，甲验收了该工程。丁向甲主张 60 000 元的劳务费和材料费。甲拒绝了该请求，因其系与乙订立合同。丁希望向乙主张权利。

问题：

1. 丁针对甲的请求权关系如何？
2. 丁针对乙的请求权关系如何？
3. 丁针对丙的请求权关系如何？

答题指引

一、丁对甲的请求权

（一）丁是否可以依据《民法典》第 770 条的规定请求甲支付 60 000 元的劳务费和材料费。虽然丙以甲之名义与丁订立合同，但丁和甲之间并不存在承揽合同关系。丙未获得甲之授权而与丁订立承揽合同，构成无权代理（《民法典》第 171 条第 1 款），而且甲未追认该无权代理行为（《民法典》第 171 条第 2 款）。甲未造成丙享有代理权之外观信赖，丙之无权代理行为不能归责于甲，同时丁也无法足以信赖丙有代理权，该无权代理行为不构成表见代理（《民法典》第 172 条）。

结论：丁不能依据《民法典》第 770 条的规定请求甲支付 60 000 元的劳务费和材料费。

（二）丁是否可以依据《民法典》第 121 条与第 979 条第 1 句的规定请求甲支付 60 000 元的劳务费和材料费，丁之行为不构成无因管理，因为丁误信自己与甲订立了承揽合同，系为自己利益而管理自己之事务。

结论：丁不能依据《民法典》第 121 条与第 979 条第 1 句的规定请求甲支付 60 000 元的劳务费和材料费。

观点争议

另一种观点认为，丁之行为可以构成无因管理。（1）丁管理了甲的事务。丁完成了甲之房屋的建造施工工程。（2）丁有为甲管理事务的意思。丁误以为自己和甲订立了承揽合同，主观上有为甲管理事务的意愿。（3）丁和甲之间并不存在合同关系，丁没有义务为甲建造房屋。（4）丁为甲建造房屋，符合甲可推知的意思，甲也验收了丁完成施工的工程。因此，丁的建造行为可构成对甲之事务的无因管理，丁可依据《民法典》第 121 条与第 979 条第 1 句的规定请求甲支付 60 000 元的劳务费和材料费。如果适用无因管理之规则，无因管理可以为丁的事务管理提供正当的法律根据，无因管理可以排除不当得利返还请求权。

（三）丁是否可以依据《民法典》第 122 条的规定请求甲支付 60 000 元的劳务费和材料费。

1. 丁是否可以基于给付不当得利主张权利？

丁误以为自己与甲订立了承揽合同，并向甲给付，从丁的主观角度来看，属于有目的、有意识地增加甲的财产。但是，依据民法理论，给付不当得利中的给付意思，可参照适用意思表示之规则，应当从受领人的客观视角进行解释（《民法典》第 142 条第 1 款）。因此，从受领人甲的客观视角来看，甲与乙订立了承揽合同，甲信赖该给付系乙作出，即丁作为乙之履行辅助人，其给付可归属于乙。因此，丁不能基于给付不当得利向甲主张权利。

2. 丁是否可以基于非给付不当得利主张权利？

甲可根据附合规则获得建筑材料之所有权。附合规则仅仅是技术上确定物权归属之安排，而不能排除《民法典》第 122 条之适用。但是，依据民法理论，给付不当得利优先于非给付不当得利，正当给付关系排除非给付不当得利之适用。甲获益基于甲和乙之间的给付关系，而甲信赖丁系乙之履行辅助人。因此，尽管丁丧失建筑材料之所有权，受有损失，但不能向甲主张权益侵害不当得利。甲之获益可参照善意取得制度受到保护（《民法典》第 311 条第 1 款）。因此，丁不能基于非给付不当得利向甲主张权利。

结论：丁不可以依据《民法典》第 122 条的规定请求甲支付 60 000 元的劳务费和材料费。

二、丁对乙的请求权

（一）丁是否可以依据《民法典》第770条的规定请求乙支付60 000元的劳务费和材料费。丙并未以乙之名义与丁订立承揽合同，丁和乙之间未形成意思表示之合意，不成立承揽合同关系。甲和乙成立承揽合同，甲信赖丁作为乙之履行辅助人来履行合同。因此，丁和乙之间不存在承揽合同关系。

结论：丁不能依据《民法典》第770条的规定请求乙支付60 000元的劳务费和材料费。

（二）丁是否可以依据《民法典》第121条的规定请求乙支付60 000元的劳务费和材料费。丁误信自己与甲订立承揽合同，系为自己利益而管理自己之事务，丁没有为乙管理事务的意愿，丁的施工行为对乙而言不构成无因管理。

结论：丁不能依据《民法典》第121条的规定向乙主张权利。

（三）丁是否可以依据《民法典》第122条的规定请求乙支付60 000元的劳务费和材料费。首先分析给付不当得利关系，丁与乙之间不存在给付关系。丁不是有意识、有目的地增加乙的财产，丁不能向乙主张给付不当得利返还。其次分析非给付不当得利关系。（1）乙获得债务免除的利益。经由丁对甲作出之给付，乙免除了其对甲负担之承揽合同中的给付义务（《民法典》第770条）。（2）乙的债务免除系通过丁向甲提供承揽成果而实现。丁系为自己利益而清偿了乙的债务。（3）乙获得该利益没有正当的法律根据。乙和丁之间不存在承揽合同或委托合同。

结论：丁可依据《民法典》第122条的规定请求乙支付60 000元的劳务费和材料费。

三、丁对丙的请求权

（一）丁是否可以依据《民法典》第171条第3款的规定请求丙支付60 000元的劳务费和材料费。丙系乙之事务执行人，却以甲之名义与丁订立承揽合同，构成无权代理。无权代理未被被代理人追认，虽然其民事法律行为之效果不能归属给被代理人，但是可以产生法定之法律效果，即相对人可向恶意之无权代理人主张履行利益或信赖利益的损害赔偿。依据无权代理之规则（《民法典》第171条第3款），丁可向丙主张该合同之履行利益或信赖代理权之信赖利益的损害赔偿。

结论：丁可以依据《民法典》第171条第3款的规定请求丙支付60 000

元的劳务费和材料费。

观点争议

一种观点认为，丁可以依据《民法典》第122条请求丙返还不当得利。虽然丁丙之间不存在给付关系，但是丙确实获得了利益，而且该利益获得源于丁的给付。丙和乙之间订立了委托合同，丙基于其该委托合同的获益源自丁的给付，丙获益缺乏正当的法律根据，丁可向丙主张不当得利返还。笔者认为，不当得利的判断首先应当基于当事人之间的给付关系，如果不存在给付关系，则从非给付关系角度分析，需要考虑受益人获益的正当性基础，即使受益人与相对人订立了合同，合同关系之存在也未必能为受益人获益提供正当性基础。在某种意义上，不当得利的判断具有一定的开放性，并非在逻辑上完全封闭。

◆ **理论评析**

1. 正当的给付关系排除非给付不当得利

如果受益人获益存在正当的给付关系基础，则受益人获益存在正当的法律根据，非给付不当得利可以被排除，不当得利请求权不能成立。反之，在给付关系无法为受益人获益提供正当的法律根据时，非给付不当得利请求权可以适用，不当得利请求权可以成立。在该案中，甲的获益基于甲和乙的承揽合同，甲和乙的给付关系为甲的获益提供了正当的法律根据。乙之事务管理人丙的擅自以甲的名义从事无权代理行为，委托丁从事施工行为，该施工行为可归属给乙，甲的获益经由乙的给付获得。由于甲的获益存在正当的给付关系基础，丁不能向甲主张非给付不当得利返还请求权。但是如果给付关系无法为受益人提供正当性基础，则不能排除非给付不当得利返还请求权。例如甲盗窃乙的瓷砖后，为丙装修房屋，甲丙之间订立有承揽合同。虽然甲丙之间有承揽合同，存在给付关系，但是该给付关系无法使丙获得瓷砖的所有权，因为盗赃物无法适用善意取得。丙获得瓷砖所有权的依据是添附制度。而添附制度仅仅是技术上确定物权归属的规则，不能为获得所有权之正当性提供法律基础。因此，乙可向丙主张非给付不当得利返还请求权（权益侵害型不当得利）。总而言之，需要具体分析给付关系是否可以为受益人获益提供正当性的法律根据。

2. 求偿不当得利

求偿不当得利属于非给付不当得利，是指受益人因受害人替自己清偿债务而获益。[1] 求偿不当得利一定存在三角关系，即受益人、受害人、受益人的债权人，受害人为自己的利益替受益人向受益人的债权人清偿债务，受益人获得免除债务的利益，受害人向受益人求偿。在该案中，丁误以为自己和甲存在承揽合同关系，履行了承揽合同义务，由于丁和甲之间不存在给付关系，只能考虑非给付不当得利关系。丁的清偿行为导致乙的合同债务消灭（乙和甲订立的承揽合同），丁可以向乙主张求偿不当得利。求偿不当得利涉及复杂的第三人清偿问题，如果第三人有为受益人清偿债务的意思，该清偿行为可以构成无因管理，不能适用不当得利规则。如果第三人有目的、有意识地清偿他人债务，第三人和受领人之间存在给付关系，则第三人可以向受领人主张给付不当得利返还请求权。如果第三人对履行该债务具有合法利益，还可以适用法定债权让与规则（《民法典》第 524 条第 2 款）。

案例 ③ [2]

甲向乙借款 10 万元，同时乙还聘用甲的好朋友丁到其开设的网吧工作。因资金周转困难，乙将该 10 万元债权出卖给丙，价款 8 万元。乙丙达成合意后，丙即向乙支付 8 万元价款。乙立即嘱咐其雇佣的丁将该债权让与事宜告知甲。但是，丁因疏忽竟向甲告知："乙将该债权让与给戊公司。" 甲信赖丁之通知，向戊公司清偿了 10 万元，不知情的戊公司职员庚受领该清偿。

问题：

1. 如丙请求甲返还 10 万元借款，甲是否有正当理由拒绝？

2. 丙可向谁基于何种法律依据请求给付 10 万元？

3. 如辛承担甲的债务，且甲对丙享有 10 万元债权，甲不再负担债务，经债权人丙同意，辛是否可以以甲对债权人丙的 10 万元债权，抵销自己对丙负担该 10 万元债务？

4. 如辛承担甲的债务，甲不再负担债务，未经债权人丙同意，如何处理？

---

[1]　参见王泽鉴：《债法原理》，北京大学出版社 2013 年版，第 157 页。

[2]　参见张璐：《债法题型破解》，新学林出版股份有限公司 2015 年版，第 3-5 页。

答题指引

问题1：

一、甲可拒绝丙公司之请求。说明如下：

（一）依据《民法典》第546条之规定，债权让与自让与人与受让人达成债权让与合意时生效，让与通知对于债务人具有对抗效力。让与人之债权让与通知创造出权利外观，使得债务人对之存有高度信赖，债务人的信赖应当予以保护。

（二）按照民法理论，债务人就其履行辅助人关于债之履行有故意或过失者，与自己之故意或过失负同一责任。其法理基础在于，债务人利用履行辅助人扩张其活动范围，享有利益，债务人自应承担履行辅助人之风险，履行辅助人之故意或过失可归属于债务人。因此乙应承担丁过失通知之责任。此外，债权让与通知系事实通知，可准用意思表示之规定，丁之错误通知之法律效果可归属于乙。如果乙参照《民法典》第147条的规定撤销其错误通知，由于甲已经对戊公司作出清偿，甲的信赖利益应当受到保护，甲可主张其对戊的清偿继续有效。如果适用传达规则，丁过失传达之责任可归属于乙，该传达错误的责任应由乙承担。如果乙参照《民法典》第147条的规定撤销该错误传达，依然需要保护甲的信赖利益，甲可主张其对戊公司的清偿继续有效。

（三）因丁之错误通知而创造权利外观，甲误认债权受让人系戊公司而向戊公司清偿，该清偿有效，甲之债务消灭。甲可依据《民法典》第548条的规定对抗丙，甲自受债权让与通知时，得对抗让与人之事由，均得以之对抗受让人。因此，甲受丙之请求时，可对丙主张已经清偿之效力。

问题2：

一、丙可依据《民法典》第577条请求乙赔偿损失，丙可依据《民法典》第122条向戊公司主张不当得利返还，乙和戊公司构成不真正连带债务人。说明如下：

（一）丙可依据《民法典》第577条的规定请求乙赔偿损失。乙出售债权给丙，但因其履行辅助人丁之过失，使得丙无法向甲请求清偿，丙可依据《民法典》第577条之规定请求乙承担违约责任。

（二）丙可依据《民法典》第122条的规定向戊公司主张不当得利返还。

戊公司无正当法律原因（受领资格）而受领甲之清偿，获得清偿之利益，同时导致丙对甲之债权消灭，侵害归属于丙之债权，构成权益侵害之非给付不当得利，依据《民法典》第 122 条之规定，丙可向戊公司主张不当利益返还。此外，戊公司职员庚善意受领甲之清偿，不存在过错，丙不得依据《民法典》第 1165 条第 1 款的规定请求戊公司承担侵权损害赔偿责任。

二、按照民法理论，如果甲行使选择权，不承认其向戊公司清偿之效力，甲可依据《民法典》第 122 条的规定向戊公司主张给付不当得利返还，同时甲继续向丙清偿债务。说明如下：

（一）善意债务人甲的选择权。甲向戊公司清偿，戊公司受领甲的清偿，该受领行为可类推处分行为。由于戊公司没有受领资格，戊公司的无权受领行为可类推无权处分。为保护善意的债务人甲的信赖利益，甲可主张戊公司的受领行为有效。民法理论认为，善意债务人享有选择权，即其可以选择不向表见债权准占有人清偿，而继续向真正债权人清偿。[1]如果甲不承认其向戊公司清偿，则甲向戊公司误偿债务，甲系有目的、有意识地增加戊之财产，而戊公司之受领无法律上正当原因，构成给付不当得利，依据《民法典》第 122 条之规定，甲可请求戊公司返还不当得利。因甲不承认其对戊公司清偿之效力，甲对丙之债务并未消灭，丙可请求甲偿债。

（二）真正债权人丙的追认权。但是，在甲不承认该清偿之效力时，如果甲陷于不能偿债之处境，为保护债权人之利益，债权人丙有追认权，即丙可追认戊公司的受领行为有效，而向戊公司主张权益侵害不当得利（《民法典》第 122 条）。

（三）真正债权人丙追认后，善意债务人甲基于给付意思错误的撤销权。在丙追认使得戊公司的受领行为有效时，甲可基于给付意思之错误，撤销其给付意思，则甲的清偿行为不构成给付，戊公司的受领行为无效，戊公司的受领无正当的法律根据，甲可向戊公司主张非给付不当得利返还。[2]

问题 3：

辛不可以以甲对债权人丙的 10 万元债权，抵销自己对丙负担该 10 万元

---

〔1〕 当给付利益对善意债务人而言具有特殊意义，同时善意债务人与受让人之间存在抵销可能时，善意债务人主张选择权，不享有信赖保护规则，可请求受让人返还给付利益。See Manfred Wandt, Gestezliche Schuldverhältnisse, Verlag Franz Vahlen, 2019, S. 187.

〔2〕 See Manfred Wandt, *Gestezliche Schuldverhältnisse*, Verlag Franz Vahlen, 2019, S. 187, 188.

债务。依据《民法典》第 553 条第 2 分句的规定，在债务承担中，原债务人对债权人享有债权的，新债务人不得向债权人主张抵销。如果允许承担人以原债务人对债权人的债权抵销，则相当于以他人财产清偿自己债务。

问题 4：

该债务承担行为无效。债务承担行为系债务的处分行为，处分权归属债权人。未经债权人同意，该债务承担行为无效，但是该无效的债务承担行为可转换为履行承担，即辛对甲负担甲向债权人丙清偿的债务。

◆ **理论评析**

1. 债权让与和债务移转（免责的债务承担）

（1）债权让与是针对特定债权的处分行为，债权让与的实质是改变债权的归属，而债权内容并不发生变化。债权处分的处分权在债权人。因此在债权人与受让人达成转让合意时，债权即可让与，债权让与通知作为对抗债务人之要件。为保护债务人的信赖利益，未通知债务人或错误通知债务人，善意债务人都受到信赖保护。[1]善意债务人由于未收到通知向原债权人清偿或收到错误通知向该错误通知上的名义债权人清偿的，善意债务人可主张该清偿有效。当然善意债务人享有选择权，而真正债权人享有追认权；如果真正债权人追认，善意债务人还保留基于错误通知产生的撤销权。

（2）债务移转（免责的债务承担）是针对特定债务的处分行为。债务移转的实质是改变债务的归属，而债务内容并不发生变化。债务处分的处分权在债权人。因此债务人与承担人达成债务移转合意，属于无权处分，债务无法发生移转，须经债权人同意，债务才能发生移转。债务承担包括免责的债务承担和并存的债务承担，并存的债务承担也被称为债务加入。债务加入是负担行为，是指新的债务人加入债务关系，成为新的债务人。由于并存的债务承担不是处分行为，不需要处分权限，因此一般不需要债权人同意即可生效。

2. 债权让与无效和债务移转（免责的债务承担）无效后的转换

（1）债权让与无效后的转换。转换是指通过有效的替代行为实现无效民

---

[1] 参见史尚宽：《债法总论》，中国政法大学出版社 2000 年版，第 728 页。

事法律行为追求的合法之经济效果。[1]转换在司法实践中广泛的运用，具有重大的现实意义。债权让与的处分行为由于各种原因无效后，可以依法转换为债权收取。虽然债权让与无效，受让人无法获得债权，但是受让人可以成为债权的收取人。受让人可以以自己名义向债务人收取债权。如果转换违背债权让与人与债权受让人的假定意思，则不能转换。

（2）债务移转无效后的转换。债务移转的处分行为由于各种原因无效后，可以依法转换为履行承担。虽然债务移转无效，受让人无法获得债务，但是受让人可以成为债务的履行承担人，受让人对让与人负担让与人向债权人履行债务的义务。如果转换违背债务移转人和债务受让人的假定意思，则不能转换。

案例 ④

甲公司和乙公司在某办公楼 13 层相邻办公。甲公司的客户丙公司向甲公司购买钢材，清偿 100 万元钢材价款，但是由于丙公司工作人员疏忽，将该款项汇入乙公司地址和账户。后丙公司申请破产被法院受理，破产管理人丁请求乙公司返还丙公司错误清偿的价款。

问题：

1. 丙公司对乙公司有何请求权？

2. 甲公司对谁有何请求权？

答题指引

问题 1：

一、丙公司是否可以依据《民法典》第 122 条的规定请求乙公司返还不当得利。

（一）乙公司获得利益。丙公司错误向乙公司账户汇入 100 万元，乙公司获得 100 万元的利益。转账行为系事实行为，丙公司与其开户行之间、乙公司与其开户行之间、丙公司开户行与乙公司的开户行之间发生债权债务关系之变化。[2]乙公司获得该 100 万元的债权利益。

（二）乙公司获得的利益经由非给付的方式获得（费用补偿型不当得

---

〔1〕　参见［德］卡尔·拉伦茨：《德国民法通论》，王晓晔等译，法律出版社 2013 年版，第 646 页。

〔2〕　See Peter W. Heermann, Geld und Geldgeschäfte, Mohr Siebeck, 2003, S. 225, 230.

利）。丙公司与乙公司之间不存在给付关系，丙公司与甲公司之间存在钢材买卖合同关系，丙公司的清偿意思是对甲公司清偿债务。从受领人的客观视角来看，由于丙公司与乙公司之间不存在债务关系，丙公司对乙公司的清偿缺乏清偿意思。因此，丙公司系以自己的财产无目的、无意识地增加乙公司的财产，乙公司的该获益属于非给付方式之获益，理论上被称为费用补偿型不当得利。

（三）乙公司获益没有正当法律根据。由于丙公司和乙公司之间并不存在合同关系，乙公司获得该利益没有正当法律根据。

结论：丙公司可以依据《民法典》第 122 条的规定请求乙公司返还不当得利。

问题 2：

一、甲公司是否可依据《民法典》第 626 条第 1 句之规定请丙公司支付钢材价款。

（一）甲公司与丙公司订立了有效的钢材买卖合同。甲公司与丙公司订立了钢材买卖合同，约定价款 100 万元。该合同合法有效，产生了丙公司支付价款的债务，丙公司应当按照约定向甲公司支付价款。

（二）丙公司未向甲公司支付价款。丙公司错误地向乙支付价款，未向甲公司清偿债务，应继续向甲公司履行合同、支付价款。同时依据《民法典》第 577 条的规定，丙公司还应当向甲公司承担迟延支付价款的违约责任。

结论：甲公司可依据《民法典》第 626 条第 1 句之规定请丙公司支付钢材价款。

二、甲公司是否可依据《民法典》第 122 条的规定请求乙公司返还不当得利。

（一）乙公司获得利益。丙公司错误向乙公司清偿债务，该清偿行为，从乙公司受领的视角来分析，可解释为包含乙公司的受领行为。受领行为可参照处分行为的规则，即乙公司受领该清偿会导致丙公司的债务（甲公司的债权）消灭。显然乙公司的受领属于无权受领，无权受领可参照无权处分的规则。由于丙公司进入破产程序，如甲公司选择向丙公司继续主张支付价款，其债权难以全额实现。此时，可以将乙公司的无权受领参照无权处分，甲公司可追认乙公司的无权受领行为，使得该受领行为确定有效，导致丙公司的债务消灭，乙公司确定获得该清偿之利益。

（二）乙公司获益属于侵害甲公司债权之获益。乙公司获得的清偿利益属于侵害甲公司债权的获益，丙公司的债务即甲公司的债权消灭，乙公司侵害了属于甲公司的债权而获益，其获益属于权益侵害型不当得利。

（三）乙公司获益没有正当法律根据。显然，乙公司获益没有任何正当的法律依据。

结论：甲公司可依据《民法典》第122条请求乙公司返还不当得利。

◆ 理论评析

丙的请求权与甲公司的追认权的冲突

当丙公司破产程序的破产管理人丁向乙公司主张不当得利返还请求权和甲公司的追认权发生冲突时，可以从清偿行为的基本原理出发展开分析。如果将清偿行为解释为包含乙公司的受领行为，则该清偿行为本质上属于无权受领，可类推无权处分，债权人甲公司享有的追认权是优先的。甲公司一旦追认乙公司的受领行为，则该受领行为有效，丙的债务消灭。丙公司无法再向乙公司主张不当得利返还请求权。如果甲公司追认乙公司的受领行为，甲可向乙主张权益侵害之不当得利返还，同时会减少丙公司破产程序中破产财产的数量，进而损害丙公司的其他债权人的利益。因此，追认理论也遭到了一些学者的批评。[1] 从另一个角度来看，德国学者卡纳里斯认为，如果将清偿行为解释为包含债务人清偿意思，则该清偿意思可参照意思表示的规则，丙公司可参照意思表示错误规则撤销该经追认而有效的受领行为（清偿行为），[2] 进而向乙公司主张不当得利返还（《民法典》第122条）。

案例 ⑤

甲将自己的家具（市价2000元）以1500元的价格出售给乙，双方订立买卖合同。在交付之前，乙又将该家具以2200元出售给丙，乙丙订立买卖合同。乙指令甲向丙直接交付了家具。后查明，甲乙的买卖合同无效。

---

[1] 参见王泽鉴：《债法原理2：不当得利》，中国政法大学出版社2002年版，第109页。

[2] See Manfred Wandt, Gestezliche Schuldverhältnisse, Verlag Franz Vahlen, 2019, S. 187. 对此我国对于清偿行为采取准法律行为说，参见崔建远等：《债法》，清华大学出版社2010年版，第154页。

问题：

1. 甲对乙或丙如何主张请求权？

2. 如乙将家具赠与丙，甲对乙或丙如何主张请求权？

答题指引

问题1：

一、甲对丙的请求权

（一）甲是否可以依据《民法典》第 122 条的规定请求丙返还不当得利。（1）丙获得了家具的所有权。（2）丙经由乙的给付获得家具的所有权。乙丙订立买卖合同，双方针对家具达成物权合意，乙指令甲直接向丙交付，通过指令交付形式完成公示，丙获得家具所有权。民法理论认为，在指令交付的瞬间时点，家具的所有权从甲移转到乙，然后从乙移转到丙，所有权发生了两次变动。丙获得家具的所有权有正当的法律根据，不属于不当得利。

结论： 甲不能依据《民法典》第 122 条请求丙返还不当得利。

二、甲对乙的请求权

（一）甲是否可以依据《民法典》第 122 条的规定请求乙返还不当得利。

（1）乙获得了家具的所有权。同时乙通过指令交付方式将该家具转卖获得了转售的收益。（2）乙的获益经由甲给付获得。甲有目的、有意识地增加了乙的财产。（3）乙的获益没有正当法律根据。甲乙买卖合同无效，乙获得家具的所有权缺乏正当法律原因，其应当负担返还不当得利之债务。（4）争议的问题是，乙返还的利益是家具的市场价格 2000 元，还是转售的价款 2200 元？不当得利债务人应当返还超过获益客观价值的超额获益，让债务人保有该超额获益缺乏正当性基础，债务人转售获得的超额利益就是债务人的不当得利。不当得利债务人获得的超额利益应否返还，判断标准是债务人是否基于处分自己的财产而获益。如果债务人系处分属于自己之财产而获益，则不需要返还超额利益，仅需要返还处分财产的客观价值，如果债务人处分不属于自己之财产而获益，则该获益，包括超额利益都需要返还。由于甲和乙之间的买卖合同无效，如果认为买卖合同无效不影响家具所有权的移转，则乙属于处分自己财产而获益，其只需要返还家具的客观价值，无需返还超额利益。如果认为买卖合同无效导致家具所有权移转也无效，则乙属于处分他人财产而获益，需要返还出售家具获得的利益，包括超额利益。甲乙买卖合同无效，如果将其解释为甲乙之间的处分行为也无效，即家具所有权不发生移转，则乙将家具转售给丙的处分行为为无权处分，丙可依据《民法典》第311条第1款的规定获得家具的所有权（善意取得），此时甲可依据《民法典》第311条第2款的规定向乙请求损害赔偿。乙系无权处分甲的家具而获益，该获益属于通过侵害甲的财产权益获得的不当得利，其获得的2200元价款缺乏正当的法律根据，甲可依据《民法典》第122条请求乙返还2200元，同时乙可请求甲返还1500元价款（《民法典》第122条），因此甲可请求乙返还700元价款。

结论：甲可以依据《民法典》第311条第2款请求乙损害赔偿，甲可依据《民法典》第122条请求乙返还700元。[1]

观点争议

不当得利债务人转售获得利益仅限于客观的市场价值，超额获益并不是来自获益本身，而是在很大程度上基于债务人的特殊能力。债务人基于自身特殊能力获得的超额利益不应当返还，债务人可以保有。同时如果采取德国物权行为无因性理论，买卖合同无效，不影响处分行为的效力，乙系处分自己的财产而获益，不需要返还其获得的超额利益，仅需要返还处分财产的客观价值。因此甲可请求乙返还家具的市场价额2000元，乙可请求甲返还价款1500元（《民法典》第122条），根据双务合同无效后不当得利返还中的主流学说差额说，两个不当得利请求权可径直计算其差额，可以只产生一个差额返还的请求权。据此，甲可请求乙返还500元。

结论：甲可依据《民法典》第122条请求乙返还500元不当得利。

问题2：

一、甲对乙的请求权

（一）甲是否可以依据《民法典》第122条请求乙返还不当得利。

乙获得了家具的所有权，但缺乏正当的法律根据，甲可请求乙返还2000元的价款。但是由于乙将该家具赠与了丙，乙获益已经不存在了。（1）如果乙系恶意，其对合同无效存在恶意，其知道取得利益没有正当法律依据，则乙依然负担不当得利返还之债务。（2）如果乙系善意，其不知道自己的获益没有

─────────

〔1〕 See Olaf Werner, Ingo Saenger, Fälle für Fortgeschrittene im Bürgerlichen Recht, Verlag Franz Vahlen München, 2015, S. 147.

正当法律根据，则依据《民法典》第 986 条的规定，由于乙的获益不存在了，乙不承担不当得利返还义务。

结论：在乙善意时，甲不能依据《民法典》第 122 条请求乙返还不当得利。

二、甲对丙的请求权

甲是否可以依据《民法典》第 235 条的规定请求丙返还家具。前提是甲是家具的所有人，丙的占有系无权占有。

该家具最初所有人是甲。如果将甲乙的买卖合同无效解释为甲乙之间的处分行为也无效，则乙向丙转赠家具的处分行为系无权处分，由于丙未支付合理对价，不能依据《民法典》第 311 条第 1 款善意取得该家具的所有权，该家具所有权未发生移转，家具所有人依然是甲。丙基于和乙的买卖合同获得占有，由于买卖合同具有相对性，无法对抗家具所有人甲，对甲而言，丙的占有构成无权占有，甲可基于所有权请求丙返还家具。

结论：甲可以依据《民法典》第 235 条的规定基于所有权请求丙返还家具。

观点争议

甲是否可以依据《民法典》第 988 条请求丙承担返还义务。

如果采取物权行为无因性理论，甲乙买卖合同无效，但针对家具所有权的处分行为依然有效，则乙将家具转赠给丙，丙获得了家具的所有权。乙将其获得的不正当利益无偿赠与丙，乙丙之间的处分行为也有效，丙无偿获得了该不正当利益。得利人乙已经将取得的利益无偿转让给第三人丙，受损失的人可以请求第三人丙在无偿受益的范围内承担返还义务。因此，受害人甲可请求丙返还家具的所有权。结论：甲可以依据《民法典》第 988 条请求丙返还家具的所有权。

◆ **理论评析**

1. 不当得利返还和物权行为无因性

是否采用物权行为无因性对于不当得利返还的适用具有重要意义，[1]对于是否可以适用不当得利，对于不当得利返还的对象和范围都直接产生影响。

---

〔1〕 参见王泽鉴：《不当得利》，北京大学出版社 2015 年版，第 27 页。

如果采取物权行为无因性理论，则买卖合同无效不影响物权变动，受害人可请求受益人返还物的所有权之不当得利。如果不采取物权行为无因性理论，则买卖合同无效导致物权变动也无效，受害人可请求受益人返还占有之不当得利或者可直接依据《民法典》第235条主张原物返还。对于超额利益返还而言，如果采取物权行为无因性理论，买卖合同无效不影响物权变动，受益人可以获得物之所有，则受益人处分属于自己的财产获得的超额利益可以保有，无需返还超额利益。如不采取物权行为无因性理论，买卖合同无效导致物权变动也无效，受益人不能获得物之所有权，则受益人处分不属于自己的财产获得的超额利益不能保有，受益人需要返还超额利益。在某种意义上，不当得利制度与物权行为无因性理论息息相关，不当得利在很大程度上是为了弥补物权行为无因性理论的缺陷而不断演进发展。

2. 受益人的超额获益返还问题

受益人处分了获得的利益而获得的超额利益是否需要返还一直饱受争议。如上文所述，核心的判断标准是受益人是否是处分属于自己的财产而获得超额利益，如果是，则不需要返还超额利益，如果否，则需要返还超额利益。笔者主张，超额利益返还还需要考虑受益人与受害人之间的特殊法律关系，对于某些特殊法律关系而言，如果受益人对受害人负担了特殊的受信义务，受益人不能获得任何利益，包括超额利益。公司法上董事对公司负担了受信义务，董事擅自挪用公司资金炒股，获得了超额利益，则董事需要向公司返还该超额利益，公司享有对该差额利益的归入权。不当得利规则是一般规则，首先需要考虑受益人与受害人之间的特殊法律关系，并按照该特殊法律关系的规则处理不当得利返还。如果不存在特殊法律关系，则可以适用不当得利返还的一般规则。

案例 6

甲将一批瓷砖出售给乙，价款 2000 元。甲和乙约定，在乙付清价款之前，甲保留该瓷砖所有权。乙和丙订立房屋装修合同，乙将瓷砖用于丙房屋的装修。装修完工后，丙向乙支付了装修款，但是乙依然未向甲支付价款。

问题：

1. 甲是否可请求丙返还 2000 元价款？

2. 如乙从甲处将该瓷砖盗窃后出售给丙，甲是否可请求丙返还 2000 元价款?

答题指引

问题 1:

一、甲是否可以依据《民法典》第 626 条第 1 句的规定请求丙返还 2000 元价款。

(一) 甲和乙订立瓷砖买卖合同,基于合同相对性,甲可请求乙支付 2000 元价款,而无法向丙主张该买卖合同上的价款请求权。甲和丙未订立合同,未产生买卖合同关系,甲无法基于合同向丙主张支付价款。

结论:甲不可以依据《民法典》第 626 条第 1 句的规定请求丙返还 2000 元价款。

二、甲是否可以依据《民法典》第 121 条、第 979 条第 1 款的规定请求丙返还 2000 元价款。

甲基于与乙订立的买卖合同,向乙提供瓷砖,并未管理丙的事务,也无为丙管理事务之意思,甲提供瓷砖的行为不构成无因管理,甲和丙之间不存在无因管理之法定债务关系。

结论:甲不可以依据《民法典》第 121 条、第 979 条第 1 款的规定请求丙返还 2000 元价款。

三、甲是否可以依据《民法典》第 322 条第 2 句的规定请求丙返还 2000 元价款。

(一) 该瓷砖的最初所有权属于甲。

(二) 乙没有获得瓷砖的所有权。甲以所有权保留方式将瓷砖出售给乙,该所有权依然属于甲。

(三) 基于乙丙之间的房屋装修合同,乙为丙提供瓷砖,并提供贴砖服务,该合同当中包括瓷砖买卖关系和瓷砖粘贴服务关系。从瓷砖买卖关系来看,乙擅自将甲保留所有权的瓷砖出售给丙的行为,属于无权处分行为,但是丙系善意,而且支付了合理对价,可以善意取得该地砖的所有权(《民法典》第 311 条第 1 款)。由于丙可善意取得该瓷砖之所有权,甲无法依据《民法典》第 235 条请求丙返还原物。从保护善意第三人的视角来分析,应当首先考虑当事人之间的合同关系,丙获得瓷砖的所有权的原因是善意取得(《民法典》第 311 条第 1 款),并非基于添附取得。

结论：甲不可以依据《民法典》第 322 条第 2 句的规定请求丙返还 2000 元价款。

四、甲是否可以依据《民法典》第 122 条的规定请求丙返还 2000 元价款。

（一）丙获得该瓷砖的所有权。

（二）丙的获益经由乙的给付获得。乙丙之间订立了房屋装修合同，乙向丙提供瓷砖，并提供瓷砖粘贴服务。丙系善意，并且支付合理对价，可以善意取得该瓷砖的所有权（《民法典》第 311 条第 1 款），据此，丙的瓷砖所有权并非基于添附获得，而是基于乙的给付获得。乙丙之间的给付关系可以为丙获得瓷砖所有权提供正当的法律根据。在不当得利判断中，当事人之间的给付关系应当优先考虑，非给付不当得利具有补充和辅助地位。因此，丙获得瓷砖所有权有正当的法律根据，不构成不当得利。由于给付关系为丙的获益提供了正当的法律根据，可排除非给付不当得利请求权的适用。

结论：甲不可以依据《民法典》第 122 条的规定请求丙返还 2000 元价款。

问题 2：

一、甲是否可以依据《民法典》第 322 条的规定请求丙返还 2000 元价款。

（一）该瓷砖的最初所有权属于甲。

（二）乙没有获得瓷砖的所有权。甲以所有权保留方式将瓷砖出售给乙，该所有权依然归属于甲。

（三）乙丙订立房屋装修合同，乙向丙提供瓷砖，并提供瓷砖粘贴服务。由于该瓷砖系盗赃物，无法适用善意取得，丙无法经由乙的给付关系获得该瓷砖的所有权。由于给付关系无法为丙获得瓷砖所有权提供正当的法律根据，此时需要从非给付角度分析丙获益的理由和依据。丙获得瓷砖的所有权可以依据《民法典》第 322 条第 1 句后段的规定取得，即丙通过添附制度获得瓷砖的所有权，甲的瓷砖附合在丙的墙壁上，无法分离或分离后会导致瓷砖毁损，按照充分发挥物的效用的原则，丙基于添附制度获得瓷砖的所有权。依据《民法典》第 322 条第 2 句因添附制度确定物的归属造成甲财产损失的，甲可请求丙赔偿损失。

结论：甲可以依据《民法典》第 322 条第 2 句的规定请求丙返还 2000 元

价款。

二、甲是否可以依据《民法典》第 122 条的规定请求丙返还 2000 元价款。

（一）丙获得该瓷砖的所有权。

（二）丙获得该瓷砖的所有权是通过侵害甲的所有权而取得。由于该瓷砖系盗赃物，无法适用善意取得（《民法典》第 311 条第 1 款），乙和丙之间的给付关系无法让丙获得瓷砖的所有权。乙丙之间的给付关系无法为丙获得瓷砖的所有权提供正当的法律根据，而只能从非给付关系寻找理由和依据。丙获得瓷砖所有权的根据是添附制度，即丙可依据《民法典》第 322 条第 1 句后段的规定取得瓷砖的所有权，但是该所有权取得侵害了甲的所有权，该获益属于权益侵害型不当得利。

（三）丙获得的瓷砖所有权仅仅是为发挥物之效用而在技术上的制度安排，并非实质上给予终局之利益，[1] 添附制度无法为受益人获益提供正当的法律根据，受害人甲可主张不当得利之返还。

结论：甲可以依据《民法典》第 122 条的规定请求丙返还 2000 元价款。

◆ **理论评析**

1. 给付关系和获益的正当法律根据

当事人存在给付关系，未必能为受益人的获益提供正当的法律根据，需要具体分析给付关系是否能够为获益提供正当的法律根据，还需要考虑交易安全和善意受益人信赖利益的保护，判断善意取得制度是否可以参照适用。如果给付关系可以为受益人的获益提供正当的法律根据，如善意取得制度可以适用，则可以排除非给付不当得利请求权的适用。反之，如果给付关系不能为受益人提供正当的法律根据，则需要考虑非给付不当得利请求权的适用。不当得利请求权检索的第一步是分析给付关系，然后分析给付关系是否可以为获益提供正当的法律根据，如果不能提供，则需要分析非给付不当得利请求权。

2. 添附制度和不当得利

添附制度是法定的物权归属制度，由于动产和动产、动产和不动产、动

---

〔1〕 参见谢在全：《民法物权论》，中国政法大学出版社 1999 年版，第 271 页。

产和劳力的结合，为了便利发挥物的效用和价值而发生之法定物权变动。[1]添附制度仅仅是技术上便利物的效用的规则，并不能为物权的获得提供正当的法律根据，因添附而丧失物权的受害人可向获得物权的受益人主张不当得利返还。添附制度是物权法的制度，在债法上，受害人可以基于侵权、不当得利，甚至可以准用无因管理主张权利。

案例 7

甲为自己的房屋向乙保险公司投了火灾险。发生保险事故后，甲将自己对乙保险公司的 10 万元保金请求权转让给丙，以此来清偿甲对丙的 10 万元合同价款债务（甲向丙购买了一套家具，价款 10 万元）。乙向丙支付了 10 万元保金。后查明，该保险事故系甲故意制造。

问题：乙请求丙返还 10 万元保金，是否合法？

答题指引

乙是否可以依据《民法典》第 122 条请求丙返还 10 万元保金。

（一）丙获得 10 万元保金利益。

（二）丙获得该利益是否经由乙的给付获得？

观点争议

1. 观点之一：丙的获益经由乙的给付获得。

乙和丙之间存在给付关系。甲将其对乙的债权让与丙，丙取代甲成为该债权之当事人，丙可请求乙清偿债务，乙向丙清偿债务，系有目的、有意识地增加丙的财产，乙向丙清偿债务之目的是明确的，甲和乙之间保险合同关系对乙向丙偿债之目的没有影响。由于甲故意制造保险事故，该保险债权并不存在，丙的获益不存在正当的法律根据。乙可依据《民法典》第 122 条请求丙返还 10 万元保金的不当得利。

2. 观点之二：丙的获益并非基于乙给付获得。

不当得利给付关系的分析首先应当基于当事人之间基本的合同关系，即甲和乙之间存在保险合同关系、甲和丙之间存在买卖合同关系。甲将其对乙的债权让与丙，并未改变该当事人之间的合同关系，而且甲对丙的债权让与

---

〔1〕 参见孙宪忠：《中国物权法总论》，法律出版社 2014 年版，第 342-343 页。

也不能损害债务人乙的利益。乙向丙支付保金，实质是乙向甲清偿保险合同债务，甲向丙清偿买卖合同债务。甲乙丙三者的给付关系是：甲和丙之间存在给付关系，甲向丙给付；甲和乙之间存在给付关系，乙向甲给付。乙仅仅是甲的履行辅助人，乙完全是基于甲乙之合同关系在甲的安排下向丙支付10万元保金，乙向丙支付10万元保金的清偿可归属给甲，实质上是甲向丙清偿合同债务。乙向丙支付10万元保金，是清偿乙对甲的合同债务。因此，乙和丙之间不存在给付关系，丙的获益并非经由乙给付获得，乙不能依据《民法典》第122条请求丙返还10万元保金的不当得利。

3. 观点之三：丙的获益存在双重给付的空间。

首先，基于保险合同关系，个别债权让与并未改变当事人之间的合同关系，未改变当事人的合同当事人地位。基于基本的合同关系，给付关系是：甲向丙给付，乙向甲给付。丙的获益来自甲清偿甲和丙之间的合同债务，乙向丙支付保金是在清偿甲和乙之间的合同债务。因此，甲和丙之间存在给付关系，丙的获益源于甲的给付。其次，基于债权让与关系，甲将其对乙的债权让与丙，乙和丙成为该保金债权的当事人，丙的获益来自乙清偿该债权之给付。乙和丙之间存在给付关系，丙的获益基于乙的给付。由于甲故意制造保险事故，该保险债权并不存在，丙的获益没有正当的法律根据，乙可依据《民法典》第122条的规定请求丙返还不当得利。

笔者认为，第三种观点更具有说服力，能更好地协调当事人关系，更好地保护受害人利益。基于当事人之间的合同关系，个别债权让与并不改变当事人的合同当事人关系和给付关系，给付关系依然存在于保险合同当事人甲乙之间和买卖合同当事人甲丙之间。同时从债权让与关系来看，由于丙受让了甲的债权，丙成为了该个别债权的债权人，就该个别债权而言，丙和债务人乙之间存在给付关系。此时丙的获益存在双重给付关系。由于个别债权并不存在，丙和乙之间存在给付关系，乙可向丙主张给付不当得利之返还。

结论：乙可以依据《民法典》第122条请求丙返还10万元保金。

◆ 理论评析

1. 个别债权让与中的双重给付关系。债权让与一般是针对特定个别债权的处分，即改变特定债权的归属，而一般不会改变合同关系的当事人，也不会改变合同关系当事人之间的给付关系。但是债权让与有其特殊性，其与指示给付不同，由于债权让与改变了债权之归属，受让人成为该个别债权的新债权人，从债之清偿来看，债务人与受让人之间存在给付关系。据此，受让人的获益源于双重给付关系，其一是基于合同当事人关系的对方合同当事人的给付，其二是基于个别债权让与关系的债务人的给付。个别债权不存在时，债务人可基于债权让与后形成的债务人与受让人之间的给付关系向受让人主张给付不当得利返还。受让人可基于自己和让与人的基础合同关系主张权利。

2. 个别债权让与中的双重给付目的。正如上文所述，个别债权让与不改变合同当事人地位，不改变合同当事人之间的给付关系，但是基于个别债权让与的特殊性，个别债权让与后，受让人与债务人之间存在给付关系。从债务人清偿的角度来分析，债务人清偿存在双重给付目的，其一是基于基础合同关系向对方合同当事人清偿债务，其二是基于债权让与关系向受让人清偿债务。当个别债权不存在、债务人清偿基础合同关系之债务的给付目的无法实现时，债务人可向合同关系的对方当事人主张给付不当得利返还，同时，也可以向受让人主张给付不当得利返还。由于存在双重给付目的，如果两个给付目的都无法实现，对方合同当事人和受让人的获益都缺乏正当的法律根据，债务人可向对方合同当事人或受让人主张给付不当得利返还请求权，二者形成不真正连带债务关系。[1]个别债务移转（个别债务的免责承担）也可以形成双重给付关系和双重给付目的，甚至会出现更复杂的给付关系。

案例 8

甲误以为自己饲养的狗咬坏了乙的名贵西服，乙请求甲赔偿 1 万元。甲将此事告诉自己的母亲丁。甲的母亲考虑到甲的经济困难，在未告诉甲的情况下，直接给了乙 1 万元现金，清偿该债务。后查明，该西服是丙饲养的狗咬坏的。

问题：

1. 甲的母亲丁请求乙返还 1 万元，是否合法？

2. 甲的母亲丁是否可向丙主张权利？

---

〔1〕　参见黄茂荣：《不当得利》，植根法学丛书编辑室编辑，2011 年版，第 189-190 页。

答题指引

问题 1：

一、丁是否可以依据《民法典》第 122 条请求乙返还 1 万元不当得利。

（一）乙获得 1 万元的利益。

（二）乙的获益经由丁的给付获得。（1）给付不当得利中的给付是指有目的、有意识地增加他人财产，给付目的一般是清偿自己的债务，也可以是清偿他人的债务。丁为甲清偿债务，属于有目的、有意识地增加乙的财产。（2）丁自己主动为甲清偿债务，其并未受到甲的指示或安排，不是甲的履行辅助人或被指示人，其给付不能归属给甲，给付关系存在于乙和丁之间。乙的获益经由丁的给付获得。丁向乙清偿债务的行为属于第三人代为清偿债务，其在理论上称之为"类民事法律行为的接触关系"，[1]丁具有独立的给付地位。

（三）乙的获益缺乏正当的法律根据。丁向乙给付是为了清偿甲对乙的债务，但是甲对乙并不负担债务，该给付目的不能实现，乙获得的给付利益没有正当的法律根据。

结论： 丁可以依据《民法典》第 122 条请求乙返还 1 万元不当得利。

观点争议

另一种观点：丁为甲清偿债务而向乙给付，其清偿目的在于为甲清偿债务，在丁和乙之间并不存在给付关系，丁向乙主张返还不当得利属于非给付不当得利。

问题 2：

二、丁是否可以依据《民法典》第 122 条请求丙返还 1 万元不当得利。

（一）丁可以改变清偿目的，将为甲偿债的清偿意思改变为替丙偿债的清偿意思，主动替丙清偿债务，让丙的债务消灭，使得丙获得债务消灭的利益。

（二）丙的获益经由丁向乙偿债的方式获得，这属于通过非给付方式获得利益，理论上称为求偿不当得利。

（三）丙的获益缺乏正当的法律根据。丁可以向丙主张 1 万元赔偿款的不当得利返还。但是该不当得利请求权不得损害丙的利益，此时可参照债权让

---

〔1〕 See Jan Dirk Harke, Allgemeines Schuldrecht, Spring-Verlag Berlin Heidelberg, 2010, S. 358. 如第三人清偿为不完全履行，根据情况，债权人可拒绝第三人履行，请求债务人完全履行。参见崔建远等：《债法》，清华大学出版社 2010 年版，第 160 页。

与规则保护丙的利益（《民法典》第 548 条、第 549 条）。

结论： 如果丁改变清偿意思，丁可以依据《民法典》第 122 条请求丙返还 1 万元不当得利。

◆ **理论评析**

1. 第三人清偿债务

债务一般由债务人清偿，但是当第三人清偿债务时，需要具体分析第三人清偿债务的不同类型。按照是否可归属给债务人，可分为可归属于债务人的第三人清偿，和不可归属于债务人的第三人清偿。前者是指债务人指示或安排第三人以债务人名义来清偿债务，第三人作为债务人的履行辅助人或被指示人来清偿，其清偿的法律效果完全归属给债务人。如清偿存在瑕疵，由债务人承担债务不履行的责任。后者是指未经债务人安排或指示，第三人以自己名义主动向债权人清偿债务人的债务，该清偿的法律效果不能完全归属给债务人。如清偿存在瑕疵，由第三人承担债务不履行的责任。这种第三人清偿也被称为第三人代为清偿，理论上属于类似民事法律行为意义上的接触关系。〔1〕我国《民法典》第 524 条针对第三人对于履行债务具有合法利益时的第三人清偿制度作了具体规定。〔2〕不可归属于债务人的第三人清偿往往有其自身特有的给付意思和给付目的，第三人和债权人存在给付关系，如果第三人经由给付意思追求的给付目的无法实现，第三人可依法向债权人主张给付不当得利之返还。当然不可归属于债务人的第三人清偿还存在第三人为债务人管理之无因管理的可能，如果第三人与债务人之间构成无因管理之法定债务关系，则可以排除不当得利请求权的适用。

2. 给付意思的改变

给付人清偿债务一般在主观上会有一定的清偿意思或给付意思，如清偿自己的债务，为他人清偿债务等。如果给付人的清偿意思所追求的给付目的未能实现，如给付人误以为自己对债权人负担债务而清偿，则给付人可向债权人主张给付不当得利返还。但是，当债权人破产而不能全额负担不当得利

---

〔1〕 See Jan Dirk Harke, Allgemeines Schuldrecht, Springer-Verlag Berlin Heidelberg, 2010, S. 358.

〔2〕 具体阐释请参见黄薇主编：《中华人民共和国民法典释义》，法律出版社 2020 年版，第 1003 页。

返还责任时，给付人的权利难以得到救济。此时，在理论上，允许给付人改变其清偿意思。即改变为：给付人为真正债务人清偿债务，并导致真正债务人的债务被免除，给付人向真正债务人主张求偿不当得利返还。给付意思改变的主旨在于保护给付人利益，使其避免承担债权人破产之风险，转而向真正债务人主张不当得利返还。另一方面，给付意思的改变导致债权人的债权消灭，会减少债权人的破产财产，进而会影响破产财产之债权人利益。给付意思之改变是德国民法的主流学说，在我国有一定的借鉴价值。

案例 9

甲以所有权保留方式将汽车出售给乙，乙拖欠丙的借款 100 万元未还，丙为确保自己的债务得到清偿，主动向甲清偿乙拖欠的剩余价款，然后向乙主张支付该剩余价款。

问题： 丙的主张是否合法？

答题指引

一、丙是否可以依据《民法典》第 121 条请乙支付剩余价款。

（一）丙管理了乙的事务。丙清偿乙对甲的债务，管理了乙的事务。

（二）丙缺乏为乙管理的管理意思。丙清偿乙的债务之目的在于确保自己的债务的实现，即增加乙的责任财产，便于实现自己对乙的债权。丙清偿乙的债务的行为，不构成无因管理，丙无法享有管理人的权利。

结论： 丙不能依据《民法典》第 121 条请乙支付剩余价款。

二、丙是否可以依据《民法典》第 122 条请求乙支付剩余价款。

（一）乙获得利益。乙对甲的债务因丙的清偿而免除。

（二）乙的获益通过非给付的方式获得。（1）乙的获益不是通过丙的给付获得。丙并未向乙给付，而是向甲给付，乙丙之间并不存在给付关系。乙获得的债务免除的利益是通过非给付的方式获得的。（2）乙的获益不是通过侵害权益获得。乙并未侵害属于丙的权益而获益。（3）乙的获益通过丙对甲的清偿而获得。丙为自己利益向甲清偿债务，消灭了乙的债务，虽然丙和乙之间不存在给付关系，但是丙可依法向乙主张求偿不当得利请求权。

（三）乙的获益没有正当的法律根据。

结论： 丙可以依据《民法典》第 122 条请求乙支付剩余价款。

◆ **理论评析**

第三人清偿和求偿不当得利请求权。第三人主动为债务人清偿债务时，按照请求权检索顺序，可首先考虑合同关系上的请求权；如果第三人与债务人之间不存在合同关系，则可进一步检索无因管理上的请求权；如果不成立无因管理关系，则可进一步检索不当得利请求权。第三人为自己利益替债务人清偿债务时，第三人可向债务人主张求偿不当得利请求权。第三人为自己利益替债务人清偿债务，不存在为债务人之意思，不构成无因管理。第三人替债务人清偿了债务，债务人的债务被免除，债务人因非给付的方式获益，第三人可向债务人主张求偿不当得利返还请求权。我国《民法典》第524条第2款规定了第三人可通过法定债权让与制度向债务人主张权利。第三人清偿是民法上一个重要且复杂的疑难问题，涉及履行辅助人、指示给付、无因管理、求偿不当得利、债权让与、给付意思和给付目的等诸多制度，同时还涉及物权变动的问题，值得深入分析研究。

案例 10

甲在乙花店订立一束鲜花（价值200元）。花店职员错误地将其送到丙处，丙误以为是其好友丁赠送的，放在房间内。一周后该鲜花凋谢枯萎，丙将其抛弃。

问题：

1. 乙对丙是否享有请求权？

2. 如丙要参加宴会，拟买价值50元的鲜花前往。由于鲜花送到了，丙携带该鲜花参与了宴会。乙是否可请求丙返还50元？

答题指引

问题1：

乙是否可以依据《民法典》第122条请求丙返还鲜花价款200元。

（一）丙获益。丙获得了鲜花的利益，丙将该鲜花放置于房间内，享有了该鲜花的利益。

（二）丙的获益经由非给付的方式获得。（1）乙丙之间并不存在合同关系。（2）甲乙之间存在买卖合同关系，乙错误将鲜花送到丙处，是在履行其和甲订立的买卖合同，乙向丙的错误交付不存在给付目的。乙属于无目的、无意识地增加丙的财产。（3）从受领人丙的客观视角来看，丙误以为是其好友丁赠送，但是丁并未安排乙花店送货，乙的送货行为不能归属给丁，丙丁并不存在给付关系。丙通过非给付的方式获得利益。

（三）丙的获益没有正当的法律根据。

（四）丙的获益已经不存在了（《民法典》第986条）。由于该鲜花凋谢枯萎，丙已经将其抛弃，丙的获益已经不存在了，丙对获益系善意，因此丙不承担返还不当得利的义务。

结论： 乙可以依据《民法典》第122条请求丙返还鲜花价款200元，但丙可以依据《民法典》第986条主张该获益不存在，不承担返还该利益的义务。

问题2：

乙是否可以依据《民法典》第122条请求丙返还50元。

（一）丙获益。丙将乙错误送到的鲜花作为参加宴会的礼物，节省了50元的费用。受益人的获益有节省利益和奢侈利益之分。节省利益是指受益人因获益而节约了其必须支付的费用，如受益人以获得利益支付水电费，受益人节省了水电费支出就属于节省利益。无论受益人是否获益，节省利益涉及的费用都是受益人必须负担的。因此，节省利益一般属于受益人必须返还的利益。奢侈利益是指受益人因信赖获益而支出不必要的费用所获得的利益，如果没有该获益，受益人就不会支出该费用。如受益人将获得的奖金用于出国旅游，如果没有该奖金，受益人是不会出国旅游的，该出国旅游的利益即属于奢侈利益。奢侈利益显然是基于对受益的信赖产生的，没有对获益之信赖，就不会产生该奢侈利益。为保护受益人的信赖利益，奢侈利益一般不需要返还。丙将错误送到的鲜花作为参加宴会的礼物，节省了50元的费用，该节省的50元费用属于节省利益，丙负担返还义务。

（二）丙的获益通过非给付的方式获得。乙和丙之间不存在合同关系，乙错误地向丙送鲜花，属于无目的、无意识地增加丙的财产。丙的获益通过非给付的方式获得。

（三）丙的获益无正当的法律根据。

结论： 乙可以依据《民法典》第122条请求丙返还50元。

◆ **理论评析**

1. 全部利益和现存利益

在不当得利返还范围的计算中，对于恶意受益人而言，其需要返还全部利益；而对于善意受益人而言，其只需要返还现存利益，如果获益不存在的，善意受益人一般不负担返还义务，但是其获得的节省利益依然需要返还。区分善意受益人和恶意受益人的返还范围的核心是保护善意受益人的信赖利益，同时惩戒恶意受益人。对于知道或应当知道获益无正当法律根据的恶意受益人，其必须返还全部利益，所获利益不存在的，依然负担偿还价款的义务。对于不知道或不应当知道获益无正当法律根据的善意受益人而言，其仅需返还现存利益，如果所获利益不存在的，其不负担返还义务。

2. 节省利益和奢侈利益

但是，在善意受益人所获得的利益不存在时，还需要具体分析节省利益和奢侈利益。虽然善意受益人的获益不存在了，但是受益人将其获益用于支付其必须支付的费用而获得节省利益时，此时视为获益依然存续，即受益人对节省利益负担返还义务。如果善意受益人基于对获益的信赖将其获益用于支付不必要的费用而获得奢侈利益时，此时为保护善意受益人的信赖利益，善意受益人对奢侈利益不负担返还义务。[1]因此对于善意受益人而言，并不是获益不存在了就无需返还，而是要具体分析善意受益人是否获得了节省利益，如果善意受益人获得了节省利益，依然需要对该节省利益负担返还义务。

案例 ⑪

房屋所有人甲和修理人丙订立了房屋维修合同。后甲将房屋出售给乙，同时将其对房屋维护修理人丙享有瑕疵担保责任请求权让与乙。后该房屋出现瑕疵，乙向丙主张瑕疵担保责任，丙不履行其债务。甲修理了房屋，并向丙主张费用补偿。

---

[1] 家境贫寒学生误享蛋糕案可资参考，参见王泽鉴：《不当得利》，北京大学出版社 2015 年版，第 179 页。

问题：甲的主张是否合法？

答题指引

一、甲是否可以依据《民法典》第781条的规定请求丙支付维修费用。

（一）甲丙之间订立了房屋维修合同。

（二）丙履行合同义务不符合约定，房屋修缮不符合修理合同约定，造成房屋出现瑕疵，丙应当承担修理、重作、减少报酬、赔偿损失等违约责任。

（三）但是甲将其对丙的瑕疵担保责任请求权让与了乙，甲对丙不再享有支付维修费用的请求权。

结论：甲不可以依据《民法典》第781条的规定请求丙支付修理费用。

二、甲是否可以依据《民法典》第121条的规定请求丙支付维修费用。

（一）甲管理了丙的事务。甲主动修理房屋，该房屋修理属于丙的事务。

（二）甲缺乏为丙管理的意思。甲是为了履行自己对乙的瑕疵担保责任（基于甲和乙的买卖合同）而修理房屋，甲没有为丙管理事务的意思，而是为了自己的利益修理房屋。

（三）甲的事务管理违反了丙的意思。丙拒绝承担瑕疵担保责任，而甲却实施了修理行为，违背了丙的意愿。甲的管理行为对丙而言，不构成无因管理。

结论：甲不可以依据《民法典》第121条的规定请求丙支付修理费用。

三、甲是否可以依据《民法典》第122条的规定请求丙支付维修费用。

（一）丙对乙的债务消灭。因为甲修理了房屋，丙对乙的瑕疵担保责任被免除。

（二）丙的获益由非给付的方式获得。甲修理房屋存在双重给付目的，其一，甲为履行自己和乙订立的买卖合同中的瑕疵担保义务；其二，履行了丙对乙的瑕疵担保义务。甲的修理行为，让真正的债务人之债务免除。

（三）丙的获益缺乏正当的法律根据。通过甲向乙的给付行为，丙的债务消灭，甲可以向丙主张求偿不当得利返还。

结论：甲可以依据《民法典》第122条的规定请求丙支付修理费用。

◆ **理论评析**

清偿债务中的双重给付目的和不真正连带债务人之间的求偿关系。债务人在清偿债务时可以存在双重给付目的的空间。债务人在清偿自己对债权人的债务时，也可能涉及清偿他人对债权人的债务，此时存在债务人向该他人主张求偿不当得利返还的空间。在不真正连带债务关系中，一般认为，不真正连带债务人之间并不存在追偿关系，除非当事人另有约定或法律另有规定，或者存在最终承担责任的债务人。但是如果从双重给付目的来分析，不真正连带债务人之一清偿了债务，其清偿债务的给付目的包括了清偿其他连带债务人之债务；[1]从求偿不当得利请求权的构成来分析，不真正连带债务人之一清偿了债务，同时也消灭了其他不真正连带债务人的债务，其他不真正连带债务人获得了债务免除或消灭的利益，该利益获得系某一不真正连带债务人向债权人给付导致，清偿债务的某一不真正连带债务人可以依法向其他不真正连带债务人主张求偿不当得利返还请求权。不真正连带债务人之间的求偿关系可以通过不当得利返还请求权检索来展开具体分析。为协调不真正连带债务人之间的利益关系，更好地保护作出清偿的债务人利益，全面研究求偿不当得利返还请求权的适用空间不仅具有理论价值，而且具有重大的现实意义。

案例 12

甲购买了乙的房屋，为支付价款，甲承担了乙对丙的借款合同上的债务。甲向丙支付了部分款项和利息。该债务承担行为未获得丙的同意，同时甲依法撤销了该买卖合同。

问题：甲是否可请求丙返还自己支付的款项和利息？

答题指引

一、甲是否可以依据《民法典》第122条请求丙返还自己支付的款项和利息。

（一）丙获得的利益。丙获得了甲支付的款项和利息。

（二）焦点问题是：丙的获益如何获得？该案存在三角法律关系，甲和乙之间的买卖合同系抵偿关系、乙和丙之间的借款合同系对价关系，甲承担乙对丙的债务实质上具有双重法律效果。甲对乙清偿债务，其一是履行甲对乙的买卖合同，其二是履行乙对丙的借款合同。给付关系存在于甲和乙之间、

[1]　See Manfred Wandt, *Gesezliche Schuldverhältnisse*, Verlag Franz Vahlen, 2019, S. 255, 256.

乙和丙之间。甲和丙之间不存在给付关系，因为甲承担债务的行为未被丙追认，甲和丙之间未成立债务承担关系。甲虽然有目的、有意识地增加了丙的财产，但是从受领人丙的客观视角来看，甲和丙之间不存在给付关系。虽然甲承担乙之债务的债务承担行为因未被丙追认而无效，但是无效的债务承担行为可以转换为履行承担，甲的付款行为依然可归属于乙对丙的给付，由于乙对丙负担借款合同债务，因此丙的获益存在正当的法律根据。从受领人的客观视角出发，受领人丙会认为，是其债务人乙偿还借款，而不是甲在清偿借款。因此丙的获益基于乙的给付获得，乙和丙之间存在有效的借款合同，丙的获益存在正当的法律根据，该获益不构成不当得利。

（三）由于乙和丙的借款合同依然有效，丙的获益存在正当的法律根据。

结论： 甲不可以依据《民法典》第 122 条请求丙返还自己支付的款项和利息。

观点争议

另一种观点认为甲承担了乙对丙的债务，虽然该债务承担行为未被丙追认，但是甲作为承担人，向丙支付款项及利息，系有目的、有意识地增加债权人财产，甲和丙之间存在给付关系。由于存在债务承担，甲的给付目的是基于该债务承担清偿自己对丙的债务。丙的获益基于甲的给付获得，由于债务承担行为无效，丙的获益缺乏正当的法律根据，该获益构成不当得利。还有观点认为，甲承担乙对丙的债务具有三重给付目的，其一是履行甲和乙的合同；其二是履行乙和丙的合同；其三是履行甲对丙的债务。在债务承担关系中（债务移转），甲作为该特定债务的债务人向丙清偿债务。

◆ **理论评析**

免责债务承担中的多重给付目的。个别债务的免责承担（个别债务移转）一般不会改变合同当事人的法律地位，也不会改变合同基本之给付关系。但是个别债务移转不同于履行辅助人履行债务，也不同于指令给付，个别债务移转会导致个别债务归属发生变化。就个别债务清偿而言，承担人和债权人之间可以存在给付关系。正如个别债权让与，个别债务移转也存在多重给付关系、多重给付目的的空间。该案中，因为债权人未同意债务承担，因此债务承担行为无效，承担人甲和债权人丙之间未成立给付关系。即使承担人甲有目的、有意识地增加了债权人丙的财产，但是从丙的客观视角来分析，甲和丙之间并不存在给付关系。反之，如果丙同意了该承担行为，则甲和丙之间基于债务承担，可以形成给付关系。此时，当甲向丙清偿债务时，可以形成多重给付关系：其一，基于甲和乙的买卖合同，甲向乙给付；其二基于乙和丙的借款合同，乙向丙给付；其三，基于个别债务承担关系，甲向丙给付。

第五节　侵　权

案例 1

甲搬家，请乙过去帮忙。在搬运过程中，乙搬着甲的电脑上楼，被一个不平整的台阶绊了一下，摔倒了，电脑也摔坏了。

问题：甲可向乙主张赔偿电脑损失吗？

答题指引

一、甲是否可以依据《民法典》第 919 条、第 577 条的规定请求乙赔偿损失。

前提是甲乙订立了有效的委托合同。甲搬家，请乙过去帮忙。甲和乙之间是情谊关系，乙主动为甲帮助，属于好意施惠，并无受合同拘束之意思。甲乙之间未成立合同关系，甲不能基于合同向乙主张权利。

结论：甲不可以依据《民法典》第 919 条、第 577 条的规定请求乙赔偿损失。

二、甲是否可以依据《民法典》第 1165 条第 1 款的规定请求乙赔偿损失。

（一）甲的财产权益受到损害。由于乙搬运不慎，甲的电脑被摔坏。

（二）甲的财产损害与乙的搬运行为之间存在相当因果关系，而且电脑损害也在法律保护目的的范围之内。

（三）乙损害电脑之行为存在违法性。

（四）虽然甲乙之间不存在合同关系，但是可参照无偿合同的注意义务标准。由于乙的搬运行为施惠行为，乙负担的注意义务较低，仅仅就故意或重大过失承担损害赔偿责任。乙在搬运电脑过程中，被不平整的台阶绊了一下，导致电脑毁损，其仅仅是轻微过失，乙不需要承担侵权损害赔偿责任。

结论： 甲不能依据《民法典》第1165条第1款的规定请求乙赔偿电脑损失。

◆ **理论评析**

好意施惠中的法律关系。好意施惠不存在合同关系，好意施惠的当事人不存在受合同约束的意思。从请求权检索的顺序来分析，合同关系仅仅是第一步，后面还有法定请求权可以分析和检索，包括类合同（无因管理）、侵权、不当得利等。好意施惠仅仅是不成立合同关系，但并不完全排斥其他请求权的适用。在好意施惠过程中，如果当事人存在故意或重大过失，则成立侵权责任的空间。[1] 当然，好意施惠属于无偿的帮助行为，其对当事人注意义务的要求较低。一般而言，如当事人没有故意或重大过失，无需承担侵权责任。

案例 2

孕妇甲在乙医院输血，由于乙医院检查失误，该血液中存在病毒。因此，甲因该次输血感染了梅毒，甲后来生出的儿子丙也因此感染了梅毒。

问题： 丙是否可向乙医院主张损害赔偿？

答题指引

丙是否可以依据《民法典》第1165条第1款的规定请求乙承担损害赔偿责任。

乙医院之行为构成对丙的侵权。

（一）侵权责任成立的事实要件成立。

1. 丙的健康权受到侵害。（1）健康权侵害是指影响了身体的正常功能。丙受到梅毒感染，显然其健康权受到了侵害。（2）虽然丙系在生育阶段受到感染，但是民法理论认为，胎儿与其后出生的生命系同一体，对胎儿受到的损害，即出生后新生儿受到的损害。德国也有判例支持了新生儿对其胎儿阶

---

[1] 参见王泽鉴：《债法原理》，北京大学出版社2013年版，第210-211页。

段的损害主张损害赔偿。[1]因此，丙在其胎儿阶段受到的健康损害依然是丙的健康权之损害。

2. 丙的健康损害是乙医院的行为导致的。（1）乙医院没有认真查验血液中的梅毒，违反了安全保障义务，其不作为行为导致了血液中的病毒没有被发现，导致丙受到梅毒感染。（2）乙医院之不作为与丙的健康损害存在相当因果关系，如果乙医院尽到注意义务，仔细检查血液，就可以完全避免该损失。而乙医院没有尽到注意义务，导致损害发生，乙医院之不作为与损害发生存在相当因果关系。（3）法律保护人的身体权和健康权，乙医院之不作为导致丙的健康损害在法律保护目的的范围之内，因此丙的健康损害可归责于乙医院。

（二）乙医院的行为具有违法性。该案中不存在任何违法阻却事由。

（三）乙医院存在过错。乙医院违反了其应尽的安全保障义务。

结论： 丙可以依据《民法典》第1165条第1款的规定请求乙医院承担侵权损害赔偿责任。丙还可依据《民法典》第1179条的规定，请求乙医院承担损害赔偿责任。丙可请求乙医院赔偿医疗费、护理费、交通费等为治疗和康复支出的合理费用。

◆ 理论评析

胎儿的侵权损害赔偿。关于胎儿保护有三种理论。其一，总括的保护主义，即胎儿视为已经出生。采取该理论有罗马法、瑞士法等。在罗马法上，只要对胎儿有利，就应当将胎儿视为已经出生。在我国台湾地区，胎儿视为已经出生，享有完整的权利能力，其权利由其法定代理人行使。[2]胎儿出生是死体的，通过不当得利返还规则处理。其二，个别的保护主义，即胎儿不具有权利能力，但是在例外情况下有权利能力。采取该理论有法国、德国、日本等国家。我国大陆地区《民法典》也采取了个别保护主义的立法例，涉及遗产继承、接受赠与等胎儿利益保护的，胎儿视为具有民事权利能力。胎儿出生是死体的，其民事权利能力自始不存在（《民法典》第16条）。其三，绝对不保护主义，即胎儿完全不具有权利能力。针对该案中胎儿的损害，是

〔1〕 See Karl Lanrenz, Marfred Wolf, Allgemeiner Teil des Deutschen Bürgerlichen Rechts, C. H. Beck Verlagsbuchhandlung, 1989, S. 93, 94.

〔2〕 参见王泽鉴：《民法总则》，北京大学出版社2009年版，第113页。

否可以受到法律保护,《民法典》未明确规定,但是对胎儿权益保护也未作封闭性规定。怀孕妇女被注射了受梅毒污染的血液,胎儿受到损害,德国联邦最高法院判决胎儿享有损害赔偿请求权。对于胎儿受到的人身损害的损害赔偿请求权,胎儿可以具有民事权利能力,胎儿出生后的新生儿可以主张侵权损害赔偿。

案例 3

甲乙夫妇已经有了两个孩子,甲乙的经济状况不好,他们不想再要孩子了。于是乙去丙医院做节育手术,并将该情况详细告知了医院。由于丙医院丁大夫的疏忽,该节育手术失败。后乙又怀孕了,并生下了第三个孩子。

问题: 乙请求丙医院支付其第三个孩子的抚养费并要求精神损害赔偿,是否合法?

答题指引

一、第三个孩子抚养费的请求权

(一) 乙是否可以依据《民法典》第 577 条请求丙医院承担该孩子的抚养费。

1. 乙与丙医院存在有效的合同关系。乙去丙医院做节育手术,并详细告知其做手术的目的和动机,丙医院与乙达成医疗服务合同之合意,双方成立医疗服务合同关系。

2. 丙医院违反了合同约定的义务。丁大夫系丙医院的雇员,其行为可归属于丙医院。丁大夫的疏忽大意导致节育手术失败,丙医院违反了该医疗服务合同约定之义务。

3. 丙医院违反合同约定,造成了孩子出生的后果,并由此产生了孩子抚养费之负担。孩子的出生不能被认为是损害,但是孩子的抚养费可以认定为丙医院违约造成的损失。理由是乙在合同订立时详细告知了该情况,即甲乙经济状况不好,难以扶养更多的孩子,因此孩子抚养费的损失属于丙医院在合同订立时可预见的范围。依据《民法典》第 584 条之规定,丙医院需要对该损失承担赔偿责任。

结论: 乙可以依据《民法典》第 577 条的规定请求丙承担该孩子的抚养费。

(二) 乙是否可以依据《民法典》第 1165 条第 1 款请求丙医院承担孩子

的抚养费。由于丙医院的疏忽作为，乙怀孕并生下第三个孩子，丙医院的行为与乙怀孕并生育第三个孩子存在因果关系，但是丙医院的行为与孩子抚养费的支出并无直接因果关系。《民法典》第1165条第1款所保护的是具体身体伤害，仅指怀孕给孕妇带来的痛苦和身体伤害，而抚养费不是基于怀孕的痛苦产生，而是基于孩子的出生产生，该抚养费之支出在法律上不可归责于丙医院之行为，也不在《民法典》第1165条保护目的范围之内。

结论：乙不可以依据《民法典》第1165条第1款请求丙医院承担孩子的抚养费。

二、乙的精神损害赔偿

（一）乙是否可以依据《民法典》第577条请求丙医院赔偿精神损害。

1. 乙与丙医院存在有效的合同关系。

2. 丙医院违反了合同之约定，造成乙怀孕的身体伤害。（1）民法理论认为，违反合同造成合同当事人人身损害的，可以依据合同向违约方主张人身损害赔偿，包括精神损害赔偿。（2）依据《民法典》第996条的规定，因违约行为损害人格权造成严重精神损害的，受害人主张违约责任的，不影响其请求精神损害赔偿。因此，乙可以依据《民法典》第577条请求丙医院赔偿精神损失。

（二）乙是否可以依据《民法典》第1183条请求丙赔偿精神损害。

1. 事实构成（该当性）。丙医院的疏忽行为导致乙怀孕，并造成乙身体和健康的严重损害，丙医院的行为与乙损害存在因果关系，而且该损害也在《民法典》第1165条保护目的范围之内。

2. 违法性。丙医院的行为具有违法性，不存在违法阻却事由。

3. 有责性。丙医院存在过错，违反了其应尽的注意义务。

4. 在损害结果上，丙医院之行为侵害了乙的人身权益，并造成了乙严重的精神损害。

结论：乙可以依据《民法典》第1183条请求丙赔偿精神损害。

◆ **理论评析**

1. 错误出生的损害赔偿

医院避孕手术的失败或者医院排畸B超的失误导致了婴儿错误地出生，

错误的出生是否属于损害，受害人是否可以基于此主张损害赔偿，一直是颇具争议的问题。显然，生命的出生不能认作损害。但是婴儿出生造成的抚养费可以成为损害赔偿的内容。该损害赔偿请求权的基础首先来自合同关系。如果医院违反合同约定义务，母亲可请求医院承担相应的违约责任。由于错误的出生不能被认定为权益的损害，因此基于错误的出生本身无法主张侵权损害赔偿。[1]

2. 合同上的精神损害赔偿

合同上的损害赔偿请求权的内容主要是财产损害赔偿，但并不限于财产损害赔偿。民法理论认为，合同上的损害赔偿请求权包括非财产性质的损害赔偿，如精神损害赔偿。[2]违约损害赔偿包括固有利益的损害赔偿，而固有利益的损害包括精神损害。我国《民法典》第996条规定，因违约行为损害人格权造成严重精神损害的，受害人主张违约责任的，不影响其请求精神损害赔偿。因此，在合同违约损害赔偿中，不排除精神损害赔偿请求权的适用。

案例 4

甲在乙超市多次偷窃手机，被乙超市服务员丙抓获。乙超市奖励丙100元。乙超市为确定甲的行窃事实留存证据，支出打印复印费用50元。乙超市为防盗安装监控设施，投入费用500元。

问题：

1. 乙超市可向甲主张的损害赔偿数额是多少？为什么？

2. 如甲盗窃乙超市的手机一部，在甲占有期间，该手机意外毁损，甲是否需要承担责任？为什么？

答题指引

问题1：

乙超市是否可以依据《民法典》第1165条第1款请求甲损害赔偿。

（一）侵权责任成立要件。

1. 事实构成（该当性）。甲盗窃乙超市的财产，侵害了乙超市之财产所

---

[1] See Claudia Haack, Fälle Schuldrecht BT4, 2014, S. 143.

[2] 参见李永军："非财产性损害的契约性救济及其正当性——违约责任与侵权责任的二元制体系下的边际案例救济"，载《比较法研究》2003年第6期。

有权，并造成了乙超市的财产权益损失。甲的盗窃行为与乙超市的财产损失存在因果关系。

2. 违法性。甲盗窃行为具有违法性，不存在违法阻却事由。

3. 有责性。甲盗窃行为具有主观上的故意。甲对乙超市的侵权责任成立。

结论： 乙超市可以依据《民法典》第1165条第1款请求甲赔偿损失。

（二）侵权责任范围分析。

1. 乙超市手机的损失。甲多次偷窃乙超市的手机，应当返还其偷窃的手机，并对其造成手机的损害承担赔偿责任。乙超市可依据《民法典》第1184条之规定请求甲按照被偷窃手机损失发生时的市场价格赔偿价款。

2. 乙超市给丙支付的奖金100元。如果没有甲的盗窃行为，乙超市就不会给丙支付奖金，该奖金的支出与甲的盗窃行为存在因果关系。该奖金系因所有权被侵害而产生的具体损害，可归属于所有权之损害范围，而且属于《民法典》第1165条第1款保护目的之范围，乙超市可请求甲承担该奖金的支出。

3. 乙超市支出的打印复印费用50元。乙超市支出的打印复印费用系为查明并确认侵权行为而支出的费用，与甲之盗窃行为存在因果关系，属于因所有权被侵害产生的具体损害，而且属于《民法典》第1165条第1款保护目的之范围，乙超市可请求甲负担该费用。

4. 乙超市为预防盗窃安装监控设施支出的费用500元。该费用系预防盗窃之一般支出，并非由于所有权被侵害而发生的具体损害，支出目的是降低或防范一般盗窃行为的风险。《民法典》第1165条第1款保护某物之所有权被侵害所产生的具体损害，不保护为预防一般的盗窃风险而支出的费用，该费用不在《民法典》第1165条第1款保护目的范围之内。乙超市不能依据《民法典》第1165条第1款的规定请求甲负担该监控设施支出的费用。

问题2：

乙超市是否可以依据《民法典》第1165条第1款请求甲赔偿该手机的损失。

（一）甲盗窃乙超市之手机，在甲占有该手机期间，该手机意外毁损，该毁损与甲的盗窃行为虽然存在因果关系，但并不存在相当因果关系。

（二）依据民法理论，侵权行为与损害结果虽然不存在相当因果关系，但是损害在法律规范保护目的范围内的，加害人依然需要负赔偿责任。对于暴力占有人甲而言，甲盗窃并占有该手机，该手机之意外毁损的损害属于《民法典》第1165条第1款保护目的之范围，甲需要对乙超市负担损害赔偿责任。

结论：乙超市可以依据《民法典》第1165条第1款请求甲赔偿该手机的损失。

◆ **理论评析**

因果关系、相当因果关系和法律规范保护目的。

侵权构成中最复杂、最具争议的是侵害行为与权益侵害之间的因果关系认定。侵权责任中的因果关系包括侵权责任成立的因果关系和侵权责任范围的因果关系，前者决定是否成立侵权责任，后者决定侵权责任的赔偿范围。因果关系是表明一种原因与结果之间的联系。法律上因果关系的判断并不是简单的事实因果关系的判断，而是渗透了法律价值的考量和分析，体现了法律上可归责性的判断。一般可以按照"因果关系—相当因果关系—法律规范保护目的"之分析思路展开。[1]

侵权法上的因果关系首先需要分析侵害行为和权益侵害之间是否存在客观上的联系，德国法上称为"等值理论"，即在客观上，侵害行为与权益侵害之间是否存在事实上的联系。但是客观上因果联系的判断依然可包含法律价值上的判断，[2]如因果关系推定规则。在环境污染侵权中，客观上的因果关系不明确时，可以推定存在因果关系。

然后需要分析这种因果关联是否符合一般的生活经验之判断，即在通常情况下，侵害行为是否会发生这样的权益侵害，即是否存在相当因果关系，德国法称为"相当理论"。相当因果关系说诞生于19世纪80年代，由德国弗莱堡大学理学家冯·克里斯首创，是指按照人类之一般生活经验与事物的一般发展规律作出的判断。有此行为，通常足以产生此种损害，是为有相当因果关系；有此行为，通常不产生此种损害，即无相当因果关系。相当因果关系实质上是第三人在事后进行的最佳判断视角之分析，同时考虑加害人在实

---

〔1〕 参见［德］埃尔温·多伊奇、汉斯-于尔根·阿伦斯：《德国侵权法》，叶名怡、温大军译，中国人民大学出版社2016年版，第22—30页。

〔2〕 See Jacob Joussen, Schuldrecht I-Allgemeiner Teil, W. Kohlhammer GmbH Stuttgat, 2013, S. 334, 335.

施加害行为时一般的可预见性。

但是相当因果关系依然不能很好地解决侵权责任成立和侵权赔偿范围问题。因此，侵权法理论又发展出了法律规范保护目的理论，即权利损害必须在法律规范保护目的范围之内，否则，受害人自担该风险。即只有在法律规范保护目的范围内的损害才能得到法律上的救济和保护，[1]行为人只有侵害了法律所保护之利益才构成侵权。侵权责任的前提是，损害在法律所保护的利益范围之内。在个案中需要查明被违反之法律规范的目的和射程。现实的权利损害，恰恰是法律意欲阻止之特殊风险的现实化，法律目的就是为了防范该风险。侵权法保护的是特殊的风险，而不是一般的生活风险。损害结果不在法律规范保护领域内，不是法律规范所阻止的范围，则加害人之加害行为不具有可归责性。[2]

案例 5

甲从其朋友丙处借来了一部音箱，甲将于生日晚会使用。在生日晚会上，乙喝多了，控制不住自己的情绪，用啤酒瓶将该音箱砸坏。甲花费了 200 元将该音箱修好。

问题： 甲是否可请求乙赔偿修理音箱的 200 元修理费？

答题指引

一、甲是否可以依据《民法典》第 121 条请求乙支付修理音箱的 200 元修理费。

（一）甲修理了被乙砸坏的音箱，该音箱属于丙所有，被乙砸坏，修理音箱属于乙的事务。甲修理该音箱，这属于管理了乙的事务。

（二）甲主动将该音箱修好，主观上有为乙管理事务之意思。

（三）作为音箱的借用人，甲没有修理音箱的义务。

（四）该音箱的修理也不违反乙明知或可推知的意思。

结论： 甲可以依据《民法典》第 121 条请求乙支付修理音箱的 200 元修理费。

---

〔1〕　See Manfred Wandt, Gesetzliche Schuldverhältnisse, Verlag Franz Vahlen, 2019, S. 347.

〔2〕　See Karl Larenz Lehrbuch des Schuldrechts, Allgemeiner Teil 14, Auflage, Verlag C. H. Beck, 1987, S. 440, 441.

二、甲是否可以依据《民法典》第 1165 条第 1 款请求乙赔偿修理音箱的 200 元修理费。

（一）甲对音箱的占有被侵害。甲不是音箱的所有人，因此甲的所有权没有受到损害，而是丙的所有权受到损害。但是甲丙订立了借用合同，甲是该音箱的借用人，甲对该音箱构成直接占有、有权占有。由于音箱被乙砸坏，影响了甲正常使用，甲对音箱的占有受到了侵害。

（二）甲对音箱的占有之侵害由乙的行为导致，二者存在因果关系，而且也不存在违法阻却事由。

（三）乙存在主观上的故意。虽然乙醉酒，对自己的行为失去某种程度的控制，但是依然需要依据《民法典》第 1190 条第 2 款的规定承担侵权责任。即完全民事行为能力人因醉酒对自己的行为暂时没有意识或者失去控制造成他人损害的，应当承担侵权责任。

中间结论：甲可以依据《民法典》第 1165 条第 1 款请求乙承担侵权责任。

（四）甲是否可以请求乙赔偿 200 元音箱修理费的损失。

1. 侵害占有的赔偿范围是因为侵害占有而产生的损失，对占有的侵害一般是对占有物使用收益的影响，一般称为使用损害；而占有物本身的损失，被称为物质性损害，属于对所有权的损害，占有人无法请求所有权损害赔偿。对于不可归责于占有人的所有物之损害，占有人对所有人不承担责任，除非当事人对责任承担存在特别约定或法律有特别规定，即在占有人对第三人造成占有物的损失承担责任时，占有人对第三人可享有占有物之物质性损害的赔偿请求权。该案中不存在该情形。

2. 200 元修理费属于恢复原状的必要费用，源于音箱的物质性损害，该损害属于对音箱所有权的侵害，而非对音箱占有的侵害，甲作为占有人，无法请求乙赔偿该 200 元修理费。当然占有人甲可以向乙主张赔偿其占有使用权益受到侵害的损失。音箱的所有人丙可依据《民法典》第 1165 条第 1 款请求乙赔偿该 200 元修理费。

结论：甲不可以依据《民法典》第 1165 条第 1 款请求乙赔偿修理音箱的 200 元修理费。

三、甲是否可以依据《民法典》第 122 条请求乙支付修理音箱的 200 元修理费。

（一）乙侵害了丙之音箱的所有权，负担修理音箱的义务。但是甲修理了音箱，并且支付了 200 元的修理费。乙修理音箱的债务被免除。

（二）乙之债务被免除的获益基于甲向修理人支付修理费而获得。

（三）乙之修理债务免除存在正当法律根据，甲主动为乙修理音箱，甲乙之间成立无因管理关系，无因管理为乙的获益提供了正当法律根据。

结论：甲不能依据《民法典》第 122 条请求乙支付修理音箱的 200 元修理费。

◆ 理论评析

所有权的损害和占有使用权益的损害。对物的侵害包括对其所有权的侵害，也包括对其占有使用权益的侵害，[1]二者存在区别。对物之所有权的损害，一般由物的所有人主张损害赔偿。对物之占有使用权益的损害，一般由对物享有占有使用权益的人（可以是所有人）主张损害赔偿。在该案中，在借用期间，借用物被第三人毁损，第三人侵害的是借用物所有人的所有权和借用人对借用物的占有使用权益。借用人无法主张所有权的损害赔偿，除非其获得所有人的授权或者存在法律的特别规定。对物的占有使用权益的侵害同样受到保护，例如张三擅自将李四的手机出售给恶意的王二，王二因恶意无法善意取得手机的所有权，虽然李四的手机所有权未受损害，但是张三擅自出售的行为会侵害李四对手机的占有使用权益，李四可向张三主张手机的占有使用权益遭受损害的赔偿责任。再如张三承租了李四的房屋，但是王二将电梯碰坏，导致张三无法正常出行，张三的货物无法搬运上楼。张三虽然不是房屋的所有人，但是可以向王二主张房屋占有使用权益受到损害的损害赔偿责任。

案例 6

甲驾车不小心将乙的电动车撞坏，在交警处理交通事故确定责任时，甲表示，自己毫无责任，乙应当负全责。甲的表示导致乙的血压升高，进而导致乙出现中风症状，乙因此丧失工作能力。乙向甲主张由此产生的人身损害赔偿责任。

---

〔1〕　参见王泽鉴：《侵权行为》，北京大学出版社 2016 年版，第 161 页。

问题：乙的主张是否合法？

答题指引

乙是否可以依据《民法典》第1165条第1款的规定请求甲承担人身损害赔偿责任。

（一）乙的人身权受到侵害。乙因中风丧失了工作能力。

（二）乙的人身权损害和甲的行为存在因果关系，但是不存在相当因果关系。

1. 交警认定交通事故责任时，甲作出自己无责而对方负全责的陈述，通常情况下，并不会导致对方中风并引发丧失工作能力的结果，甲的免责抗辩陈述与乙的人身损害之间不存在相当因果关系。

2. 乙的人身损害也不属于法律保护目的之范围（《道路交通安全法》第76条第1款），机动车发生交通事故致人损害赔偿之保护目的限于交通事故直接造成的人身伤亡，并不包括当事人在作无责陈述时引发对方当事人中风的人身损害。乙的人身损害不在法律的保护目的范围之内，不可归责于甲，甲无需承担侵权损害赔偿责任。

结论：乙不可以依据《民法典》第1165条第1款的规定请求甲承担人身损害赔偿责任。

观点争议

乙的人身损害与甲的陈述行为之间存在相当因果关系。在通常情况下，甲推卸责任的免责陈述会导致对方当事人血压升高，同时也有可能引发进一步的人身损害，可以包括中风以及中风引起的丧失工作能力的后果。此时，需要进一步依据法律保护目的理论来判断乙的人身损害与甲的行为是否具有可归责的关联性。甲试图免除或减轻责任的陈述并未违反法定义务，乙的人身损害无法归责于甲的行为，其不在法律保护目的范围之内，甲不需要承担侵权损害赔偿责任。

◆ **参考法条**

《道路交通安全法》

第七十六条 机动车发生交通事故造成人身伤亡、财产损失的，由保险公司在机动车第三者责任强制保险责任限额范围内予以赔偿；不足的部分，按照下列规定承担赔偿责任：

（一）机动车之间发生交通事故的，由有过错的一方承担赔偿责任；双方都有过错的，按照各自过错的比例分担责任。

（二）机动车与非机动车驾驶人、行人之间发生交通事故，非机动车驾驶人、行人没有过错的，由机动车一方承担赔偿责任；有证据证明非机动车驾驶人、行人有过错的，根据过错程度适当减轻机动车一方的赔偿责任；机动车一方没有过错的，承担不超过百分之十的赔偿责任。

交通事故的损失是由非机动车驾驶人、行人故意碰撞机动车造成的，机动车一方不承担赔偿责任。

◆ 理论评析

相当因果关系和法律规范保护目的范围。在某种程度上，法律规范保护目的范围理论是为了弥补相当因果关系理论的不足而逐渐发展起来的。[1]在考量违约责任范围时，我国《民法典》采取的是可预见性标准，即以违约方在合同订立时可预见的范围为准（《民法典》第584条），但是违约责任范围依然需要考虑合同目的之范围。违约责任虽然以违约方可预见为标准，但是不能完全脱离合同目的之范围。显然，违约责任的承担受到合同框架的限制或指引。因此，对于违法责任范围，也需要考虑所违反法律的立法目的之范围，侵权责任的承担也不例外。侵权责任的成立、侵权损害赔偿之范围都受到侵权法律规范保护目的之范围的限制或指引。法律规范保护目的范围优先于相当性，因为立法者的预见要远于常人的一般可预见性。[2]在某种程度上，法律规范保护目的标准使相当因果关系变得多余，相当因果关系基于生活经验和一般的可预见性，法律规范保护目的源于抽象的立法目的，系为了阻止特定的损害。一方面，法律规范保护目的理论会限制因果关系，即具有相当因果关系的损害也不在损害赔偿范围之内。另一方面，法律规范保护目的理论会拓宽因果关系的范围，即不具有相当因果关系的损害也可以得到赔偿，如窃贼对非相当性损害也要承担损害赔偿责任。

---

〔1〕 参见王泽鉴：《侵权行为》，北京大学出版社2016年版，第210-211页。
〔2〕 See Karl Larenz, Lehrbuch des Schuldrechts, Allgemeiner Teil 14, Auflage, Verlag C. H. Beck, 1987, S. 440, 441.

案例 ⑦

甲委托乙装修房屋，乙指派丙具体完成装修工作。甲将一个装着氢氧化钠液的啤酒瓶遗忘在房间内。丙看到了该瓶子，该瓶子上写着"危险，请勿饮用"。在工作间隙，丙无意中混淆了自己的啤酒瓶和该啤酒瓶，喝了装置化学制剂啤酒瓶内的液体，身体受到伤害。

问题： 丙对甲是否享有损害赔偿请求权？

答题指引

一、丙是否可以依据《民法典》第 1166 条、第 1239 条第 1 分句的规定请求甲承担损害赔偿责任。

（一）丙的健康权受到损害。

（二）丙的健康权损害与甲之不作为之间存在相当因果关系，丙的健康权损害在法律保护目的范围之内。该损害由甲之不作为造成。氢氧化钠液属于强腐蚀性、高致病性的高度危险品，其自然属性极易危及人身、财产，其占有人甲负有防止该高度危险品侵害他人权益的安全保障义务，甲在瓶子上记载"危险，请勿饮用"是不够的，还应当采取必要的安全保护措施。而且，甲将氢氧化钠液装入啤酒瓶中，遗忘在房间内，容易造成他人误取误喝。如果甲在施工开始前将该瓶子抛弃或妥善保管，则不可能发生丙受害之事实。该不作为系丙之损害的原因，丙之损害可归责于甲的不作为。

（三）甲之不作为具有违法性，且无违法阻却事由。

（四）甲将一个装着氢氧化钠液的啤酒瓶遗忘在房间内，并未完全丧失对该啤酒瓶的占有，依然保持对该啤酒瓶的事实管领和控制。依据《民法典》第 1239 条之规定，甲占有强腐蚀性、高致病性等高度危险物造成他人损害，占有人甲应当承担侵权责任。

（五）丙无意中混淆了自己的啤酒瓶和该啤酒瓶，并非故意饮用该高度危险品，甲的侵权责任不能免除。但是，丙未仔细看清啤酒瓶上的警示标语，对损害的发生也存在重大过失，依据《民法典》第 1173 条和第 1239 条但书第 2 句的规定，可以减轻甲的损害赔偿责任。

结论： 甲侵害丙之健康权的侵权构成要件完全符合，丙可依据《民法典》第 1166 条、第 1239 条第 1 分句的规定请求甲承担损害赔偿责任，但是可以依据《民法典》第 1173 条、第 1239 条但书第 2 句的规定，减轻甲的损害赔偿责任。

◆ **理论评析**

与有过失。与有过失，也被称为过失相抵，是指受害人对于损失的发生或扩大也存在过错，应当分担相应的损失。[1]与有过失在民法理论上被解释为受害人对不真正义务之违反，即违反了自己对自己的自我照顾义务，造成了损失的发生或扩大。与有过失的法律效果是减损规则，即可以减轻侵权人的损害赔偿责任（《民法典》第 1173 条）。不真正义务是自己照顾自己的义务，并不是真正意义上的义务概念。其主要特征有二：其一，不真正义务不能强制执行，即不能强制履行不真正义务；其二，违反不真正义务，无需承担损害赔偿责任，仅仅是减弱请求权的效力，即减轻侵权人的责任。在合同法上，典型的不真正义务包括警示、及时通知、及时受领等。需要注意的是，如果当事人将不真正义务的内容明确约定为合同义务，如当事人明确将受领作为合同主义务，则当事人违反该约定的义务，可以构成违约，并需要承担违约责任。

案例 8

甲的车被乙故意砸坏，甲向乙主张侵权损害赔偿责任，赔偿车辆修理费 1 万元。现查明，甲将该车向丙公司投了财产险，丙向甲支付了保金 1 万元。乙主张：甲的损害已经得到赔偿，自己不用承担侵权损害赔偿责任。

问题：乙的主张是否合法？

答题指引

一、甲是否可以依据《民法典》第 1165 条第 1 款请求乙承担损害赔偿责任。

（一）侵权构成

1. 甲的汽车被乙砸坏，甲的财产权受到损害。

2. 甲的财产权损害由乙的行为导致，二者存在相当因果关系，甲的财产

---

〔1〕　See Manfred Wandt, *Gesetzliche Schuldverhältnisse*, Verlag Franz Vahlen, 2019, S. 537, 538.

权损害在法律保护目的范围之内。

3. 乙存在侵害甲的所有权的故意。

中间结论：甲可以依据《民法典》第1165条第1款的规定请乙承担损害赔偿责任。

（二）侵权赔偿范围

1. 甲支付的修理费基于甲的财产权损害产生，属于甲的财产权被侵害而产生的损失，该修理费损失可归责于乙，与乙的行为存在相当因果关系，而且该修理费在法律保护目的范围之内，乙应予赔偿。

2. 问题是：乙是否可以基于损益同销主张免除赔偿责任。损益同销的构成要件包括：（1）基于同一损害之原因获得利益，损害与收益存在相当因果关系。（2）扣除获益对侵权人与受害人都是正当且合理的。甲获得保险公司的保金与甲的损害之间存在因果关系，但是甲获得保金是基于其与丙保险公司订立的保险合同，甲订立保险合同之目的在于保护自己的财产利益，使得自己的损害更快更有保障地获得赔偿，而并非为了免除侵权人的侵权损害赔偿责任。适用损益同销规则对于甲而言是不合理的，侵权人因保险公司给付保金而免除赔偿责任也是不正当的，因此损益同销规则不能适用。

中间结论：乙不能基于损益同销主张免除赔偿责任。

3. 依据《保险法》[1]第60条第1款的规定，丙保险公司在向甲支付保金之日起，在1万元保金范围内可代位行使甲对乙的侵权损害赔偿请求权。

最终结论：乙的主张不合法，乙需要承担侵权损害赔偿责任。丙保险公司可依据《保险法》第60条第1款的规定代位行使甲对乙的侵权损害赔偿请求权。

◆ **理论评析**

损益同销。损益同销是指基于同一损害之原因，受害人获得利益，在计算损害赔偿数额时，应当将该获益扣除。其构成要件有二：其一，受害人基于同一损害之原因获得利益，损害与收益存在相当因果关系；其二，扣除获益对侵权人与受害人都是正当且合理的。[2]损益同销首先需要明确受害人的

---

［1］ 全称为《中华人民共和国保险法》，以下简称《保险法》。

［2］ See Manfred Wandt, Gesetzliche Schuldverhältnisse, Verlag Franz Vahlen, 2019, S. 519.

获益是基于同一损害之原因获得。如甲被乙开车撞伤，甲住院治疗，出院后，甲所在用人单位丙公司将甲开除，甲以违法解除合同为由向丙公司提起劳动仲裁，获得1万元的赔偿金。乙主张在其损害赔偿中扣除该1万元。甲获得的1万元赔偿金是基于用人单位违法解除合同，并不是基于甲被乙开车撞伤的损害原因，该获益不能适用损益同销规则。其次，需要明确获益和损害之间存在相当因果关系。如受害人为了去除被损害的树木，意外发现了埋藏的宝藏。去除损害和发现宝藏之间并不存在相当因果关系，受害人的获益不能适用损益同销。最后，需要明确扣除利益对于受害人和加害人而言都是正当且合理的。如旧房屋因火灾而毁损，加害人修建了一座新房屋。但是如果增值不是受害人所期待的，不能适用损益同销，只有在受害人利用该增值时（如出卖、出租或无需为必要之修理），才可以适用损益同销规则。

◆ **参考法条**

《保险法》

第六十条　因第三者对保险标的的损害而造成保险事故的，保险人自向被保险人赔偿保险金之日起，在赔偿金额范围内代位行使被保险人对第三者请求赔偿的权利。

前款规定的保险事故发生后，被保险人已经从第三者取得损害赔偿的，保险人赔偿保险金时，可以相应扣减被保险人从第三者已取得的赔偿金额。

保险人依照本条第一款规定行使代位请求赔偿的权利，不影响被保险人就未取得赔偿的部分向第三者请求赔偿的权利。

案例 ⑨

甲将自己的房屋出租给乙，租期1年。租期届满交房时，甲发现乙将房屋的窗户砸坏，甲向乙主张损害赔偿。后甲将该房屋又出租给丙，双方订立房屋租赁合同，丙表示自己负担费用将该窗户修好。乙据此拒绝向甲承担窗户损害的赔偿责任。

问题： 乙是否需要对甲承担窗户损害的赔偿责任？

答题指引

一、甲是否可以依据《民法典》第733条第2句、第711条请求乙承担损害赔偿责任。

（一）甲乙意思表示一致，订立了有效的房屋租赁合同。

（二）在租赁期内，乙负担承租人的义务，应当按照约定的方法或根据租赁物的性质使用租赁物，乙将房屋的窗户砸坏，甲可请求乙赔偿损失。

结论：甲可以依据《民法典》第 733 条第 2 句、第 711 条请求乙承担损害赔偿责任。

二、甲是否可以依据《民法典》第 1165 条第 1 款的规定请求乙赔偿损失。

（一）甲的财产权受到损害，甲的房屋之窗户被乙砸坏。

（二）甲的财产权损害与乙的行为存在相当因果关系，该财产权损害在法律保护目的范围之内。

（三）乙存在过错。

结论：甲可以依据《民法典》第 1165 条第 1 款的规定请求乙赔偿损失。

三、乙是否可以甲的损害得到补偿（损益同销）为由主张免除赔偿责任。

（一）甲的获益并非基于同一损害原因而获得，乙造成甲的财产权损害与甲获得的利益之间不存在相当因果关系。丙愿意以自己的费用负担修理窗户的费用是基于甲丙的合同约定，与乙的侵害行为没有关联。甲的获益完全是基于偶然的第三人自愿清偿决定，并不是基于损害原因而获得，该获益与损害之间缺乏相当因果关系。

（二）损益同销对甲和乙都是不合理的，也是不正当的。甲和新承租人丙独立订立房屋租赁合同，丙自愿负担维修窗户的费用，双方的该约定源于对自身利益的考虑，而根本未涉及乙的利益，乙也没有参与该合同的协商。如果将丙自愿负担维修费用之意思解释为为第三人乙之利益，既不合理，也缺乏正当性基础。将该利益扣除对甲而言是不合理的，对乙而言也不正当，乙应当对自己的违约行为承担违约责任。

（三）甲将房屋再次出租，未造成损失的扩大，未违反不真正义务，乙无法主张减免责任（《民法典》第 591 条）。

结论：乙要依据《民法典》第 711 条、第 1165 条第 1 款的规定向甲承担窗户损失的全部赔偿责任。

◆ **理论评析**

租赁合同中承租人和出租人的债务关系

租赁合同是典型的债权债务关系，其产生的是出租人和承租人之间的债权债务关系，出租人请求承租人支付租金并按时按约返还租赁物，承租人请求出租人交付租赁物并保持租赁物的适租状态。由于租赁合同涉及租赁物的占有，因此租赁合同还涉及出租人和承租人的占有关系，出租人系有权占有、间接占有、自主占有，承租人是有权占有、直接占有、他主占有。承租人获得的租赁权是基于租赁合同产生的债权，不是针对租赁物的物权。租赁权的权利基础是租赁合同，租赁合同的变更、解除和终止直接对租赁权产生影响。而且租赁权的处分受到一定的限制，由于合同的相对性，租赁权的转让一般需要经过出租人同意。而租赁物上的物权与债权不同，其系对租赁物的排他性的支配权，适用物权取得、移转、消灭的物权变动规则，而且物权具有独立的处分性，一般可自由处分。

案例 **10**

甲喝醉了酒，独自一人漫步在过街天桥上。由于甲的个子很高，甲不小心翻过过街天桥的护栏摔落到马路上，乙正在马路上正常驾驶汽车，甲和乙的汽车相撞。甲受重伤，支出医疗费 20 万元。

问题： 甲是否可以请求乙承担损害赔偿责任？

答题指引

一、甲是否可以依据《民法典》第 1165 条第 1 款、《道路交通安全法》第 76 条第 1 款第（二）项第 3 分句的规定请求乙承担损害赔偿责任。

（一）甲的人身权益受到侵害。甲受重伤，支出医药费 20 万元。

（二）甲的人身损害由乙驾驶汽车导致，二者存在相当因果关系，甲的人身损害在法律保护目的范围之内。

（三）乙驾驶汽车致人损害之行为具有违法性。

（四）乙不存在主观的过错。依据《道路交通安全法》第 76 条第 1 款第（二）项第 3 分句的规定，机动车一方没有过错的，承担不超过百分之十的赔偿责任。因此即使乙没有过错，依然需要承担不超过百分之十的赔偿责任。机动车发生交通事故造成人身伤亡、财产损失的，由保险公司在机动车第三者责任强制保险责任限额范围内予以赔偿，乙对保险公司赔偿不足的部分承担百分之十的赔偿责任（《道路交通安全法》第 76 条第 1 款）。由于甲醉酒不慎跌落过街天桥，不存在故意，乙不存在免责事由（《道路交通安全法》第76条第2款）。

结论：如果保险公司在机动车第三者责任强制保险责任限额范围内不足赔偿甲的损失，甲可以依据《道路交通安全法》第76条第1款第（二）项第3分句的规定请求乙对不足部分承担百分之十的损害赔偿责任。

观点争议

如果过街天桥的护栏高度不合理，存在安全隐患，存在行人掉落的危险，则受害人可依据《民法典》第1198条第1款的规定请求过街天桥的管理单位承担违反安全保障义务的损害赔偿责任。

◆ **理论评析**

机动车交通事故责任

机动车发生交通事故造成损害的，依照《道路交通安全法》和《民法典》的相关规定承担赔偿责任。机动车交通事故责任制度的核心依然是要保护受害人利益，因此，首先由保险公司在第三者责任险的范围内赔偿。现代侵权法发展的核心命题是在归责的基础上更多强调对损失的分担，以及对受害人充分的救济和保护。机动车交通事故责任属于特殊的侵权责任类型，尤其是机动车和非机动车、行人之间发生交通事故，适用无过错责任归责原则，即使机动车一方没有过错，也要承担不超过百分之十的赔偿责任；除非交通事故的损失是由非机动车驾驶人、行人故意碰撞机动车造成的，机动车一方不承担赔偿责任。

◆ **参考法条**

《道路交通安全法》

第七十六条 机动车发生交通事故造成人身伤亡、财产损失的，由保险公司在机动车第三者责任强制保险责任限额范围内予以赔偿；不足的部分，按照下列规定承担赔偿责任：

（一）机动车之间发生交通事故的，由有过错的一方承担赔偿责任；双方都有过错的，按照各自过错的比例分担责任。

（二）机动车与非机动车驾驶人、行人之间发生交通事故，非机动车驾驶人、行人没有过错的，由机动车一方承担赔偿责任；有证据证明非机动车驾驶人、行人有过错的，根据过错程度适当减轻机动车一方的赔偿责任；机动车一方没有过错的，承担不超过百分之十的赔偿责任。

交通事故的损失是由非机动车驾驶人、行人故意碰撞机动车造成的，机动车一方不承担赔偿责任。

案例 11

甲在回家路上，被一条大狗咬伤。两天后，当甲再次遇到这条狗时，狗再次咬甲，甲出手将其打死。经过鉴定，被甲打死的狗由乙饲养，系德国牧羊犬，价值 3.6 万元。

问题： 乙是否可以请求甲承担损害赔偿责任？

答题指引

乙是否可以依据《民法典》第 1165 条第 1 款请求甲承担损害赔偿责任。

（一）乙的狗（价值 3.6 万元）被甲打死，乙的财产权受到损害。

（二）乙的财产权损害由甲的行为导致，二者之间存在因果关系，该财产损害在法律保护目的范围之内。

（三）甲打死乙之狗的行为构成紧急避险，系违法阻却事由。

1. 甲遭到乙饲养之狗的撕咬，存在甲的人身权益受到严重损害之急迫危险。

2. 甲为避免自己的人身权益受损害的急迫危险实施了避险行为，甲出手将该狗打死。

3. 该狗具有极强的攻击性，而且甲遭遇该狗的第二次撕咬，情况非常危急，为保护自己的人身安全，甲对狗采取紧急避险行为，具有正当性和合理性。焦点问题是：甲将狗打死是否超过了必要的限度。甲的人身权益高于狗的客观价值。在存在人身安全危险的急迫状态下，无法对甲提出过高的注意义务要求，情急之下，甲出手将狗打死，并不存在故意或重大过失，不应当承担避险过当的法律责任。甲在避险时无法准确判断其行为是否会导致狗受伤或死亡，其出手将狗打死属于紧急避险的合理范围。因此甲将乙之狗打死的行为构成紧急避险，该行为不具有违法性，甲的行为不构成侵权，不需要承担侵权损害赔偿责任。因该紧急避险造成损害的，可归责于狗的饲养人乙，乙应当自行承担该损害（《民法典》第 182 条第 1 款）。

结论：乙不可以依据《民法典》第 1165 条第 1 款请求甲承担损害赔偿责任。

观点争议

甲的行为构成避险过当，将狗打伤即可，不必打死。甲将狗打死的行为违背了紧急避险制度中的比例原则（《民法典》第 182 条第 3 款），乙可以依据《民法典》第 1165 条第 1 款请求甲承担损害赔偿责任。

◆ 理论评析

紧急避险和避险过当

紧急避险是指因避免自己或他人的生命、身体、自由或财产上急迫之危险所为之行为。与正当防卫不同，紧急避险的险情来源广泛，可能源于他人之行为，也可能源于他人之物或自然原因。紧急避险性质上属放任行为，阻却违法，避险人不负赔偿责任。在紧急状态下，两个以上法益相互冲突，法律无法保护，也无法禁止，因此放任之，使得法律秩序暂时停止作用。但是，避险行为不得超过必要限度，避险过当造成不应有的损害的，需要承担民事责任（《民法典》第 182 条第 3 款）。避险行为应当符合下列原则：其一，必要性原则，避险行为对于避免危险是必要的。其二，比例原则，即尽量采取造成最小损害之行为避险。如为了阻止价值很高的狗对花园造成很小的损失，不能直接将狗打死。其三，法益衡量原则，[1]采取避险行为需要衡量避险加害之法益与危险损害之法益。如不能为了财产利益而牺牲生命、身体利益。

案例 12 [2]

2019 年的一天，一个六岁女童甲哭闹着不肯上学，她的父亲乙就用拖车绳把她绑在了路边树上。路人丙随手拍了一个 9 秒的视频，并将其上传到某社交平台上。视频清晰地显示了女童甲的面部，还能看到女童甲的内裤，视频还显示了在丙拍摄时女童的父亲乙上前制止。当天该视频在网络上广泛传播，引发公众热议，并惊动了警方。丙当天晚上将该视频删除。

---

〔1〕 参见王泽鉴：《民法总则》，北京大学出版社 2009 年版，第 540 页。
〔2〕 参见"女童被虐视频上网"人格权案（案例来源：北京互联网法院）。

问题：

1. 丙拍摄视频，并将其在网络上传播的行为，是否侵犯女童甲的肖像权？
2. 丙的行为，是否侵犯女童甲的隐私权？
3. 丙的行为，是否侵犯女童父亲乙的肖像权？

答题指引

问题1：

甲是否可以依据《民法典》第1165条第1款的规定请求丙承担侵害肖像权的损害赔偿责任。

（一）丙将包括甲的肖像之视频上传到社交平台，未经肖像权人甲同意，擅自公开了肖像权人甲的肖像（《民法典》第1019条第1款第2句），使得甲的肖像权受到侵害。

（二）甲的肖像权损害与丙的行为存在相当因果关系，甲的肖像权之损害在法律保护目的范围之内。

（三）丙的侵害行为具有违法性。虽然丙上传包含甲之肖像的视频到网络社交平台的目的在于保护甲的合法权益〔《民法典》第1020条第（五）项〕，但是依据未成年人特殊保护的原则（《未成年人保护法》[1]第4条），丙采取的方式不当。丙没必要公开未成年人的肖像，丙可以报警，若上传视频应以打马赛克的方式对未成年人肖像进行处理，使未成年人不能被辨识。否则，其为了维护肖像权人甲合法权益的行为本身，同时会侵犯甲的肖像权。

（四）丙擅自将甲的肖像上传到社交平台，存在主观上的故意。

结论： 甲可以依据《民法典》第1165条第1款的规定请求丙承担侵害肖像权的损害赔偿责任。

问题2：

甲是否可以依据《民法典》第1165条第1款的规定请求丙承担侵害隐私权的损害赔偿责任。

（一）甲的隐私权受到了侵害。丙拍摄的视频拍到了乙的内裤，丙将该视频在网络上传播，侵害了甲的个人隐私（《民法典》第1032条）。

（二）甲的隐私权损害与丙的行为之间存在相当因果关系，甲的隐私权损害在法律保护目的范围之内。

---

〔1〕　全称为《中华人民共和国未成年人保护法》，以下简称《未成年人保护法》。

（三）丙的行为具有违法性。虽然丙拍摄视频的目的在于保护未成年人甲的利益，但是其采取的方式不适当，而且未成年人需要特殊的保护（《未成年人保护法》第4条）。

（四）丙存在主观上的故意。

结论：甲可以依据《民法典》第1165条第1款的规定请求丙承担侵犯隐私权的损害赔偿责任。

问题3：

乙是否可以依据《民法典》第1165条第1款的规定请求丙承担侵害肖像权的损害赔偿责任。

（一）乙的肖像权受到侵害。丙未经乙同意，擅自将包括乙之肖像的视频上传到社交平台，未经肖像权人乙同意，擅自公开了肖像权人乙的肖像（《民法典》第1019条第1款第2句），使得乙的肖像权受到侵害。

（二）乙的肖像权受到侵害与丙的行为存在相当因果关系，而且乙的肖像权之损害在法律保护目的范围之内。

（三）丙的行为不具有违法性。丙行为之目的在于保护未成年人利益，在于制止侵害未成年人合法权益的行为，该制止行为符合公共利益的需要。依据《民法典》第1020条第（五）项的规定，丙可以不经乙同意，使用乙的肖像。

结论：乙不可以依据《民法典》第1165条第1款的规定请求丙承担损害赔偿责任。

◆ **理论评析**

未成年人的特殊保护

未成年人的民事权益需要得到特殊保护，尤其是未成年人的人身权，如肖像权、隐私权等，更需要获得法律的特殊保护，法律对未成年人保护有特殊规定的，依照其规定（《民法典》第128条）。如《未成年人保护法》对未成年人保护有特别规定的，应当依照《未成年人保护法》的相关规定。由于未成年人无民事行为能力或民事行为能力受限制，无法通过民事法律行为从事民事活动、享有民事权利，其民事权益更需要获得特殊保护。在父母教育管理未成年子女的过程中，可能会涉及对未成年人人身权益的侵害。在幼儿园、学校教育管理过程中，也可能会涉及对未成年人民事权益的侵害。

◆ **参考法条**

《未成年人保护法》

第四条　保护未成年人，应当坚持最有利于未成年人的原则。处理涉及未成年人事项，应当符合下列要求：

（一）给予未成年人特殊、优先保护；

（二）尊重未成年人人格尊严；

（三）保护未成年人隐私权和个人信息；

（四）适应未成年人身心健康发展的规律和特点；

（五）听取未成年人的意见；

（六）保护与教育相结合。

案例 13

原告宋先生与被告周先生都是羽毛球业余爱好者，2020 年 4 月 28 日，原告、被告等人在朝阳区红领巾公园进行羽毛球比赛，比赛中，周先生击打的羽毛球击伤宋先生右眼。宋先生以周先生侵犯其生命权、健康权、身体权为由诉至北京市朝阳区人民法院，要求周先生承担侵权责任，赔偿医药费等损失，并认为即使周先生不存在重大过失，也应适用公平责任分担损失。而周先生认为，宋先生受伤前已连续参加三场比赛，其应知道自己是否适宜继续参加比赛及其风险，且自己没有重力扣杀，是平打过去的，自己没有过错，不应承担责任。

问题：宋先生是否可以请求周先生承担损害赔偿责任？

答题指引

宋先生是否可以依据《民法典》第 1165 条第 1 款请求周先生承担损害赔偿责任？

（一）宋先生的人格权受到了侵害。宋先生的右眼受伤了，宋先生的身体权、健康权受到了侵害。宋先生的身体权和健康权的侵害由周先生的行为导致。周先生的击打行为属于周先生有意识的行为，该击打行为直接导致宋先生的身体损害。宋先生的击打行为与宋先生的身体损害之间存在相当因果关系，宋先生的身体损害在法律规范保护目的范围之内，应当受到法律的保护。

（二）周先生的击打行为不具有违法性。周先生和宋先生进行羽毛球比赛，该比赛存在一定的风险。宋先生参加羽毛球运动应该清楚此项运动具有一定的危险性，其自愿参加比赛，应当认定为自甘风险（《民法典》第1176条第1款第1分句）。首先，宋先生自愿将自己置于可能的危险状况之下。宋先生自愿参加羽毛球比赛，自己选择处于羽毛球比赛的风险当中。其次，羽毛球比赛的危险不为法律禁止，不违背公序良俗，被社会认可。最后，周先生对损害的发生不存在故意或重大过失（《民法典》第1176条第1款但书）。周先生不存在击打宋先生的故意，而是在参加比赛过程无意击伤宋先生右眼。周先生不存在重大过失，在体育比赛中，从普通人的客观视角出发，周先生正常参加比赛，尽到了普通人的注意义务，不存在重大过失。侵权构成的核心是归责问题，即为何将自己的损害归属给他人承担。将自己的损害归属给他人承担，需要特殊的理由，此所谓"归责"问题。宋先生自愿参加羽毛球比赛，应当预见到体育比赛的风险，应当自行承担因该比赛风险而产生的身体损害。

结论：宋先生不可以依据《民法典》第1165条第1款请求周先生承担损害赔偿责任。

◆ **理论评析**

自甘冒险和侵权责任。侵权责任构成包括该当性、违法性和有责性三阶层的构成要件，自甘冒险可以阻却违法性。虽然受害人受到了人身或财产损害，而且该损害由加害人可归责的行为导致，但是加害人的加害行为不具有违法性。该损害发生在体育比赛当中，体育比赛存在着危险，该危险是受害人可预见的，而且受害人主动自愿将自己置于该危险之中。同时体育比赛的风险被社会所认可和接受，受害人自行承担体育比赛中的风险，也符合一般的社会交往观念。并不是所有的损害都能得到法律的保护，侵权法律制度无法为所有的损害提供救济，而只能对符合侵权责任构成要件的损害进行填补。对于自甘冒险发生的损害，当事人可以通过办理保险的方式来分担风险。

第五章　物　权

第一节　物权总论

案例 ❶ [1]

甲向乙购买了一部新车，但乙迟迟不履行合同，迟迟未交车。甲委托律师丙交涉，乙将该车交付给丙。丙将该车从车库开出后，被丁醉驾汽车迎面撞上，车被撞毁。

问题：甲是否可向丁请求损害赔偿？

答题指引

甲是否可以依据《民法典》第 1165 条第 1 款的规定向丁请求损害赔偿。

甲基于所有权被侵害而向丁请求损害赔偿的前提是甲获得汽车的所有权。甲取得所有权主要应有两个要件，其一，物权合意；其二，交付（《民法典》第 224 条）。（1）物权合意。甲乙在汽车买卖合同中已经达成移转该车所有权之物权合意。甲委托丙律师交涉，即授予丙代理权，丙以甲之代理人身份与乙达成移转该车所有权之物权合意。（2）交付汽车。①代理规则不能适用。乙将汽车交付给丙，因交付是一种事实行为，而非意思表示，代理规则不能适用。②占有辅助人规则不能适用。占有辅助人与占有人之间存在上下指挥的服从关系，丙与甲之间不是该服从关系，而是委托关系，丙不是甲的占有辅助人。甲无法通过占有辅助人规则之适用取得该车的占有。③直接占有和间接占有规则可适用。甲丙存在委托关系，可解释为包含预先的占有媒介关系之

---

〔1〕 参见刘昭辰：《物权法实例研习》，三民书局股份有限公司 2013 年版，第 23 页。

约定，丙可作为保管人，暂时为甲保管该车，并及时将车移交甲。乙将汽车交付给丙，丙为该车之直接占有人，甲为该车之间接占有人，并获得该车之所有权（《民法典》第224条）。甲系该车的所有人，丁醉驾将该车撞毁，侵害了甲的所有权，甲可向乙主张侵权损害赔偿责任。

结论：甲取得该车之所有权，甲可以依据《民法典》第1165条第1款的规定向丁请求损害赔偿。

◆ **理论评析**

代理和交付。代理是属于意思表示的制度，是针对意思表示的代理。一般而言，交付是转移占有的事实行为。尤其是就现实交付而言，不存在转移占有的意思表示，而是转移占有的自然意思结合物的管领和控制事实的移转，[1]因此交付无法适用代理制度。在观念交付中，如果存在当事人意思表示的合意，则可以存在代理制度适用的空间。如指示交付，在当事人达成返还请求权让与合意时，物的所有权发生移转。如将返还请求权让与合意理解为意思表示之合意，则可以通过代理制度完成指示交付。

案例 2 [2]

甲受乙的欺诈，将其所有的A房屋出售给乙，并依据让与合意办理登记过户手续。其后，甲基于欺诈撤销双方之债权行为和物权行为，但未办理房屋登记簿的注销登记。某日，乙因交通意外死亡，其不知情的继承人丙，办妥房屋继承登记手续后，将房屋设定抵押权给银行（办妥抵押权登记），向银行贷款。其后，该房屋被张三故意烧毁。

问题：

1. 丙是否可取得A房屋之所有权？为什么？
2. 银行是否可取得A房屋之抵押权？为什么？
3. 房屋被烧毁后，银行的债权是否还有担保物权担保？为什么？

---

〔1〕 参见［德］鲍尔/施蒂尔纳：《德国物权法（下册）》，申卫星、王洪亮译，法律出版社2006年版，第118页。

〔2〕 参考引用自我国台湾地区律师资格考试考题。

答题指引

（一）丙不能取得 A 房屋之所有权

1. 甲受乙欺诈，依法撤销甲乙之间的债权行为和物权行为，因此移转该房屋所有权之物权行为自始无效，房屋所有权人依然系甲（《民法典》第 155 条）。

2. 物权登记之公信保护基于民事法律行为的物权交易，保护交易安全，而不涉及非民事法律行为之物权变动，继承系非民事法律行为之物权变动，不属于物权登记公信力保护之范围，而且继承人应承继被继承人之权利瑕疵，其无法主张物权登记之信赖保护。被继承人没有 A 房屋之所有权，继承人无法主张登记簿之信赖保护，同样没有 A 房屋之所有权。

（二）银行可善意取得 A 房屋之抵押权

1. 为保护交易安全，基于物权登记之信赖，从事民事法律行为之物权交易，应受物权登记公信力保护（《民法典》第 216 条第 1 款）。

2. 依据《民法典》第 311 条第 1 款之规定，银行可善意取得 A 房屋之抵押权。虽然丙擅自在 A 房屋上擅自设定抵押权，属于无权处分，但银行系善意（信赖登记簿之登记），而且向丙提供借款（支付合理对价），同时办理抵押权登记，符合善意取得之构成要件。

（三）银行的债权依然有权利质权为担保

1. 《民法典》第 390 条第 1 句规定，担保期间，担保财产毁损、灭失或者被征收等，担保物权人可以就获得的保险金、赔偿金或者补偿金等优先受偿。据此，抵押权人可就因抵押物灭失而获得的损害赔偿金优先受偿。

2. 该题中，抵押之房屋因张三之故意而烧毁，房屋所有人甲对张三享有损害赔偿请求权，因此银行的抵押权的效力及于对张三的损害赔偿金。依据《民法典担保制度解释》[1]第 42 条第 1 款之规定，该抵押权可转换为以甲对张三的债权为客体的债权质权，继续担保银行之债权。

◆ **理论评析**

1. 物权公信的保护范围

物权公示和公信仅仅针对基于法律行为的物权变动，非基于法律行为的

---

[1] 全称为《最高人民法院关于适用〈中华人民共和国民法典〉有关担保制度的解释》，以下简称《民法典担保制度解释》。

物权变动不适用物权公示规则，也不能获得物权公信力的保护。物权公信是指信赖物的登记或占有的表征而从事（物权）交易的（处分行为），即使其表征与实质的权利不符，对于信赖该表征的人也不生任何影响。[1]具体而言，物权公信一般是指基于物权公示（登记或占有之表征）的信赖，从事物权交易，实施民事法律行为（一般是处分行为），受到法律保护，即基于物权公示从事的处分行为有效，交易相对人的交易安全获得保护。比较典型的是，交易相对人可以善意取得物权。但是非基于法律行为的物权变动无法获得物权公信的保护，如继承。继承不涉及法律行为之交易，不能适用善意取得规则，因此丙无法善意取得 A 房屋的所有权。

2. 担保物权的物上代位性

担保物权的标的物毁损、灭失，因而受赔偿金时，该赔偿金为担保物权标的物之替代物。担保物权的效力在于交换价值，当标的物具体化为交换价值（保险金、赔偿金、补偿金等），担保物权的效力当然可及于该交换价值。担保物权的代位性一般是针对非法律行为交易上的代位物或代位金，如担保物毁损、灭失后的保险金、赔偿金、补偿金等，而一般不是担保物出售后的价款。担保物的物上代位性体现了担保物权的延伸效力，展现了担保物权的追及效力。虽然担保物毁损或灭失，但是担保物权并不消灭，其效力及于担保物毁损灭失后的保险金、赔偿金、补偿金，具体行使规则适用债权质权规则。以保险金为例，担保物权人针对保险公司的保金请求权享有质权（法定债权质权），就该保金请求权享有优先受偿之权利。

案例 3

甲购买了一套小户型公寓，乙公司的经营场所是甲居住地址的底商，每天早上六点多（有时深夜一、二点），会有多辆大小不一的运输车送货，期间不时鸣笛，住在底商楼上的居民常被惊醒于睡梦中。乙公司快递员装卸货物落地，砸得楼板山响，睡在床上听得一清二楚，严重影响楼上居民的休息，且假日无休息，天天如此。楼上居民甲几乎每天都是早上七点前被分货噪音吵醒。

问题：甲对乙的请求权关系如何？

---

[1] 参见史尚宽：《物权法论》，中国政法大学出版社 2000 年版，第 44 页。

答题指引

一、甲是否可以依据《民法典》第 236 条的规定请求乙排除噪音的妨害。

（一）甲系一套小户型公寓的所有人。

（二）甲对其房屋所有权之行使受到乙经营活动产生的噪音的妨害。乙公司的经营活动影响了甲对其房屋所有权享有的圆满状态，严重影响了甲正常的生活安宁。

（三）乙的妨害行为具有违法性。乙经营活动产生的噪音超过了合理范围，对甲以及其他居民的正常生活安宁造成了严重的影响，甲对此没有容忍义务。至少乙在居民的休息时间（12：00-14：00；19：00-8：00），应当尽量减少业务活动，降低噪音的音量，尽量减小对楼上居民的影响（《中华人民共和国环境保护法》第 6 条第 3 款）。

结论：甲可以依据《民法典》第 236 条的规定请求乙排除噪音的妨害。

观点争议

另一种观点认为，甲购买了带底商的房屋，其应当预见底商的噪音影响，同时房屋售价可能会因此更低一些，甲有义务容忍乙公司正常经营活动产生的噪音。该观点说服力不足，乙正常的经营活动不能以严重影响楼上居民的正常生活安宁为代价，除非是抢修、抢险作业。对于在生产工艺上必须连续作业的或者因特殊需要必须连续作业的，还必须经县级以上人民政府环境保护部门批准［参照《中华人民共和国噪声污染防治法》（以下简称《噪声污染防治法》）第 43 条］。

二、甲是否可以依据《民法典》第 462 条第 1 款第 2 分句的规定请求乙排除噪音的妨害。

（一）甲系一套小户型公寓的占有人，甲系自主占有、直接占有、有权占有。

（二）甲对其房屋所有权的占有受到乙公司经营活动产生的噪音的妨害。噪音导致甲的正常生活受到严重影响，甲无法正常享有该房屋占有的利益。

（三）乙的妨害行为具有违法性。

结论：甲可以依据《民法典》第 462 条第 1 款第 2 分句的规定请求乙排除噪音的妨害。

三、甲是否可以依据《民法典》第 294 条、第 296 条的规定请求乙排除妨害。

甲和乙公司系不动产相邻关系中的当事人。乙公司不得违反国家规定排放噪声等有害物质，在利用房屋时，应当尽量避免对相邻的居民造成损害。为避免造成损害，甲可请求乙排除噪音的妨害。

结论：甲可以依据《民法典》第 294 条、第 296 条的规定请求乙排除妨害。

◆ **理论评析**

1. 基于物权妨害排除请求权和基于占有的妨害排除请求权

物权请求权一般包括原物返还请求权、妨害排除请求权和妨害预防请求权。妨害排除请求权的构成要件有三：其一，请求权人是物权人；其二，存在对物权行使圆满状态之妨害；其三，妨害具有违法性。[1]妨害违法性的判断不能简单以行政法律法规的规定为准。即使妨害人的行为符合行政法律法规的规定，也依然存在构成妨害物权的空间。妨害排除请求权的成立不考虑妨害人的过错，只要存在影响物权行使的妨害，物权人即可依法主张妨害排除请求权。基于占有的妨害排除请求权的构成要件和基于物权的妨害排除请求权的构成要件的结构一致，不同的是基于占有的妨害排除请求权的请求权人是占有人。

2. 相邻关系中的法定债务关系

相邻关系在物权法上属于一种法定的债务关系，相邻关系规则可以为相邻关系当事人提供请求权基础。当合同请求权、物权请求权、债权请求权（如侵权责任请求权、不当得利请求权）无法为受害人提供救济和保护时，相邻关系中的法定债务关系可以为请求权基础的寻找提供帮助。

◆ **参考法条**

《噪声污染防治法》

第四十三条 在噪声敏感建筑物集中区域，禁止夜间进行产生噪声的建筑施工作业，但抢修、抢险施工作业，因生产工艺要求或者其他特殊需要必须连续施工作业的除外。

---

〔1〕 参见王泽鉴：《民法物权》，北京大学出版社 2016 年版，第 130-131 页。

因特殊需要必须连续施工作业的，应当取得地方人民政府住房和城乡建设、生态环境主管部门或者地方人民政府指定的部门的证明，并在施工现场显著位置公示或者以其他方式公告附近居民。

案例 4

甲向乙借款 10 万元，乙看见了甲的一幅油画，乙请求甲将该画出质给自己以担保该债权，甲拒绝。乙胁迫甲将该画出质，双方订立质押合同并将该画交付给乙。后来，乙将其对甲的债权让与丙，从属于该债权的质权一并让与丙，乙将出质的画交付丙。此后，甲基于胁迫撤销了该设质行为，请求丙返还该画。

问题：

1. 甲是否可请求丙返还该画？

2. 如乙对甲的债权不存在，丙是否可获得质权？

答题指引

问题1：

一、甲是否可以依据《民法典》第 235 条请求丙返还该画？

（一）甲依然系该画之所有人，该画的出质不改变所有权之归属。

（二）丙系该画的直接占有人。

（三）如丙系合法的质权人，则丙的占有依据《民法典》第 425 条系有权占有。

（1）乙将其对甲的债权让与丙，乙丙达成债权让与之合意，丙获得该债权。

（2）该债权让与，从属于该债权之质权一并让与（类推《民法典》第 407 条第 2 句），问题是该质权是否继续存在？甲乙达成设定质权之合意，并交付质物，该质权有效设立。但是甲基于胁迫依据《民法典》第 150 条撤销该设定质权之处分行为，该出质行为因撤销而自始无效，因此乙对该画并不享有质权。

（四）丙是否可依据《民法典》第 311 条善意取得该画之质权？

1. 质权的善意取得仅仅限于基于法律行为设定质权，而不适用于移转质权。不同于预告登记和抵押权移转（该两者以登记为必要条件），该条中的质权之移转缺乏必要之客观权利外观，质权移转无需交付质物，而是基于法律规定。

2. 质权移转系非民事法律行为之物权变动，而是基于债权让与而发生的法定移转（《民法典》第 547 条第 1 款）。但是，善意取得以民事法律行为交易为前提，因此丙不能善意取得该质权。

结论：丙不能依据《民法典》第 311 条取得该质权，甲可依据《民法典》第 235 条请求丙返还该画。

观点争议

质权移转系民事法律行为之交易，质权移转即处分质权之处分行为，可适用善意取得。丙已经受让乙对甲的债权，乙丙就该质权移转达成物权之合意，而且完成质物之交付，仅仅是乙缺乏质权之处分权，而善意取得之要件都符合。（1）乙丙系交易行为。（2）丙向乙支付了合理对价。（3）乙占有该质物，产生乙享有质权之客观权利外观（《民法典》第 311 条第 3 款），丙足以信赖乙系质权人且有权处分该质权。（4）该质物对于甲而言系占有委托物，非占有脱离物。因此丙可依据《民法典》第 311 条善意取得该画之质权，其占有系有权占有，甲不能依据《民法典》第 235 条请求丙返还该画。

问题 2：

基于担保物权之从属性（参照《民法典》第 393 条），担保的债权不存在或消灭，则担保物权消灭。如果甲乙并不存在债权关系，则该画之质权不成立。乙丙的债权让与不发生处分行为之效果，从属性权利也不能转让。丙不能获得并不存在之债权，更不能获得该画之质权。

◆ **理论评析**

担保物权的从属性

担保物权具有从属性，其从属于所担保的主债权设立、移转和消灭。[1] 即担保物权从属于债权存在，主债权转移，其从属的担保物权一并转移。因此，在主债权让与时，担保物权一并让与，该担保物权的让与是基于从属关系的法定让与，不是基于法律行为的转让，因此无需公示，此时也不存在他人善意取得担保物权的可能。主债权消灭的，担保物权也消灭，即使登记簿上的担保物权没有办理注销登记手续，也不影响担保物权消灭的法律效果。当然担保物权的从属性也存在例外，如最高额抵押和最高额质权有特殊性。

---

[1] 参见史尚宽：《物权法论》，中国政法大学出版社 2000 年版，第 346 页。

最高额抵押权是先于主债权设定的。

案例 5

A公司有某房屋，由A公司法定代表人B董事管理，B将该房屋出租给C，C雇佣D管理，C将该屋墙壁转租给E、F二人共同使用悬挂广告，E、F分别雇佣G、H悬挂并维护管理广告。

1. 请说明该屋与墙壁的占有关系。

2. E认为F使用墙壁超过约定部分或时间时，其法律关系如何？

3. M公司职工N受M公司安排，擅自拆除E、F悬挂的广告，占有如何保护？

4. 请分别分析B改变其服从A公司之意思，或C改变其为A公司占有之意思，A公司的占有是否消灭？或D改变其服从C之意思，C的占有是否消灭？

答题指引

问题1：

一、占有人判断

（一）B董事系A公司的法定代表人，系机关占有，占有人系A公司。

（二）D系C的占有辅助人，不具有独立之占有地位，占有人是C。

（三）G、H系E、F的占有辅助人，不具有独立之占有地位，占有人系E、F。

二、房屋的占有

（一）A公司系自主占有、间接占有、有权占有

（二）C系他主占有、直接占有、有权占有

三、就墙壁而言

物的成分（重要成分、非重要成分）都可以成为占有之客体。

（一）A公司系自主占有、间接占有（第二层）、有权占有

（二）C系他主占有、间接占有（第一层）、有权占有

（三）E和F系他主占有、直接占有、有权占有、通常共同占有

问题2：

1. 共同占有人因占有发生纠纷，应依据本权解决。

2. 如某共同占有人完全剥夺其他共同占有人的占有，则被剥夺之共同占

有人可主张占有之保护。

问题 3：

占有的保护包括私力救济和公力救济。

一、占有的私力救济

直接占有人和占有辅助人都享有私力救济权。针对 N 的侵夺行为，EFGH 都可主张占有防御权和占有物取回权。

（一）占有防御权（正当防卫：《民法典》第 181 条）

（二）占有物取回权（自助行为：《民法典》第 1177 条）

二、占有的公力救济

（一）物权（《民法典》第 462 条）

直接占有人与间接占有人都享有占有之保护请求权。如果 N 侵夺了该墙壁之占有，ACEF 都可主张占有物返还请求权。如 N 妨害了该墙壁之占有或存在妨害该占有之可能，ACEF 还可主张占有妨害排除请求权和妨害预防请求权。占有保护请求权包括：占有物返还请求权；占有妨害排除请求权；占有妨害预防请求权等。

（二）债权

1. 侵权损害赔偿请求权（《民法典》第 1165 条第 1 款）。占有系一种利益，可以获得侵权责任法之保护，同时 N 系 M 公司之雇员，其侵害占有之行为为职务行为，应由雇主承担侵权责任（《民法典》第 1191 条第 1 款），ACEF 基于占有被侵害可依据《民法典》第 1165 条向 M 主张侵权损害赔偿。

2. 不当得利返还请求权（《民法典》第 122 条）。占有是一种利益，可以构成不当得利之客体。M 擅自侵夺他人之占有而获益，属于侵害他人权益而获益，该行为构成权益侵害之不当得利，ACEF 可依据《民法典》第 122 条请求 M 返还占有之不当得利。

问题 4：

1. 公司法定代表人改变机关占有之意思，法人占有消灭。

2. 占有辅助人改变其服从占有主人之意思，占有主人之占有消灭。

3. 直接占有人改变其为间接占有人占有之意思，间接占有消灭。

◆ **理论评析**

1. 占有的基本原理

占有是一种对物的支配之事实，而不是权利。但是为了维护社会稳定，占有之事实受到法律的保护。占有的构成包括两个层面，其一，客观层面：对物控制的事实；其二，主观层面：占有之意思。[1]占有的判断不是针对是否对物存在事实上的控制，在很大程度上，而是物是否值得通过占有来保护。因此该物是否被人控制，并不是很重要，因为占有人可能会远离该物，因为疾病或外出等。决定性的是，我们的控制意思按照交往观念是否应当得到尊重，按照交往观念，我们是否能继续享有对物的控制。决定性的不是占有的持续性，而是保护的必要性。[2]

2. 占有意思的法教义学价值

占有意思在占有法律制度中具有重要的法教义价值。首先占有的构成中包含着占有意思，在占有移转中包括移转占有的自然意思。当事人占有之意思在法律上具有占有实益。

首先，对于自主占有和他主占有的区分，当事人占有之意思具有实益，该区分会影响间接占有的存续。在间接占有中，直接占有人的占有意思直接决定了间接占有是否能存续。如果直接占有人从他主占有变更为自主占有，或从为间接占有人占有变更为为其他人占有，则间接占有消灭。在某种程度上，直接占有人的占有意思决定了间接占有人对占有物的事实支配状态。间接占有人负担了这种风险，即该占有会因为直接占有人的单方意思而终结。间接占有人不能阻止直接占有人自己抛弃占有，也不能阻止直接占有人与其他人建立新的占有媒介关系，由此放弃原始的占有媒介关系。[3]

其次，对于占有脱离物和占有委托物的判断，占有丧失是否违背当事人的占有意思系重要标准。占有脱离物和占有委托物的界分对于善意取得能够适用至关重要。如果占有系违背当事人之占有意思而丧失（非自愿丧失占有），则该物可以属于占有脱离物，其不能适用善意取得规则。如占有辅助人

---

[1] 参见王泽鉴：《民法物权》，北京大学出版社 2016 年版，第 416-418 页。

[2] See Wieling, Sachenrecht, Spring-Verlag Berlin Heidelberg 2007, S. 49, 51.

[3] See Müller·Gruber, Sachenrecht, Verlag Franz Vahlen München 2016, S. 92.

擅自无权处分占有物，因占有辅助人不具有占有人资格，所有人对该物之占有丧失系非自愿丧失，该物属于占有脱离物而无法适用善意取得规则。再如在继承占有中，非真正继承人占有真正继承人之物，并将之处分给第三人。该继承之物占有的丧失对于真正继承人而言系违背其占有意思之非自愿的占有丧失，该物属于占有脱离物，第三人无法通过善意取得制度获得该物之所有权。[1]

案例 6

甲在自己土地上种植了很多杨树，邻居乙在与甲紧密相邻的土地上建造了一个网球场，并营利性出租经营。后来，网球场地面的一些地方开始凸起。后查明，该凸起系甲的杨树根生长所致。乙请求甲拔除杨树根，并赔偿更换网球场地面的费用，同时赔偿由于网球场不能正常开放造成的经济损失。

问题：乙对甲的主张是否有请求权基础？

答题指引

一、《民法典》第 236 条

乙是否可以依《民法典》第 236 条的规定请求甲排除妨害。

（一）请求权的成立

1. 乙系网球场所在土地的所有人。

2. 甲的杨树对乙的所有权行使造成了妨害。杨树造成的地面凸起影响了乙的网球场的正常使用，对乙的所有权造成了妨害。

3. 该妨害具有违法性。乙没有容忍该妨害的义务（既没有公法上的容忍义务，也没有私法上的容忍义务）。

4. 甲系造成妨害之杨树的所有人，理论上属于状态妨害人。甲种植的杨树直接造成了对乙的所有权之妨害。

（二）请求权的范围

1. 妨害排除请求权仅仅是排除妨害，而不是赔偿损失。

（1）毫无疑问的是：妨害排除请求权的内容是切除造成妨害的杨树之树根。

（2）同样毫无疑问的是：乙之网球场未开放的经济损失不是妨害排除请求权的内容。该损失应当依据侵权法来寻找救济的可能。

（3）妨害人是否需要负担因为排除妨害而必然造成之损害的赔偿责任？

---

[1] See Marina Wellenhofer, Sachenrecht, Verlag C. H. Beck oHG, 2018, S. 39.

德国民法判例提出的恢复使用理论认为，妨害排除请求权包括排除"二次妨害"（从属妨害）。排除妨害的请求权之目的在于恢复所有权之原状，因此甲有义务恢复网球场土地之原状。但是，所有人不能因此而获得超额利益，因此在网球场地面"以旧换新"中产生的收益应当扣除。依据妨害源头理论，乙只能请求甲切除树根，而不能请求甲重铺网球场地面。但是因为排除妨害，会导致网球场地面破坏，该损害因妨害而导致，应当被填补；而且该损失属于妨害的同一结果，应当一并被排除。[1]

2. 乙是否存在共同过失？

尽管妨害排除请求权不考虑当事人的过失，但是有过失的规则依然可以适用。乙紧邻甲种植杨树的土地建造网球场，其明知或应当知道杨树的树根会侵入网球场的地下，该妨害系乙可预见的，乙对妨害也存在过失，乙应当分担50%甲排除妨害的费用。

结论：乙可依据《民法典》第236条的规定请求甲排除妨害，切除树根，重铺网球场地面，但是首先需要扣除乙因其网球场地面"以旧换新"而获益的部分，然后由乙负担该扣除后一半的铺设费用。

二、乙是否可以依据《民法典》第1165条第1款的规定请求甲其承担网球场不能正常开放造成的经济损失。

（一）乙的财产权益受到了侵害。乙的网球场不能正常开放，其本来可以获得的经营收入未能获得。

（二）乙的财产权益是否由甲可归责的行为导致？乙的经济损失与甲种植杨树的行为存在客观上的因果联系，但是在通常情况下，甲种植杨树并不会必然导致乙的经济损失，二者之间并不存在相当因果关系。乙的经济损失（纯粹经济损失）属于乙一般的经营风险，一般不在法律规范保护目的范围之内，除非侵权行为人以恶意造成受害人经营损失为目的实施侵权行为。民法理论认为，纯粹经济损失属于受害人之一般的生活经营风险，一般不能获得赔偿，除非加害人存在造成受害人纯粹经济损失之故意（加害人可预见该纯粹经济损失）。

结论：乙不可以依据《民法典》第1165条第1款的规定请求甲承担网球场不能正常开放造成的经济损失。

---

〔1〕 See Marina Wellenhofer, Sachenrecht, C. H. Beck 2017, S. 402.

◆ **理论评析**

1. 妨害与损害

妨害是指以占有以外的方法阻碍、影响所有权的支配。损害是指物的所有遭受实际的损失。二者存在区别：妨害是对物之支配的影响和妨碍（占有之外的方式），损害是指物的实际毁损；二者也存在关联：以妨害为源头，妨害可产生各种损害。[1]因损害之结果，可产生其他持续性的妨害。如高尔夫球掉入他人房间，影响他人对房屋的所有权之享有，构成妨害。高尔夫球将玻璃打碎，玻璃的损坏构成损害。而玻璃之损害，又会进一步妨害所有权的享有。

2. 妨害排除请求权和损害赔偿请求权

妨害排除请求权的构成要件是：（1）请求权人是所有人；（2）存在对所有权的妨害；（3）妨害具有违法性，所有人不存在对妨害的容忍义务。损害赔偿请求权的构成要件则是依据损害赔偿请求权的请求权基础来决定。如果是侵权损害赔偿请求权，则需要满足侵权损害赔偿之构成要件。（1）该当性（事实构成）。所有权遭受损害，损害由可归责的侵权行为导致，二者之间存在因果关系、损害在法律规范保护目的的范围之内。（2）违法性。不存在违法阻却事由。（3）有责性。加害人存在过错。

3. 妨害排除请求权中多人妨害、损益同销和过失相抵

妨害排除请求权的行使可以参照损害赔偿规则，如多数人侵权规则、损益同销规则、过失相抵规则等。在多数人实施妨害行为导致所有权受到妨害时，可以参照多数人侵权规则处理。如果多人共同故意造成同一妨害结果，需连带承担妨害排除责任。

妨害排除使得受妨害人获得超额利益时，如果扣除受妨害人的超额获益对于妨害人和受妨害人而言是公平且合理的，而且符合二者的利益关系，可以适用损益同销规则。在适用损益同销确定损失之后，过失相抵规则也可以适用。如果受妨害人违反不真正义务，导致妨害结果的发生或扩大，导致妨害排除费用的发生或增加，受妨害人的妨害排除请求权会被减损，受妨害人

---

〔1〕 参见王泽鉴：《民法物权 1：通则·所有权》，中国政法大学出版社 2001 年版，第 180 页。

需要承担相应的费用。[1]

4. 纯粹经济损失

纯粹经济损失是受害人纯粹的经营利润损失。虽然纯粹经济损失与侵害行为存在客观的因果联系，但是在通常情况下，侵害行为并不会必然导致利润损失，因此二者之间并不存在相当因果关系。从法律规范保护理论来看，纯粹经济损失属于受害人一般的生活风险，一般不在法律规范保护目的范围之内，无法获得赔偿。但是如果加害人故意造成受害人纯粹经济损失（违背善良风俗），同时可预见受害人的纯粹经济损失，加害人需要赔偿受害人的纯粹经济损失。

第二节　物权变动

案例 1

甲在自己的果园里种植了很多苹果树。某日夜晚，乙潜入甲的果园，盗窃了 20 公斤左右的苹果。乙将该 20 公斤苹果以每公斤 5 元的市场价格出售给丙，丙支付价款 100 元。后，甲发现了乙盗卖自己苹果的事实，向丙主张返还苹果。丙已经吃掉了 5 公斤苹果，将其中 10 公斤苹果制作了苹果酱（价值 200 元），还剩余 5 公斤苹果。

问题：

1. 甲对乙有哪些请求权？
2. 甲对丙有哪些请求权？

答题指引

问题 1：

一、甲是否可以依据《民法典》第 1165 条第 1 款的规定请求乙承担损害赔偿责任。

甲的财产权受到侵害，乙盗窃了甲的 20 公斤苹果，造成甲的财产权损失，乙存在侵害他人财产权的故意，乙需要对甲承担侵权损害赔偿责任。

---

〔1〕 参见江平主编：《民法学》，中国政法大学出版社 2019 年版，第 587 页。王利明主编：《民法》，中国人民大学出版社 2010 年版，第 524-525 页。

结论：甲可以依据《民法典》第 1165 条第 1 款的规定请求乙承担损害赔偿责任。

二、甲是否可以依据《民法典》第 122 条的规定请求乙返还不当得利。

（一）乙盗窃甲的苹果，并擅自出售给丙，乙处分苹果的行为属于无权处分行为。甲可追认乙的无权处分行为，使其确定有效，甲之苹果所有权确定转移给丙，乙通过出售甲之苹果的处分行为获得 100 元价款。

（二）乙的获益通过侵害甲之所有权的方式获得 100 元价款，该获益缺乏正当的法律根据，属于权益侵害型不当得利，乙应当向甲负担返还 100 元获益的义务。

结论：甲可以依据《民法典》第 122 条的规定请求乙返还不当得利。

问题 2：

一、针对丙处剩余的 5 公斤苹果

（一）甲是否可以依据《民法典》第 235 条的规定请求丙返还原物。

适用该请求权的前提是甲是该苹果的所有人，丙对该苹果的占有构成无权占有。

1. 该苹果的所有权最初属于甲，乙盗窃该苹果，并未取得该苹果的所有权，乙将苹果出售给丙，苹果系盗赃物，无法适用善意取得（《民法典》第 311 条第 1 款），因此，该剩余的 5 公斤苹果所有权一直属于甲。

2. 丙对该苹果的占有对甲而言，构成无权占有。

结论：甲可以依据《民法典》第 235 条的规定请求丙返还该剩余的 5 公斤苹果。

（二）甲是否可以依据《民法典》第 122 条的规定请求丙返还占有之不当得利。

1. 丙依然占有该剩余的 5 公斤苹果。

2. 丙的占有利益通过侵害甲的权益的方式获得。该苹果系盗赃物，虽然丙的占有与乙的给付有关，但是由于盗赃物无法适用善意取得，则乙的给付无法使得丙正当获得该苹果的占有。丙通过侵害甲的权益的方式获得占有，该占有缺乏正当的法律根据，甲可请求丙返还占有之不当得利。

结论：甲可以依据《民法典》第 122 条的规定请求丙返还占有该 5 公斤苹果之不当得利。

二、针对丙吃掉的 5 公斤苹果

甲是否可以依据《民法典》第 122 条的规定请求丙返还不当得利

1. 丙获得了 5 公斤苹果的利益。

2. 丙获得利益通过侵害甲的权益的方式获得，其获益缺乏正当的法律根据，属于权益侵害型不当得利。由于苹果系盗赃物，丙无法善意取得该苹果的所有权，丙消费了 5 公斤苹果直接侵害了甲的苹果所有权。

3. 争议的问题是：丙已经将该 5 公斤苹果消费了，而且丙属于善意，丙是否还需要承担不当得利返还义务？虽然丙已经将该 5 公斤苹果吃掉，该苹果已经不存在了，但是该 5 公斤苹果的消费不是奢侈利益，而是节省利益。丙通过 5 公斤苹果的消费，获得了节省利益。丙不消费苹果，将会消费其他苹果或其他水果。丙获得的节省利益并未消灭，丙依然需要负担返还该节省利益的不当得利返还义务。

结论：甲可以依据《民法典》第 122 条的规定请求丙返还 25 元价款。

三、针对丙加工成苹果酱的 10 公斤苹果

甲是否可以依据《民法典》第 122 条、第 322 条第 2 句的规定请求丙返还不当得利。

1. 丙将 10 公斤苹果（市场价值 50 元）制作成价值 200 元的苹果酱属于加工的法律事实，苹果酱属于新的加工物。加工物的价值显著超过了原材料价值，加工人丙可以获得加工物的所有权。

2. 但是丙获得该加工物所有权系通过侵害甲的所有权的方式取得，缺乏正当的法律根据，属于权益侵害型不当得利。因该苹果系盗赃物，无法适用善意取得规则，因此丙通过加工行为获得加工物所有权直接侵害了甲之苹果的所有权。甲可依据《民法典》第 322 条第 2 句的规定请求丙返还苹果价额的不当得利。

结论：甲可以依据《民法典》第 122 条、第 322 条第 2 句的规定请求丙返还 50 元价额补偿款。

◆ **理论评析**

1. 无权处分行为的追认

无处分权人擅自处分他人财产，该处分行为系无权处分，一般效力待定。权利人可追认该无权处分行为，使该处分行为确定有效。由于处分行为确定

有效，权利人的权利确定丧失，无处分权人因处分他人财产获得利益，属于通过侵害他人权益而获得的利益，构成权益侵害型不当得利。权利人可请求处分人返还该不当得利。由于该利益属于处分他人财产的获益，因此返还的利益包括处分所获得的所有利益，包括超额利益。对无权处分行为的追认是权利人的自由选择，权利人可以不追认无权处分行为，而基于所有权向无权占有人主张原物返还。

2. 加工制度

加工是指对他人的动产加以制作或改造，使之变成新物，使其价值巨额增加而发生物权变动的法律事实。[1]加工的属性有二，其一，加工使得物的性质发生改变。如将废旧的木材加工成了白纸；动产的修缮不属于加工；酒经过长期储存，价值显著增加，不是加工。其二，加工使得物具有了新的功能。如将布料加工为西服；将皮革加工为皮鞋；通过书写、绘画、拓印形成新物，产生著作权。加工的物权效果是：新物价值显著超过原材料价值的，加工人取得新物所有权。加工的债权效果是：受害人可依法向加工人主张债法上的请求权，包括违约、侵权或不当得利等，也不排除无因管理请求权的适用。

案例 2 [2]

乙以所有权保留方式将葡萄酒原料出售给甲。丙以所有权保留方式将酒瓶出售给甲，甲丙约定，甲转卖葡萄酒获得的价款转让给丙。甲完成 500 瓶葡萄酒的制作，每瓶市价 3000 元，其中葡萄酒原料 1000 元，酒瓶价值 1000 元。该葡萄酒还未销售，甲就进入破产程序。乙和丙都主张其是该葡萄酒的所有人。

问题：甲是否可获得该葡萄酒的所有权？

答题指引

甲是否可以依据《民法典》第 322 条第 1 句第 2、3 分句获得该葡萄酒的所有权。

（一）葡萄酒原料的最初所有人是乙。乙以所有权保留方式将葡萄酒原料

---

〔1〕 参见史尚宽：《物权法论》，中国政法大学出版社 2000 年版，第 147-148 页。

〔2〕 参见刘昭辰：《物权法案例研习》，三民书局股份有限公司 2013 年版，第 168 页。

出售给甲。

（二）酒瓶的最初所有人是丙。丙以所有权保留方式将酒瓶出售给甲。

（三）甲的加工行为不能使得甲获得葡萄酒的所有权。经过甲的葡萄酒制作，每瓶葡萄酒的市场价格是 3000 元，其中葡萄酒原料 1000 元，酒瓶价值 1000 元。葡萄酒之价值并未显著超过原材料价值，甲无法基于加工规则取得葡萄酒的所有权。

（四）但葡萄酒与酒瓶之分离，将导致葡萄酒价值的减少或毁损，葡萄酒与酒瓶形成附合关系，乙和丙可依据《民法典》第 322 条之附合规定共有该葡萄酒之所有权，如果乙丙没有约定，乙丙形成按份共有关系，各占二分之一的份额，每瓶可分得 1500 元之价值。对于每瓶葡萄酒超过原材料价值的 500 元，甲可依据《民法典》第 122 条向乙、丙主张不当得利返还。

结论：甲不能依据《民法典》第 322 条第 1 句第 2、3 分句获得该葡萄酒的所有权。

观点争议之一

另一种观点：因酒瓶、葡萄酒原材料、劳力的价值各占三分之一，在当事人无约定时，甲、乙、丙可形成按份共有关系，各占三分之一的份额。该观点值得商榷。因加工物价值未显著超过原材料价值，此时让加工人获得物权，并与原材料所有人形成多人的按份共有关系，让法律关系更加复杂，不利于物的效用的发挥。

观点争议之二

依据所有权保留名为所有权保留，实为担保的法律规则，乙以所有权保留方式将葡萄酒原料出售给甲，甲获得葡萄酒原料的所有权，乙获得葡萄酒原料上的担保物权（参照动产抵押权），丙以所有权保留方式将酒瓶出售给甲，甲获得葡萄酒瓶的所有权，丙获得葡萄酒瓶上的担保物权（参照动产抵押权）。通过甲的加工行为并结合葡萄酒和葡萄酒瓶的附合，葡萄酒原料的所有权和葡萄酒瓶的所有权消灭，其被添附于葡萄酒之中，所有权依然属于甲所有。参照《民法典担保制度解释》第 41 条第 2 款的规定，甲对添附物（葡萄酒）享有所有权，乙和丙可主张担保物权的效力及于添附物（葡萄酒），乙和丙担保物权的效力不及于甲的劳务部分，即乙和丙各自在 1000 元的范围获得优先受偿的权利。

◆ **理论评析**

加工和附合

加工是指对他人的动产加以制作或改造，使之变成新物，使其价值巨额增加而发生物权变动的法律事实。附合是指所有人不同的两个或两个以上的有形物相结合，使得交易中被认为是一物，包括：动产和不动产的附合；动产和动产的附合。动产和不动产的附合是指动产与他人的不动产相结合，成为不动产的重要成分，发生不动产所有人取得动产所有权的法律事实。动产和动产的附合是指不同所有人的动产，互相结合，非毁损不能分离或分离费用过巨发生的动产所有权变动的法律事实。附合的物权效果是：有可视为主物者，主物所有人获得所有权；如果无可视为主物者，各动产所有人依附合时的价值共享附合物的所有权。可视为主物的判断视该物的价值、效用、性质、质量、体积而定，并依据一般交易观念来进行。附合的债权效果是：因附合而受害的受害人可主张债法上的请求权，包括违约、准用无因管理、侵权、不当得利等。[1] 该案涉及了加工和附合问题，甲投入劳力，对葡萄酒原料和酒瓶实施了加工行为，但是由于加工物价值未能显著超过原材料价值，甲无法基于加工制度获得葡萄酒的所有权。但是葡萄酒原料和酒瓶发生了附合，无法分离，因此葡萄酒原料所有人和酒瓶所有人对葡萄酒形成了共有关系。甲付出了劳力应当得到补偿，甲可向乙和丙主张不当得利返还。如果将所有权保留理解为担保物权，则出卖人的担保物权效力不受影响，其效力及于葡萄酒。

案例 3

甲将其房屋出售给乙，价款250万元。双方订立买卖合同，并达成物权合意。在办理登记手续之前，乙将该房屋转卖给丙，价款280万元，乙丙订立买卖合同，并达成物权合意。甲乙协商，直接将该房屋登记过户给丙，以履行甲和乙之间、乙和丙之间的买卖合同。据此，丙登记为房屋所有人。后发现，甲系精神病人，无民事行为能力。甲的法定代理人丁请求丙返还房屋。

问题：

1. 甲是否可以通过其代理人请求丙返还房屋？

---

[1] 参见王泽鉴：《民法物权》，北京大学出版社2014年版，第198页。

2. 丁如何保护甲的权利？

3. 如乙在办理房屋登记手续后，又将该房屋转让给丙，并办理登记手续。在丙登记为房屋所有人后，丙知悉甲系精神病人，甲的法定代理人丁是否可请求丙返还房屋？

答题指引

问题1：

一、甲是否可以依据《民法典》第235条请求丙返还房屋。

该请求权的前提是甲系房屋之所有人，而丙对该房屋构成无权占有。

（一）甲是房屋的所有人。

1. 该房屋的最初所有人是甲。

2. 乙未获得房屋所有权。甲和乙之间的交易并未使得房屋所有权转移。虽然甲和乙订立买卖该房屋的买卖合同，并达成转移该房屋所有权之物权合意，但由于甲系精神病人，无民事行为能力，依据《民法典》第144条之规定，该买卖合同和物权合意均无效，而且乙未登记为房屋所有人，乙不能获得该房屋之所有权。

3. 丙未获得房屋所有权。乙和丙就该房屋订立买卖合同，并达成物权合意，同时也办理了房屋登记手续，但是因乙非该房屋之所有人，缺乏处分权，乙对房屋的处分系无权处分。

（1）丙是否可通过授权处分获得房屋所有权？甲乙协商直接将该房屋登记在丙的名下，可以解释为甲对乙作出授权处分行为，允许乙以自己名义处分甲的房屋所有权给丙。但由于甲系精神病人，无民事行为能力，依据《民法典》第144条之规定，甲的授权行为无效，乙无法获得该房屋之处分权，丙也就无法获得该房屋的所有权。

（2）丙是否可依据《民法典》第311条第1款的规定（善意取得）该房屋的所有权？首先，善意取得的前提是登记簿发生错误，善意取得人对登记簿的错误产生信赖而受到保护。但是该案中，登记簿不存在错误，甲就是房屋所有人。其次，善意取得的要件是对所有权的信赖。在特殊的动产商事交易中，对处分权之信赖，也可适用善意取得。但是在不动产交易中，由于处分权之同意不具有登记能力，无法产生处分权同意之公示信赖，无法适用善意取得。据此，虽然甲同意乙处分其房屋，但该处分之同意不具有登记能力，无法产生处分同意之公信力，丙对该处分同意的信赖不能通过善意取得规则获得保护。无民事行为能力人的保护优于交易安全，丙无法依据《民法典》第311条第1款获得该房屋的所有权。甲始终是房屋所有人。

（二）丙系房屋的占有人。

丙占有该房屋的基础是乙和丙之间的买卖合同。丙占有该房屋的本权是乙对丙享有的买卖合同债权，而合同具有相对性，无法对抗所有权，丙的权利只能向乙主张。对所有人甲而言，丙的占有构成无权占有。

结论：甲可以依据《民法典》第235条请求丙返还房屋。

二、甲是否可依据《民法典》第122条请求丙返还房屋的占有

丙对房屋之占有也是一种利益，甲是否可以依据《民法典》第122条请求丙返还权益侵害之占有不当得利。但是，民法理论认为，给付关系优先于非给付不当得利规则之适用，非给付不当得利的适用具有补充性。丙对房屋的占有基于乙的给付获得，有正当原因，不构成不当得利。

结论：甲不能依据《民法典》第122条请求丙返还房屋的占有。

问题2：

由于登记簿上的所有人是丙，该登记产生物权公信之效力，如果丙处分该房屋，善意第三人可善意取得该房屋之所有权。因此，丁做甲的代理人可采取下列措施保护甲的权利。

1. 丁作为甲的代理人可依据《民法典》第220条第2款，申请异议登记，防止第三人善意取得。

2. 丁作为甲的代理人可依据《民法典》第220条第1款，申请更正登记，终局地保护甲的房屋所有权。

问题3：

甲是否可以依据《民法典》第235条请求丙返还房屋。

该请求权的前提是甲系房屋之所有人，而丙对该房屋构成无权占有。

甲丧失了房屋所有权，丙获得了房屋的所有权。

1. 最初甲是房屋的所有人。

2. 乙未成为房屋所有人。甲乙之间的交易并未使得房屋所有权转移。虽然甲乙订立买卖该房屋的买卖合同，并达成转移该房屋所有权之物权合意，并办理登记手续，但由于甲系精神病人，无民事行为能力，依据《民法典》第144条之规定，该买卖合同和物权合意均无效，乙不能成为房屋所有人，

该登记为错误登记。

3. 丙成为房屋所有人。乙丙就该房屋订立买卖合同，并达成物权合意，同时也办理了房屋登记手续，但是因乙非该房屋之所有人，缺乏处分权，乙对房屋的处分系无权处分。但是丙可依据《民法典》第 311 条第 1 款获得该房屋的所有权。(1) 乙和丙之间的行为属于交易行为。(2) 丙支付了合理对价。(3) 丙属于善意。虽然登记簿发生了错误，但该错误登记产生物权公信力，丙基于登记之公信完全可信赖乙系房屋所有人，该信赖应当获得保护。丙在取得房屋所有权时系善意，丙可依据《民法典》第 311 条第 1 款善意取得该房屋之所有权。

结论：甲不能依据《民法典》第 235 条请求丙返还房屋。

◆ **理论评析**

指令交付和指令登记

指令交付，也被称为"瞬间时点""延伸行为"。试举例说明：甲将手机出售给乙，乙又将手机出售给丙，乙指令甲向丙交付。在乙指令甲向丙交付手机的瞬间，该手机的所有权发生了两次变动，手机所有权从甲转移到乙，又从乙转移到丙。虽然只交付了一次，但是一次交付，完成了两次物权变动。指令登记，试举例说明：甲将房屋出售给乙，乙又将房屋出售给丙，乙指令甲直接将房屋过户登记给丙。由于登记簿公示和公信特殊要求，一次登记，只能发生一次物权变动。房屋所有权从甲转移到丙，而无法如同指令交付一样，所有权先转移到乙，然后转移到丙。不动产物权变动对于登记簿的公示有严格的要求，不动产物权变动必须明确记载于登记簿，否则不动产物权无法变动。在该案中，存在指令登记，房屋所有权要直接从甲转移丙，此时需要仔细审查甲到丙的处分行为的效力。由于甲没有民事行为能力，无法实施处分行为，也无法授权他人处分权实施处分行为，因此甲和丙的处分行为无效，房屋所有权无法转移给丙。

案例 ④

甲向乙借款 10 万元，以其房屋设定第一顺序抵押权，并申请登记。次日，甲向丙借款，还以其房屋抵押，并允诺设定第二顺序抵押权给丙，并申请登记。因登记机构工作人员疏忽，将丙登记为第一顺序抵押权，将乙登记为第二顺序抵押权。丙在取得第一顺序抵押权后，向甲提供了借款。

问题：乙如何主张权利？

答题指引

一、乙是否可以依据《民法典》第 577 条的规定向甲请求承担补救措施、损失赔偿等违约责任。

（一）甲乙意思表示一致，订立了抵押合同。该抵押合同约定：乙的抵押权登记为第一顺序。

（二）由于登记机构工作人员的失误，乙未登记为第一顺序抵押权人。抵押权顺序的设定适用物权变动规则，即通过抵押权顺序合意，抵押权顺序登记才能设定。虽然存在甲和乙的第一抵押权顺序合意，但并未办理第一顺序抵押权登记，无法有效设立第一顺序抵押权。从保护乙的利益角度出发，甲和乙有第一顺序抵押权的合意，又登记了第二顺序抵押权，此时可适用部分有效规则，结合登记簿的公信力，可认定乙获得了第二顺序抵押权（此时登记簿不存在错误），给予乙一个现实的保护。甲作为抵押人未能履行合同约定，虽然违约行为系抵押合同之外的第三人造成，但是不能免除甲的违约责任（《民法典》第 593 条）。乙可请求甲继续履行抵押合同，将自己登记为第一顺序抵押权人。

结论：乙可以依据《民法典》第 577 条的规定请求甲承担继续履行、采取补救措施或者赔偿损失的违约责任。

二、乙是否可以依据《民法典》第 545 条请求甲让与其对丙的债权，请求丙变更抵押权顺序，并办理相关的登记手续。

（一）甲丙意思表示一致，订立抵押合同。该抵押合同约定：丙的抵押权为第二顺序抵押权。

（二）由于登记机构工作人员的失误，丙的抵押权登记为第一顺序，丙获得了超出抵押合同约定的抵押权利益。甲可依据《民法典》第 122 条请求丙返还获得的不正当利益，其返还的方式可以依据《民法典》第 409 条第 1 款之规定变更抵押权顺序。

（三）乙可以请求甲让与其对丙的不当得利请求权，并参照《民法典》第 409 条第 1 款之规定与丙变更抵押权顺序。

（四）乙还可以与丙直接达成变更抵押权顺序的约定，办理抵押权顺序变更手续（参照《民法典》第409条）。

结论：乙可以依据《民法典》第545条请求甲让与其对丙的债权，请求丙变更抵押权顺序，并办理相关的登记手续。

观点争议

甲和乙申请登记的是第一顺序抵押权，但由于登记机构工作人员的失误，登记了第二顺序抵押权，甲和丙申请登记的是第二顺序抵押，但由于登记机构工作人员的失误，登记了第一顺序抵押权。不动产登记簿的登记发生了错误。利害关系人乙可依据《民法典》第220条第1款第1句之规定请求登记机构更正登记，按照甲和乙的登记申请，将乙登记为第一顺序抵押权人，按照甲和丙的登记申请，将丙登记为第二顺序抵押权人。由于乙和丙的抵押权分别排在第一顺序和第二顺序，该抵押权顺序的更正不会影响其他抵押权人的利益，可以自行办理变更手续。

结论：乙可以依据《民法典》第220条第1款第1句之规定申请更正登记。

◆ **理论评析**

抵押权顺序登记错误

抵押权顺序登记发生了错误，首先需要保护抵押权顺序被登记错误的抵押权人。抵押人和抵押权人达成了设定抵押权的物权合意，同时也办理了抵押权登记，从保护抵押权人利益的角度出发，抵押权可以有效设立，抵押权顺序可以先按照错误的抵押权顺序确定。如第一顺序抵押权被错误登记为第二顺序抵押权，此时可参照适用部分无效规则，第一顺序抵押权人可先享有第二顺序抵押权，然后通过抵押权顺序的变更来解决抵押权顺序登记错误问题。[1]而如果直接适用登记错误规则，由于登记发生错误，则第一顺序抵押权人既无法获得第一顺序抵押权，也无法获得第二顺序抵押权，只能重新办理抵押权顺序登记。

其次，需要保护对抵押权顺序产生信赖的第三人利益。如果由于抵押权

---

[1] 参见［德］鲍尔/施蒂尔纳：《德国物权法（下册）》，申卫星、王洪亮译，法律出版社2006年版，第348-349页。

顺序登记瑕疵，抵押权人之间交换或变更抵押权顺序，此时不能损害第三人利益，需要充分保护第三人对抵押权顺序的信赖。

案例 5

甲将其汽车出售给乙，双方订立买卖合同，并达成转让该车所有权之物权合意，为便于保管，甲和乙同时订立保管合同，由甲替乙保管，以代交付。乙支付了价款。甲和乙未办理登记过户手续。甲保管期间，甲擅自将该车出售给丙，双方订立买卖合同达成转让该车所有权之物权合意，并订立借用合同（由甲借用 1 个月），以代交付。丙支付了价款。甲和丙办理了登记过户手续。

问题：该车所有权归属是？为什么？

答题指引

一、该车的最初所有人是甲。

二、甲将该车出售给乙，甲乙达成物权合意，并以占有改定方式完成交付，乙获得该车的所有权。

（一）物权合意。甲和乙达成转让该车所有权的物权合意，该物权合意针对特定物作出，物权合意确定有效。

（二）交付。甲乙订立保管合同，形成占有媒介关系，甲保留对该车的直接占有，乙取得该车的间接占有，甲乙完成了该车的交付（《民法典》第 224 条）。

（三）处分权。甲享有该车的处分权。乙获得了该车的所有权。但是甲乙未办理机动车登记过户手续，不能对抗已经完成物权公示的善意物权人（《民法典》第 225 条）。

三、甲擅自将属于乙的汽车出售给丙，属于无权处分，问题是丙是否能善意取得该车的所有权。

（一）物权合意。甲和丙达成转让该车所有权之物权合意。

（二）交付。甲丙订立借用合同，形成占有媒介关系，甲丙意图通过占有改定方式来完成交付。

（三）处分权。甲非该车之所有人，其擅自出售该车，属于无权处分。问题是丙能否通过善意取得来弥补处分权的瑕疵。

1. 甲丙之间系交易行为。丙向甲支付了合理的对价。

2. 丙系善意第三人。丙基于登记簿之信赖，相信甲系该车的所有人。

3. 占有改定之交付方式不能使得丙善意取得该车的所有权。民法理论认为，丙虽然取得该车的间接占有，但出卖人依然保留直接占有，其依然保留占有的残余，而善意取得要求出让人手中不再留有占有的残余，否则不能适用善意取得。同时，所有人乙依然有保留间接占有之可能，这造成了所有人的间接占有与丙的间接占有的对决。所有人对标的物依然保留占有的残余，排除善意取得之适用。

4. 甲和丙办理了登记手续，依据《民法典》第 225 条之规定，机动交通工具之登记非设权登记，而是证权登记，仅仅对于已经取得之物权强化其对抗其他物权之效力，发挥防范第三人善意取得之功能，该登记无法产生物权变动之效力，不能使得丙取得该汽车的所有权。丙并未取得该车之所有权，该登记无法产生对抗物权之效力。

结论：该车属于乙所有。乙可依据《民法典》第 220 条第 1 款的规定，请求丙办理更正登记手续。

◆ 理论评析

1. 机动交通工具的物权变动：登记对抗

机动车交通工具的物权变动采用了交付生效、登记对抗模式。交付是机动车交通工具物权变动的生效要件，而登记仅仅是证权登记，以发挥对抗善意物权人之功能，而不能发生物权变动的法律效果。[1] 机动交通工具的移转登记不能发生所有权移转的法律效果，仅仅是发挥对抗第三人的效力，其核心是阻止善意取得的出现。如果出卖人向买受人交付机动车后，未办理登记手续，出卖人再次将机动车交付给第三人，第三人可善意取得该机动车的所有权。

2. 占有改定不能适用善意取得

无处分权人通过占有改定方式完成交付的，买受人无法善意取得标的物之所有权。[2] 占有改定是观念交付的一种类型，是买受人通过获得对标的物的间接占有来完成标的物的交付。在占有改定中，出卖人依然保留直接占有，出卖人依然保留对标的物占有的残余，这导致所有人有可能继续保留对标的

---

〔1〕　参见最高人民法院民法典贯彻实施工作领导小组：《中华人民共和国民法典物权编理解与适用》，人民法院出版社 2020 年版，第 1135-1140 页。

〔2〕　参见王泽鉴：《民法物权》，北京大学出版社 2016 年版，第 483 页。

物的间接占有，这会形成所有人和买受人对标的物都形成间接占有关系，形成所有人和买受人的对决。我妻荣认为买受人无法战胜所有人，所有人依然保留对标的物的控制，买受人无法善意取得标的物的所有权。[1]

3. 物权法中"不登记不得对抗第三人规则"中第三人的范围

物权法上，动产抵押权、地役权、土地承包经营权采取登记对抗主义，机动交通工具采取交付生效、登记对抗主义，即不登记不得对抗第三人。不登记不得对抗第三人的范围可以从债权领域和物权领域展开分析。

（1）债权领域。对于采取登记对抗主义模式的物权，未登记之物权依然是物权，其效力恒优先于债权，因此未登记之物权一般优先于债权，可以对抗债权（《民法典物权编解释》[2]第6条）。但是对于需要特殊保护的债权人，如承租人、破产债权人、保全债权人、执行债权人，未登记之物权不能对抗（《民法典担保制度解释》第54条）。如未登记之动产抵押权不能在破产程序中优先受偿。需要注意的是，对于信赖登记而实施清偿行为的善意债务人，其可主张清偿有效。信赖登记做出清偿的善意债务人也可以主张登记信赖之保护。

（2）物权领域。未登记的物权不能对抗善意的已经公示（登记或交付）之物权。登记对抗的核心和实质是解决一个物上存在多个相互冲突和竞争之物权问题，登记对抗是指物权和物权之间的竞争和争夺的关系，善意的已经公示的物权优先于未登记的物权。具体而言：

其一，未登记之所有权（机动交通工具），不能对抗已经登记的善意物权人（所有人、担保物权人），不能阻止他人善意取得所有权（善意取得），不得阻止他人善意取得他物权（善意取得）。如未登记之汽车所有权，不能阻止他人善意取得汽车的所有权。登记的目的在很大程度上，在于防止善意取得。

其二，未登记之用益物权（地役权、土地承包经营权），不能对抗已经登记的善意物权人（所有人、用益物权人、担保物权人）。如未登记之地役权，不能对抗已登记的地役权，也不能对抗已经登记的所有人或其他用益物权人或担保物权人。

其三，未登记之担保物权（动产抵押权），不能对抗已经登记的善意物权

---

[1] 参见［日］我妻荣：《物权法》，罗丽译，中国法制出版社2009年版，第236页。

[2] 全称为《最高人民法院关于适用〈中华人民共和国民法典〉物权编的解释（一）》，以下简称《民法典物权编解释》。

人（所有人、担保物权人）。如未登记之动产抵押权，不能对抗已经登记的动产抵押权。未登记的动产抵押权，不能对抗经由公示而有效设立的动产质权。但是对于都未登记的动产抵押权，按比例受偿（《民法典》第414条）。登记对抗问题，在某种意义上，是基于不同的处分行为而产生之各个物权的竞争问题，究其实质是各个处分行为之间的竞争关系问题，是善意取得或善意无负担取得的构成和效力问题。

案例 6

甲在乙家里看见了一幅油画，甲特别想买该画。但是担心乙要高价，于是甲委托丙向乙购买。于是，丙与乙磋商，并订立买卖合同。丙未向乙提及自己为甲购买之事宜。乙和丙依据让与合意交付该画，丙向乙支付了价款（该价款实际系甲提供）。在丙将该画送到甲处的路上，丁酒驾将丙撞伤，并将画彻底毁坏。

问题： 甲是否可向丁主张请求权？

答题指引

甲是否可以依据《民法典》第1165条第1款请求丁损害赔偿。

一、侵权责任成立的事实要件必须符合

（一）首先甲的权利受到了侵害

甲的所有权受到了侵害，是甲向丁主张侵权损害赔偿责任的前提要件。问题是，该画毁损时，甲是否是该画的所有人。

1. 物权合意。(1) 丙并没有以甲的名义与乙实施民事法律行为，而是以自己的名义与乙达成物权合意，因此，依据代理的公开性，丙不是甲的代理人。一般认为，由于缺乏代理的公开性要件，物权合意的法律效果不能归属给甲。丙可以成为甲的间接代理人，该画的所有权可先移转给丙，然后丙再将该画所有权转移给甲。(2) 但是在例外情况下，代理的公开性可以被抛弃。被法律认可的情况包括，涉及幕后人之行为（Geschäft für den, den es angeht）[1]该情形是指，行为人的代理权虽然没有公开，但是对于相对人而言，行为人是为自己，还是为他人从事民事法律行为，是没有区别的。该规则通过代理公

---

[1] See Karl Lanrenz Marfred Wolf, Allgemeiner Teil des Deutschen Bürgerlichen Rechts, C. H. Beck Verlagsbuchhandlung, 1989, S. 603.

開規則的目的性限縮而發展起來，尤其可適用於日常生活即時現金交易中的物權取得。雖然行為人以自己名義與相對人達成物權合意，但該物權變動之效果可直接歸屬於行為人背後的幕後人（真正想取得物權的幕後人）。在乙收取價款後，誰取得所有權對於乙而言是無關緊要的。因此，雖然物權合意由乙丙達成，但該畫之所有權移轉效果可直接歸屬於甲。

2. 交付（《民法典》第 224 條）

（1）受讓人必須取得占有。受讓人取得標的物的占有包括直接占有和間接占有。甲丙之間訂立了委託合同，當乙向丙交付該畫時，雙方對該畫形成占有媒介關係，甲對丙有返還請求權，丙有為甲占有的意思。丙取得該畫的直接占有，甲獲得該畫的間接占有。（2）占有移轉由出讓人安排完成。乙向丙主動交付了該畫。（3）出讓人完全放棄占有。乙完全放棄了該畫的占有，對該畫不再有管領控制之事實。因此，該畫的交付完成了，甲獲得了該畫的間接占有。

3. 處分權。乙係該畫之所有人，有該畫的處分權。因此，甲獲得了該畫的所有權，而且甲的所有權受到了侵害。

（二）丁的侵害行為導致甲的所有權受到損害。

（三）丁的侵害行為與甲的所有權損害存在因果關係，屬於法律規範目的保護之範圍，該損害可歸責於丁。

二、丁的侵害行為具有違法性。

三、丁酒駕造成他人損害，具有過錯。

結論：甲可依據《民法典》第 1165 條第 1 款的規定請求丁賠償該畫毀損的損失。

◆ **理論評析**

1. 代理的公開性和例外：涉及幕後人之行為（效力及於行為人之行為）

代理屬於意思表示效果的歸屬規範，即代理人以被代理人名義實施民事法律行為，該法律行為的法律效果直接歸屬給被代理人。如果代理人用自己名義實施民事法律行為（一般被稱為間接代理），則法律效果先歸屬給間接代理人，然後由間接代理人轉移給被代理人，這符合合同相對性的基本原理。但是當相對人並不在乎和誰發生交易，而且法律效果歸屬不會影響相對人利益時，代理的公開性可以被突破，間接代理人以自己名義和第三人實施民事

— 244 —

法律行为的，民事法律行为的法律效果可直接归属给间接代理人幕后的被代理人，笔者将之称为"涉及幕后人之行为"（一般被称为：效力及于行为人之行为）。虽然采用了间接代理人的名义，但法律效果可直接归属给幕后人即被代理人。如家庭保姆去超市购物，在保姆支付价款之后，超市并不在乎保姆所购商品的所有权的归属，该商品的所有权可直接归属给家庭的主人。[1]该案中，丙虽然是以自己名义和乙订立买卖合同，在丙支付了价款之后，乙将该画交付给丙，对于乙而言，画的所有权归属给谁，无关紧要。因此，画的所有权可直接归属给乙的幕后人甲。甲可基于所有权被侵害向丁主张侵权损害赔偿责任。

2. 间接代理中物权归属给被代理人的学理讨论

如果间接代理人和被代理人事先作出物权合意（转移所有权之合意）和占有媒介关系之合意（保管、租赁等），则在标的物交付给间接代理人之一瞬间，标的物之所有权从相对人到间接代理人，然后到被代理人（所有权变动线索：相对人——间接代理人——被代理人）。被代理人可以在交付之瞬间获得所有权。或者间接代理人在事先经过被代理人同意后通过自我代理完成标的物之物权变动，即间接代理人在获得标的物所有权的瞬间，通过自我代理，代理自己和被代理人订立买卖合同，并形成占有媒介关系（保管），完成标的物所有权之移转。与涉及幕后人之行为不同，物权的转移并非在不可思议的一瞬间从被代理人处到代理人处，而是直接归属给代理人。

案例 ⑦

甲将1吨杏仁出售给乙，该杏仁在丙的仓库里的特定空间单独储存。甲相信乙的付款能力，甲和乙约定，在乙取走该杏仁时，其所有权转移。几天后，甲获悉，乙很快将陷于不能偿债的危险。于是甲立即打电话给丙，告诉丙，如果乙来提货，在乙支付价款前，不要向乙交货。后来，当乙到丙处提货时，丙过于忙乱，忘记了甲的电话，在乙支付价款前，直接让乙将该杏仁取走。

问题：甲是否可请求乙返还该杏仁？

---

〔1〕 参见〔德〕卡尔·拉伦茨：《德国民法通论》，王晓晔等译，法律出版社2013年版，第839-842页。

答题指引

一、《民法典》第 235 条

甲是否可以依据《民法典》第 235 条请求乙返还原物，前提是甲系该杏仁的所有人，乙无权占有该杏仁。

（一）最初甲系该杏仁的所有人。

（二）甲和乙达成物权合意，并交付该杏仁，转移该杏仁之所有权给乙。

1. 甲和乙针对该杏仁达成转移所有权之物权合意，该物权合意在交付前针对特定标的物作出，可以成立。民法理论认为，物权合意一般不具有约束力，在受让人经由交付取得所有权之前，当事人可自由撤销物权合意。但是物权合意系当事人关于物权移转之物权合同，该撤销之意思表示应当向合同相对人作出并到达该相对人处才能发生法律效力。甲向为其保管杏仁的直接占有人丙（同时也是履行辅助人）作出撤销物权合意之意思表示，并不能有效撤销物权合意。该甲和乙的物权合意依然有效成立。

2. 甲之履行辅助人丙完成该杏仁之交付。

（1）乙在丙处将杏仁取走，享有对该杏仁的事实控制，获得该杏仁的占有。

（2）该占有之移转（交付）系由甲安排。虽然甲指示履行辅助人丙在乙支付价款前，不得向乙交货，但是丙未按照甲的指示，径直向乙交付了杏仁。甲委托丙占有该杏仁，并采取由直接占有人丙交付之方式，应当负担该方式之风险，直接占有人丙的不当交付行为可归责于甲。

（3）甲不再占有该杏仁。乙通过甲和乙之物权合意和交付获得该杏仁之所有权，甲非该杏仁之所有人，不能依据《民法典》第 235 条请求返还杏仁。

二、《民法典》第 122 条

甲是否可以依据《民法典》第 122 条请求乙返还该杏仁之所有权或该杏仁之占有。

（一）乙获得该杏仁的所有权和占有。

（二）该所有权和占有系经由甲之给付而获得，甲之给付义务基于买卖合同的约定，虽然甲指示丙不得向乙交货，但丙忘记了指示，依然向乙交付，履行辅助人丙的交付行为可归属给甲。甲需要对其履行辅助人的过失承担责任。

（三）甲乙的买卖合同依然有效，乙获得杏仁之所有权和占有有正当的法律依据，不构成不当得利。

结论：甲不能依据《民法典》第 122 条请求乙返还杏仁的所有权及占有。

◆ **理论评析**

1. 物权合意的撤销

物权合意一般是指当事人针对转移物之所有权的意思表示合意。一般认为，物权合意没有约束力，除非其采取要式，或通过公证形式确认。[1]物权合意实质上可以解释为物权合同，对于没有约束力的物权合同，当事人可撤销。当事人撤销物权合意后，物权不会发生变动，如果债权合同依然有效，当事人需要承担违约责任，甚至要继续负担转移物之所有权的债务。当事人撤销物权合意需要向物权合意的对方当事人作出，而且需要送到对方当事人才能发生法律效力。该案中，物权合意撤销未能向对方当事人作出，因此物权合意未能有效撤销。

2. 履行辅助人履行行为（给付行为）的归属

债务人可以通过履行辅助人来履行债务。债务人对履行辅助人有指示关系，债务人需要对履行辅助人在履行过程中的过失承担责任（《民法典》第524 条），即履行辅助人的给付行为可归属于债务人。在该案中，丙是杏仁的直接占有人，受到甲的指示向乙交货，同时是甲的履行辅助人。丙忘记了甲的指示，向乙交货的给付行为可归属给甲，该给付行为对甲发生法律效果，由于甲和乙的买卖合同有效，甲和乙的物权合意继续有效，乙可保有该给付利益，获得杏仁的所有权。但是如果认为，丙的交货行为不可归属给甲，则由于丙和乙之间不存在给付关系，丙可向乙主张非给付不当得利返还。

案例 8

甲将其储藏在两个仓库里的 10 吨土豆出售给乙，两个仓库一共储藏了360 吨土豆。甲和乙还约定，甲将其全部所有的 20 吨苹果都出售给乙（该苹果存放于仓库的某特定区域）。甲和乙对土豆和苹果达成所有权移转的合意，并且约定由甲保管土豆和苹果直到乙转卖给其顾客。后来当乙到甲处取货准备转卖给其顾客时，乙得知甲已经将其全部土豆和苹果出售给了不知情的丙

---

[1] 参见［德］鲍尔／施蒂尔纳：《德国物权法（上册）》，张双根译，法律出版社 2004 年版，第 89 页。

（甲已经向丙交货了）。于是乙向甲请求返还甲从其与丙交易中获得的相应价款，即10吨土豆和20吨苹果的价款。

问题： 乙的请求权是否有法律依据？

答题指引

一、针对10吨土豆的价款

（一）《民法典》第577条、第584条第1分句

乙是否可以依据《民法典》第577条、第584条第1分句的规定请求甲返还其出售10吨土豆所获得的价款。

甲转卖该买卖合同项下的10吨土豆未能及时向乙交货，属于违约行为，应当承担违约责任。乙可请求甲返还其转卖该土豆获得的价款作为补救措施或赔偿乙遭受的违约损害。依据《民法典》第584条第1分句后段，甲可请求乙赔偿合同正常履行后可以获得的利益，借鉴德国民法理论，如果甲无法向乙提供土豆时，乙可向甲主张交出替代物之请求权，即乙可请求甲返还转卖该土豆的价款。

结论： 乙可以依据《民法典》第577条、第584条第1分句的规定请求甲返还其处分10吨土豆所获得的价款。

（二）《民法典》第122条

乙是否可以依据《民法典》第122条请求甲返还其出售10吨土豆所获得的价款。前提是乙系该10吨土豆之所有人，甲对土豆的处分构成无权处分，丙善意取得该土豆之所有权，乙可基于权益侵害不当得利，请求甲返还出卖该土豆所获得之收益。

1. 甲出卖该土豆获得收益。

2. 甲出卖土豆不是无权处分，未侵害乙的所有权。

（1）最初该土豆的所有人是甲。

（2）甲和乙之物权合意未能移转该10吨土豆之所有权。甲和乙虽然达成转移10吨土豆所有权的物权合意，但该物权合意因缺乏物权法意义上的特定性而无效。民法理论认为，物权合意以物的确定性为基础，即针对哪一个物拟发生物权变动。

任何一位了解当事人物权合意的第三人，都可以仅仅通过简单的外观来准确地确定可转让之物。在当事人达成物权合意之瞬间，标的物必须是特定

的或者是可以特定的。在该案中，在甲和乙达成物权合意之时，而且在当事人订立保管合同意欲成立占有改定之时，拟转让之物都是不明确的，到底是360吨土豆中哪10吨土豆，无法确定。即物权合意不能指明，哪些土豆的所有权发生了变动。由于物权合意因缺乏确定性而无效，该土地所有权不能转移，乙未能获得该土豆所有权，甲对该土豆之处分不是无权处分，甲处分自己的土豆的获益不是不当得利。

结论：乙不能依据《民法典》第122条请求甲返还出卖该土豆的收益。

二、针对20吨苹果的价款

（一）《民法典》第577条

乙是否可以依据《民法典》第577条、第584条第1分句的规定请求甲返还其处分20吨苹果所获得的价款。甲转卖该买卖合同项下的20吨苹果未能及时交货，属于违约行为，应当承担违约责任。乙可请求甲返还其转卖该苹果获得的价款作为补救措施或赔偿乙遭受的违约损失。据《民法典》第584条第1分句后段，甲可请求乙赔偿合同正常履行后可以获得的利益，借鉴德国民法理论，如果甲无法再向乙提供苹果时，乙可向甲主张交出替代物之请求权，即乙可请求甲返还转卖该苹果的价款。

结论：乙可以依据《民法典》第577条、第584条第1分句的规定请求甲返还其处分20吨苹果所获得的价款。

（二）《民法典》第122条

乙是否可以依据《民法典》第122条请求甲返还其出售20吨苹果所获得的价款。前提是乙系该苹果所有人，甲擅自无权处分该苹果，丙善意取得该苹果之所有权，该处分行为确定有效。甲无权处分乙的苹果而获益，构成权益侵害不当得利。

1. 苹果的最初所有人系甲。

2. 甲和乙达成物权合意并通过观念交付，甲将该苹果所有权转移给了乙。

（1）甲和乙的物权合意具有物权法意义上的确定性。在当事人企图发生该20吨苹果所有权转移时，20吨苹果放在仓库的特定区域，具有特定性。据此，物权合意指向的对象是明确的、特定的，物权合意是有效的。

（2）20吨苹果经由交付转移了所有权。甲和乙通过约定保管合同之占有改定方式完成了该苹果的交付，甲虽然保持对苹果的直接占有，但是乙通过保管合同获得了对该苹果的间接占有。

3. 甲无权处分了该苹果的所有权，该无权处分行为确定有效（《民法典》第311条第1款）。

（1）甲通过民事法律行为将该苹果所有权转让给丙。

（2）丙系善意。丙信赖甲系该苹果之所有人。

（3）丙支付了合理对价。

（4）甲将苹果交付给了丙。甲和丙达成让与苹果所有权之物权合意，并完成交付。

（5）该苹果不是占有脱离物，其占有之脱离可归责于乙，乙基于自己的意思将苹果交给甲保管。丙善意取得该苹果之所有权，甲的无权处分行为确定有效。

4. 甲无权处分该苹果侵害了乙的所有权，甲获得的相应价款构成权益侵害不当得利。

结论： 乙可以依据《民法典》第122条的规定请求甲返还其处分20吨苹果所获得的价款。

（三）《民法典》第1184条

乙是否可以依据《民法典》第1184条的规定请求甲返还其处分20吨苹果所获得的价款。

1. 甲擅自出售该苹果之行为侵害了乙的所有权（《民法典》第1165条第1款）。

（1）甲擅自出售苹果给丙的行为，侵害乙的所有权。

（2）甲的无权处分行为具有违法性。

（3）甲系故意，存在过错。

2. 甲可请求对乙按照损失发生时的市场价格赔偿。

乙的赔偿数额按照乙财产损失发生时的市场价格计算，而并非按照甲转售给丙的价格。

结论： 乙不能依据《民法典》第1184条的规定请求甲返还其转售苹果获得的收益。

（四）《民法典》第121条、第980条

乙是否可以依据《民法典》第980条的规定请求甲返还其处分20吨苹果所获得的价款。甲擅自管理乙的事务，属于不法管理，可以类推无因管理之规则。乙可主张享有甲管理事务所获得的管理利益，甲应当将其管理事务所获得的全部利益返还给乙。

1. 甲擅自处分乙之苹果的所有权，擅自管理了乙的事务。

2. 甲获得丙支付的价款。

3. 乙主张享有甲管理事务的管理利益的，甲应当将其所获价款全部返还给乙。

结论：乙可依据《民法典》第 980 条请求甲返还其处分 20 吨苹果所获得的价款。

◆ **理论评析**

物权合意的对象：特定物

物权合意是当事人转移物之所有权的意思表示合意，但是物权合意不同于其他意思表示合意，其必须针对特定物作出，[1]如果物无法特定，则物权合意无法生效，物权变动无法发生。特定物可以是现存的特定物，也可以是未来的特定物，但必须以明确的特定性为前提，其判断标准是第三人的客观视角，即从第三人的客观视角来研判，物权合意指向的物是否具有特定性。该案中，10 吨土豆没有在特定区域存放，存在于 360 吨土豆当中，无法特定。由于 10 吨土豆无法特定化，针对 10 吨土豆的物权合意无法有效作出，10 吨土豆的所有权也无法移转。而 20 吨苹果存放于仓库的特定区域，有特定的空间范围，具有明确的特定性，因此针对该特定的 20 吨苹果的物权合意有效，该 20 吨苹果的所有权可以转移。从逻辑上看，特定物是物权合意、物权变动的第一步。债权的内容需要明确，但对于债之标的物没有特定性的强制要求。

第三节　善意取得

案例 **1**

甲错误收到了乙意欲发给丙的一封邮件，该邮件内容是，乙将向丙邮寄一部手机，请丙检修。甲充分利用了该邮件。甲马上与毫不知情的丙订立了该手机的买卖合同，同时甲假装要指令乙向丙交付手机。丙向甲支付了价款。

---

[1] 参见［德］鲍尔／施蒂尔纳：《德国物权法（下册）》，申卫星、王洪亮译，法律出版社 2006 年版，第 356 页。

而后，同样毫不知情的乙向丙邮寄了手机。后查明，丙并无检修手机之业务，而且也没有为他人检修手机之意思。

问题：乙是否可请求丙返还该手机？

答题指引

一、乙是否可以依据《民法典》第 235 条请求丙返还手机，前提是乙系该手机的所有人，而丙对该手机构成无权占有。

（一）乙最初是该手机的所有人。

（二）乙和丙之间并未发生手机所有权转移。

1. 乙和丙对该手机并未达成移转手机所有权之物权合意，该手机所有权未发生转移。

2. 乙以现物要约方式向丙发出要约，意欲与丙订立手机检修之承揽合同。丙并无检修手机之业务，而且丙没有为乙检修手机之意思，乙和丙之间的手机检修之承揽合同不成立。丙对该手机之占有构成无权占有，该手机所有权依然属于乙，丙没有获得手机的所有权。

（三）甲和丙之间的交易未使得手机所有权转移，丙不能善意取得该手机之所有权。

1. 甲和丙订立手机买卖合同，形成手机买卖之债权债务关系。

2. 甲和丙就该手机达成转移所有权之物权合意，该物权合意在乙向丙交付手机时得到确定。

3. 该手机所有权属于乙，甲处分该手机之行为属于无权处分，问题是丙能否善意取得该手机的所有权。（1）甲丙之间系交易行为。（2）丙向甲支付了价款。（3）甲丙之间虽然达成转移手机所有权之物权合意，但甲未向丙作出交付行为，无法完成手机所有权之转移。甲仅仅向丙表示了虚假的指令交付，而未实际作出任何交付行为。甲未向乙作出任何交付之指令，该交付不符合指令交付之构成。同时，乙向丙交付手机是基于乙自己的意思向丙发出的现物要约，该交付有其自身的特殊基础和原因，其无法被甲虚假的指令交付涵盖。[1]因此，丙不能依据《民法典》第 311 条第 1 款获得该手机的所有权。

---

[1] See Till Veltmann, Sachenrecht, Alpmann Schmidt, 2020, S. 27. See Marina Wellenhofer, Sachenrecht, C. H. Beck 2017, S. 109.

（四）丙对该手机之占有构成无权占有。虽然乙向丙发出承揽合同之现物要约，但丙并无手机检修业务，也无检修手机之意思，双方未就检修手机达成合意，承揽合同不成立，丙对该手机的占有系无权占有。

结论：乙系手机的所有人，丙对该手机的占有系无权占有，乙可依据《民法典》第235条的规定请求丙返还手机。

◆ **理论评析**

交付的逻辑构成

物权法意义上的交付，尤其是动产所有权转移中的交付有完整的逻辑构成。其一，出让人放弃对物的占有。其二，取得人获得对物的占有。取得人获得对物的控制和管领。其三，该取得是在出让人的安排下进行的，即取得人必须在出让人的安排下获得占有。[1]交付需要出让人和取得人达成转移占有的自然意思合意，取得人擅自将标的物取走，不构成物权法意义上的交付，标的物所有权不能转移。在该案中，丙虽然取得了手机的占有，但丙对手机占有的取得与甲没有任何关系，甲既没有放弃对物的占有，也没有安排乙向丙交付。乙是基于自己发出现物要约的意思表示，而向丙邮寄手机，转移手机之占有。显然，甲没有实施交付行为，无法在甲和丙之间完成手机的所有权转移，不存在丙善意取得手机所有权的空间。

案例 2

甲和乙约定，甲授予乙代理权，甲委托乙出售自己的20万件衬衣。乙因为经济状况恶化，便以自己的名义将该20万件衬衣出售给丙，并指令甲向丙交货。乙和丙约定，由丙在甲处取货。当丙向甲取货时，甲以为乙是以甲的名义与丙订立了买卖合同，于是按照乙的指令交付了货物。丙向乙支付了价款后，当甲知悉该情况时，甲向丙请求支付价款或者返还衬衣。

问题：甲的主张是否合法？

---

[1] 参见［德］鲍尔／施蒂尔纳：《德国物权法（上册）》，张双根译，法律出版社2004年版，第118页。

答题指引

一、《民法典》第 626 条第 1 句

甲是否可以依据《民法典》第 626 条第 1 句的规定请求丙支付价款。

（一）甲丙并不存在买卖合同关系。甲误以为乙以代理人身份为自己与丙订立合同，但事实是，乙以自己名义与丙订立了买卖合同。

（二）基于合同相对性，只有乙可请求丙支付合同价款，而且丙已经向乙支付了价款，履行了合同义务。

结论：甲不能依据《民法典》第 626 条第 1 句的规定请求丙支付价款。

二、《民法典》第 235 条

甲是否可以依据《民法典》第 235 条请求丙返还该衬衣，但前提是甲必须是该衬衣的所有人。

（一）甲原来是该衬衣的所有人。

（二）丙通过善意取得制度获得该衬衣的所有权（《民法典》第 311 条第 1 款），甲对该衬衣的所有权消灭。

1. 乙和丙达成转移该衬衣所有权的物权合意。乙以自己名义与丙订立买卖合同，在甲向丙交付该 20 万件衬衣时，该标的物特定和确定，乙和丙的物权合意确定生效。

2. 该衬衣完成了交付。

（1）丙获得该衬衣的直接占有。

（2）该占有的移转由乙安排完成。乙对该衬衣既没有直接占有，也没有间接占有。依据民法理论，就动产而言，占有和占有创制权具有同等的公示效力，让与人可以指令被指令人向受让人交付标的物，足以让受让人产生让与人享有标的物所有权的信赖。乙充分利用了甲的错误认识，而指令甲向丙完成了交付。从受让人的视角出发，同时为了保护交易安全，应当肯定乙的指令交付行为，认定乙指令甲向丙完成了该衬衣的交付。

3. 乙对该衬衣作出无权处分，但是丙可善意取得该衬衣的所有权。

（1）乙和丙之间的民事法律行为系交易行为。

（2）乙充分利用甲的错误指令甲向丙交付，乙对甲的指令安排足以造成乙享有所有权的权利外观，并使得丙产生乙享有该衬衣所有权之信赖。

（3）丙系善意，并且向乙支付合理的对价。

（4）该衬衣非占有脱离物。衬衣基于所有人甲的意思而转移占有，该衬衣占有的丧失可归责于所有人甲。丙可依据《民法典》第 311 条第 1 款之规定善意取得该衬衣之所有权，甲的所有权消灭。

结论：甲不能依据《民法典》第 235 条的规定请求丙返还衬衣。

三、《民法典》第 1165 条第 1 款

甲是否可以依据《民法典》第 1165 条第 1 款的规定请求丙承担侵权损害赔偿责任。丙获得所有权有正当法律依据，未侵害甲的所有权，不构成侵权。

结论：甲不能依据《民法典》第 1165 条第 1 款的规定请求丙承担侵权损害赔偿责任。

四、《民法典》第 122 条

甲是否可以依据《民法典》第 122 条请求丙返还所获得之利益。丙获得所有权有正当法律原因，该获益不是不当得利。

结论：甲不能依据《民法典》第 122 条请求丙返还所获得之利益。

◆ **理论评析**

占有创制权和所有权信赖

占有创制权（Besitzverschaffungsmacht）是指创制占有的权利，具体而言，是享有为受让人创制占有事实的权利。占有创制权在指令交付中表现尤为典型，指令交付人享有占有创制权，其可指令被指令人向受让人交付标的物，为受让人创制占有之事实。在动产善意取得的构成中，动产所有权的信赖可以基于占有产生，也可以基于占有创制权产生。无处分权人虽然不是动产的占有人，但是其对动产享有占有创制权，通过指令被指令人向受让人交付动产，这种无处分权人为受让人创制占有之事实足以使得受让人产生无处分权人享有所有权的信赖，虽然无处分权人对动产既没有直接占有，也没有间接占有，但是受让人依然可产生无处分权人享有所有权的信赖，受让人可依法善意取得动产的所有权。[1]动产所有人的信赖不仅基于占有的表征产生，也可以基于对动产享有的占有创制权产生。

_____

〔1〕 See Müller / Gruber, Sachenrech, Verlag Franz Vahlen, 2016, S. 282.

案例 ③

甲有相机一部，委托乙保管。乙擅自将之出售给丙，并对丙说，自己即将出国旅行，需要使用该相机，因此与丙订立借用合同，以占有改定方式，使得丙取得间接占有，以代交付。丙支付了价款。此后，丙又将该相机出售给善意的丁，并且将其对乙的返还请求权让与丁，以代交付，丁支付了价款。

问题：该相机所有权归属谁？

答题指引

该相机所有权归属丁。具体分析如下。

1. 依据案例事实，该相机所有权最先属于甲。

2. 丙不能善意取得该相机之所有权（《民法典》第 311 条第 1 款）。甲委托乙保管该相机，乙擅自将该相机出卖给丙，系无权处分，丙系善意并支付合理对价，同时乙以占有改定方式完成相机之交付。依据民法理论，如果无权处分人通过占有改定方式交付动产时，只有在无权处分人实际将动产交付给买受人时，买受人才能善意取得该动产之所有权（占有改定不适用善意取得）。

结论：丙不能依据《民法典》第 311 条第 1 款的规定善意取得该相机之所有权。

3. 丁可以善意取得该相机之所有权（《民法典》第 311 条第 1 款）。丙未获得该相机之所有权，其将该相机出售给丁，系无权处分，善意的丁信赖丙系相机的所有人，并支付合理对价，同时丙以指示交付方式（返还请求权让与）完成交付，符合善意取得之构成要件（指示交付可适用善意取得），丁可善意取得该相机之所有权（《民法典》第 311 条第 1 款）。

◆ 理论评析

指示交付和善意取得

民法理论一般认为，受让人不能通过占有改定之公示方法善意取得动产之所有权，但是指示交付可以。因为指示交付意味着出让人未保留占有的残余，原所有人也完全丧失了对动产的占有，不存在原所有人和受让人的对决问题，受让人可以善意取得动产的所有权。而占有改定意味着出让人依然保留着占有的残余，存在原所有人保留间接占有之可能，会形成原所有人和受让人之间的争夺关系。但是指示交付适用善意取得，也会存在一些复杂的问题。指示交付意味着动产由第三人占有，出让人（无处分权人）通过转让对第三人的返还请求权的方式转移动产的所有权，在出让人（无处分权人）和受让人达成返还请求权让与合意时，动产所有权即可发生转移。但是当该动产由动产所有人占有时，受让人则无法通过指示交付获得动产的所有权，因动产所有人保留着对动产的直接占有。此外，如果指示交付出现原所有人和受让人对动产的并存占有时，善意取得也不能适用。[1]

案例 4

甲以所有权保留方式将某机器出售给乙。乙以让与担保（占有改定）方式将该机器转让给丙，未提及所有权保留事宜。丙又将该机器以指示交付方式（丙将其对乙的请求权让与给丁）转让给丁，丁支付了相应的价款。一直作为直接占有人的乙明确表示为丁占有。乙至今仍未付清甲的价款。

问题：丁能否善意取得该机器之所有权？

答题指引

一、丁是否可以依据《民法典》第311条第1款之规定获得该机器的所有权。

（一）该机器的最初所有人是甲。

（二）甲之所有权未因甲乙之交易而丧失。甲以所有权保留方式将机器出售给乙，机器所有人依然是甲。

（三）甲之所有权未因乙丙之交易而丧失。乙擅自将该机器转让给丙，系无权处分，但是采取占有改定之观念交付方式，因出让人乙保留对标的物占有之残余，丙无法依据《民法典》第311条第1款之规定善意取得该机器的所有权。

（四）甲之所有权因丙丁之交易而丧失。丙擅自将该机器转让给丁，系无权处分。

1. 丁受让该机器时系善意，丁不知道或不应当知道该机器的所有人是甲。丁信赖丙系该机器的所有人。

---

[1] 参见［德］鲍尔／施蒂尔纳：《德国物权法（下册）》，申卫星、王洪亮译，法律出版社2006年版，第410-411页。

2. 丁支付了合理对价。

3. 该机器已经交付给了丁。丙以指示交付之方式转让机器所有权给丁，直接占有人乙仅仅为丁占有，该机器上不存在甲之并存占有，甲之占有完全丧失。

4. 该机器不是占有脱离物（盗赃物、遗失物），系基于甲的意思而移转占有，该占有移转可归责于甲。

结论：丁可以依据《民法典》第 311 条第 1 款的规定善意取得该机器的所有权。

◆ 理论评析

并存占有和善意取得

指示交付可以适用善意取得，但是因为指示交付而出现所有人和受让人并存占有情况时，善意取得就不能适用了。该案中，甲是机器的所有人，甲以所有权保留方式将机器出售给乙，乙以占有改定方式将该机器出售给丙，丙无法善意取得机器的所有权，丙再以指示交付方式将该机器出售给丁，一般情况下，丁可以善意取得机器的所有权。当乙将机器出售给丙时，已经抛弃了为甲占有的占有媒介之意思，甲的间接占有已经消灭。[1]但是如果甲依然保留对机器的间接占有，就会形成甲的间接占有和丁的间接占有并存的情况，理论上称为并存占有。此时，会出现所有人和受让人之间的争夺，受让人无法战胜所有人，其无法善意取得机器的所有权。该案的事实是，直接占有人改变了占有意思，仅仅为丁占有，其表明甲的间接占有消灭，不存在甲和丁对机器的并存占有，因此丁可以善意取得机器的所有权。

案例 5

2018 年 10 月，乙将某汽车转让给丙银行，乙和丙同时订立保管合同，由乙为丙保管该车。2019 年 2 月 1 日甲和乙订立承揽合同，甲委托乙建房，预付大部分价款。乙用该车以让与担保方式（占有改定）转移所有权给甲，乙保留该车的直接占有。甲乙双方还约定，如果乙不能偿债，该车所有权确定

---

〔1〕 参见［德］托马斯·吕福纳："间接占有与善意取得"，张双根译，载《中德私法研究》2006 年第 2 卷。

归属给甲，甲可随时直接将车取走。但是甲一直未将该车取走。2019 年 4 月 1 日，当乙陷于支付不能时，甲径直将该车取走。2019 年 5 月 1 日乙申请破产被法院受理。此后，丙银行基于所有权要求甲返还该车。

问题： 丙银行是否可以基于所有权请求甲返还汽车？

答题指引

一、丙是否可以依据《民法典》第 235 条请求甲返还汽车。

前提是丙是该汽车的所有人，同时甲对该车的占有系无权占有。

（一）该汽车的最初所有人系乙。

（二）乙将汽车转让给丙银行，丙银行获得该车的所有权。

1. 物权合意。乙丙达成转移汽车所有权之意思表示合意。

2. 交付。乙以占有改定之观念交付方式转移了汽车之所有权（《民法典》第 228 条）。

中间结论： 丙依据《民法典》第 228 条的规定获得了该汽车的所有权。

（三）甲和乙之间的交易未发生所有权转移的法律效果。乙不是汽车的所有人，其擅自将车转让给甲，属于无权处分，问题是，甲是否能依据《民法典》第 311 条第 1 款善意取得该车的所有权。

1. 甲系善意，甲不知道或不应当知道该汽车所有权属于丙银行，甲信赖乙享有该车的所有权。

2. 甲支付了合理对价。

3. 乙以占有改定之观念交付方式将汽车交付给甲，乙依然保留对该车的直接占有，由于出让人依然保有对标的物占有之残余，甲无法善意取得该车的所有权。后甲直接将该车取走，缺乏甲和乙移转之自然意思的合意，不构成物权法意义上的交付。占有的移转必须由出让人安排完成，否则不构成交付，该汽车所有权不能转移。

4. 依据《民法典担保制度解释》第 68 条第 2 款第 1 句的规定，在财产让与担保时，当事人约定，债务人到期不能偿债，让与担保财产的所有权归属给债权人的约定无效，甲无法取得该车的所有权。

5. 依据《破产法》第 32 条第 1 句的规定，在人民法院受理破产申请前 6 个月内，破产企业不能清偿到期债务，并且资产不足以清偿全部债务或者明显缺乏清偿能力的，依然对个别债权人进行清偿的，管理人可请求人民法院予以撤销。如将甲径直将汽车取走的行为理解为债务清偿行为，则该清偿行为属于个别清偿，该行为可以被管理人依据《破产法》第32条第1句的规定撤销。

（四）甲占有该车没有本权之基础，其对该车的占有构成无权占有。

中间结论：甲无法依据《民法典》第311条第1款之规定获得该汽车的所有权。

最终结论：丙可以依据《民法典》第235条的规定请求甲返还汽车。

观点争议

甲和乙约定，甲可随时直接将该车取走。因此甲可按照约定直接取走汽车，完成交付，而无需甲和乙再次就转移占有达成自然意思的合意。甲径直取走汽车，就是在乙安排下完成，其可以构成物权法意义上的现实交付，由于存在现实交付，甲可善意取得该汽车的所有权。由于甲是汽车的所有人，丙不能依据《民法典》第235条的规定请求甲返还汽车。

◆ **理论评析**

移转占有的自然意思合意

交付系转移占有的事实行为。在交付的逻辑构成中，包括交付必须由出让人安排，在移转占有过程中需要有出让人和受让人移转占有的自然意思之合意，否则无法构成物权变动意义上的交付，动产所有权无法转移。其意义在于，对占有事实状态的尊重，同时防止对市场和平秩序的破坏。在该案中，虽然甲和乙约定，甲可随时将汽车取走，但是在甲取走汽车时，依然需要甲和乙针对汽车的占有移转达成自然意思之合意，以尊重占有之事实状态，体现保护社会和平的基本价值。如果允许甲随意直接取走汽车，会破坏市场和平稳定的秩序。移转占有的意思，不是意思表示层面的意思，无需行为能力要求，而是自然意思层面的意思，只要具有对占有移转的识别能力，都可以达成移转占有的自然意思合意，完成动产的占有移转（交付）。交付结合物权合意、处分权等要件，最终可完成动产的物权变动。

第六章　婚姻法和继承法

案例 1

甲欠乙100万元债务到期后，乙多次催要未果。甲有稳定的工资收入，有98万元存款，而且还有多套房产和汽车。甲与丙结婚1年后即办理离婚手续。甲和丙在《离婚协议书》中约定，甲将婚前的一处住房（市场价值200万元）赠与给知悉甲欠乙债务的丙。甲和丙办理了所有权变更登记。乙认为甲侵害了自己的权益，请求法院撤销甲的赠与行为。

问题：乙的主张是否合法？

答题指引

一、乙是否可以依据《民法典》第538条的规定撤销甲的赠与行为，关键在于甲的赠与行为是否影响了乙的利益。

（一）乙的债权履行期限届满，甲未能还债。

（二）甲的赠与行为不影响乙的债权实现。甲有稳定的工资收入，还有98万元的存款，同时还有多套房产和汽车。甲将婚前的一套房屋赠与给丙，虽然该房屋属于甲的个人财产，不属于夫妻共同财产（《民法典》第1063条第1项），甲有处分权，但该处分不会影响乙的债权实现，乙可就甲的其他财产求偿，甲的其他财产足以实现乙的债权。

结论：乙不可以依据《民法典》第538条的规定撤销甲的赠与行为。

二、乙是否可以依据《民法典》第154条的规定主张甲的赠与行为无效。

（一）在《离婚协议书》中，甲和丙达成赠与房屋的意思表示合意，订立了赠与合同，达成转移房屋所有权的意思表示合意（物权合意），并且办理了所有权移转登记手续，完成了房屋所有权的转移。

（二）虽然丙知悉甲拖欠乙的债务未清偿，但是甲和丙不存在主观上的恶意串通，不存在通过订立赠与合同来损害乙的利益、逃避甲对乙的债务的串通行为。丙仅仅是在主观上知道甲对乙有负债，而不存在与甲的恶意通谋，因此甲和丙的赠与合同（负担行为）以及房屋所有权的转移（处分行为）不存在无效的理由，该民事法律行为是有效的。

结论： 乙不可以依据《民法典》第 154 条的规定主张甲的赠与行为无效。

◆ **理论评析**

债权人撤销权行使的范围

(1) 债权人的撤销权针对债务人的不当行为发生在债权人设定债权后。一般来说，债务人的不当行为发生在债权人设定债权之后，债权设立之前，不存在影响债权实现的问题。除非债务人明知债权即将设立，而为损害将来设定的债权，而提前故意作出不当行为。

(2) 债务人的处分行为影响了债权人债权实现，不仅处分行为时影响债权实现，且在行使撤销权时同样影响债权实现。处分时影响，撤销时不影响，不得撤销。如债务人甲低价出售房屋导致其资不抵债，后来甲恢复了清偿能力。债权人乙不得撤销该出售行为。处分时不影响，撤销时影响，不得撤销。如债务人甲低价出售房屋时，甲资力雄厚，足以偿债。几年后甲持有的资产贬值，债权人乙不可撤销该出售行为。

(3) 某些使得债务人财产状况恶化的人身法律行为不得撤销。

婚姻、收养、继承等人身法律行为，即使会使得债务人财产状况恶化，也不作为欺诈损害行为，不得撤销，[1]否则会影响债务人人身权利的行使。即便要保护债权人，也不允许干涉债务人的行为自由。离婚、收养、继承之抛弃、非婚生子女之认领，即使对债务人责任财产不利，也不能撤销。为尊重债务人意愿之行为，如赠与或遗赠之拒绝，不得撤销。撤销之目的，仅仅在于保持债务人原有财力，而非积极增加其财产。孙森焱认为，继承财产多于义务，对债权人有利，继承人放弃继承，有害债权人，债权人可撤销该放弃继承行为。[2]

---

[1] 参见史尚宽：《债法总论》，中国政法大学出版社 2000 年版，第 483 页。

[2] 参见孙森焱：《民法债编总论》，法律出版社 2006 年版，第 536 页。

案例 **②**

甲因病去世了，甲生前立下书面遗嘱，将其遗产中的一套房屋（价值100万元，位于某市劳动路45号）给自己的救命恩人乙。乙在甲去世后接受了该遗赠。后查明，甲的救命恩人是丙，而不是乙。丙主张，依据甲的遗嘱，自己才是甲的救命恩人，其应当获得该房屋的所有权。

问题：丙的主张是否合法？

答题指引

一、丙是否可以依据《民法典》第230条、第1123条第2分句、第1133条第3款的规定获得该套房屋的所有权。

（一）甲在生前立下遗嘱，该遗嘱写明，将劳动路45号的一套房屋给自己的救命恩人乙，该遗嘱在甲死亡后发生法律效力。

（二）但是甲的救命恩人不是乙，而是丙。该案的焦点问题是遗嘱的解释。

1. 甲订立了遗嘱，而且遗嘱采取了法定之形式。

2. 虽然甲的遗嘱并不存在表示错误，其受遗赠人明确指向乙。但是遗嘱系遗嘱人作出的无需受领的单方意思表示，而且遗嘱人也无法再次作出意思表示，此时需要作出自然解释，探究遗嘱人的内心真意，在最大程度上尊重遗嘱人的内心真意。该案可采用遗嘱的目的解释，从遗嘱人订立遗嘱的动机出发，在遗嘱文本中寻找遗嘱目的的线索或暗示，遗嘱文本的目的是将房屋给甲的救命恩人，可以对"救命恩人"的文义展开目的解释，救命恩人可以解释为丙，而不是乙，不用考虑遗嘱的文义记载，所谓误载无害真意。

3. 该解释在主观上符合遗嘱文本的目的，符合遗嘱人的内心真意，在客观上也没有超过遗嘱处分的范围。因此可通过对遗嘱目的解释，将丙解释为受遗赠人。

（三）通过对遗嘱的解释，丙可以解释为受遗赠人，丙表示了接受遗赠的意思，丙可依据《民法典》第230条的规定在甲去世时获得该套房屋的所有权。

结论：丙可以依据《民法典》第230条、第1123条第2分句、第1133条第3款的规定获得该套房屋的所有权。

观点争议

另一种观点：甲订立遗嘱的动机在于将该房屋遗赠给救命恩人丙，但是错误写成了乙，甲的意思表示发生了重大误解，属于重大的动机错误。由于遗嘱系无受领人的单方法律行为，为更好地尊重遗嘱人的内心真意，该动机错误可以被考虑，可以基于该动机错误撤销遗嘱。因此，乙不能获得该房屋的所有权，甲的法定继承人可依据《民法典》第147条的规定撤销遗嘱，按照法定继承处理。

◆ **理论评析**

遗嘱的目的解释

遗嘱的目的解释涉及两个基本问题，其一是遗嘱人内心真意和遗嘱目的的查明，其二是基于遗嘱目的将遗嘱人真意从不存在真意暗示的遗嘱中解释出来。第一个问题要求基于遗嘱文本，并结合遗嘱外部的各种情事和证据材料，查明遗嘱人的效果意思，并深究遗嘱人订立遗嘱的动机、探索遗嘱力图实现的经济效果和目的，最终查明遗嘱的目的。第二个问题要求从已经证实的遗嘱目的出发，在不会导致超出遗嘱范围的新处分行为的前提下，按照遗嘱的目的来解释遗嘱，而不必拘泥于遗嘱的字面文义。这种经由遗嘱文本的目的来深究遗嘱人内心真实意思的目的解释包含主观要素和客观要素。（1）主观要素。遗嘱的目的解释，以遗嘱文本的目的为指引，从遗嘱人订立遗嘱的动机和目的出发，强调进一步深究和推导遗嘱人订立遗嘱的动机、力图实现的经济效果和目的，并以之作为遗嘱文本解释的基础和框架。遗嘱人通过遗嘱所传达的，不仅仅是遗嘱文义所表示的效果意思，还包括可以由效果意思推导出来的经济效果和目的。（2）客观要素。遗嘱的目的解释，以遗嘱形式的目的已经实现为前提，以各种利益已经得到保护为必要。当事人已经依照法定形式制作遗嘱，遗嘱的警示目的、防止遗嘱人仓促决定的目的、证明目的已经实现。遗嘱的目的解释以遗嘱内部和外部的各种情事和证明材料为支撑，这些证据材料和线索足以证明并确定遗嘱的目的。遗嘱的目的解释以阐释、补充遗嘱涉及的处分行为为限制。遗嘱解释仅仅是对遗嘱文本的阐释或补充，而不是撰写新的遗嘱。因此目的解释不能作出一个完全超出遗嘱范围且违背遗嘱人意愿的新处分行为。法院的任务仅仅是解释遗嘱，而绝不是撰写遗嘱[1]。遗嘱的目的解释依然以遗嘱文本为基础和框架。

---

[1] See Caroline Sawyer, Miriam Spero, *Succession*, Wills and Probate, Routledge, 2015, pp. 199-200.

第七章 知识产权和商法

第一节 知识产权

案例 ①

天丝医药保健有限公司（以下简称泰国天丝集团）与案外人签订合资合同，约定成立合资公司，即红牛维他命饮料有限公司（以下简称红牛公司），泰国天丝集团为红牛公司提供产品配方、工艺技术、商标和后续改进技术。双方曾约定，红牛公司产品使用的商标是该公司的资产。经查，17 枚"红牛"系列商标的商标权人均为泰国天丝集团。其后，泰国天丝集团与红牛公司先后就红牛系列商标签订多份商标许可使用合同，红牛公司支付了许可使用费。此后，红牛公司针对"红牛"系列商标的产品，进行了大量市场推广和广告投入。红牛公司和泰国天丝集团均对"红牛"系列商标进行过维权及处理诉讼事宜。后红牛公司向北京市高级人民法院提起诉讼，请求确认其享有"红牛"商标权，并判令泰国天丝集团支付广告宣传费用 37.53 亿元。红牛公司主张，其为涉案商标的实际使用人，为商标商誉提升作出了巨大贡献，为部分商标进行了设计，为商标注册清除了障碍，依据民法的公平原则和诚实信用原则，应当享有商标权。一、二审中，红牛公司提交了一份 1995 年由红牛公司、泰国天丝集团以及其他合资方——中国食品工业总公司、深圳中浩（集团）股份有限公司共同签署的一份协议（以下简称《50 年协议》）以证明其享有红牛商标所有权。协议中规定，签约各方一致同意只有合资公司有权在中国境内生产、销售红牛饮料；在得到其他合资方书面许可之前，泰国天丝集团与红牛公司均不得在中国境内生产或承包给其他公司生产或销售红牛饮料同类产品，合同有效期 50 年。

问题：

红牛公司是否获得了"红牛"系列商标的商标专用权？

答题指引

一、红牛公司是否可以依据《商标法》[1]第3条的规定获得"红牛"系列商标的商标专用权。

（一）红牛公司未向商标局申请注册"红牛"系列商标，17枚"红牛"系列商标的商标权人均为泰国天丝集团。虽然红牛公司针对"红牛"系列商标的产品进行了大量市场推广和广告投入，而且红牛公司设计商标、为商标注册提供帮助，但这些都不符合取得商标专用权的法定要件。

结论：红牛公司无法依据《商标法》第3条获得商标专用权。

（二）红牛公司不能以所谓"资产"证明该商标归属于自己。

1. 资产是国家、企业、自然人拥有或控制的，能以货币计量收支的经济资源，包括各种收入、债权和其他资源，有些情况下，企业不享有权利但控制这些资产同样也可以从中获取经济利益。

2. 双方签订的商标使用许可合同、审计报告等证据相互印证，可以证明合同约定的资产应为商标使用权而非商标所有权。

结论：红牛公司不可以依据《商标法》第3条的规定获得"红牛"系列商标的商标专用权。

二、红牛公司是否可以依据《商标法》第42条的规定获得"红牛"系列商标的商标专用权。

红牛公司可以和泰国天丝集团订立商标专用权转让合同，以继受方式取得商标专用权，前提是存在有效的转让商标专用权之处分行为。

（一）存在特定的商标专用权。

（二）红牛公司和泰国天丝集团不存在转让商标专用权之意思表示。

1. 自1996年至2016年，就"红牛"系列商标双方签订多份商标使用许可合同，其中均有明确条款确认泰国天丝集团对注册商标的权属，并且红牛公司依约按时支付了许可费。在长达二十年之久的商标许可使用关系中，红牛公司从未对商标权归属提出异议，反而一再作出尊重泰国天丝集团商标权的保证，红牛公司和泰国天丝集团之间没有转让商标专用权的意思表示合意，

---

[1] 全称为《中华人民共和国商标法》，以下简称《商标法》。

而有许可商标使用的意思表示合意。

2. "红牛"系列商标的商标权属关系明确，红牛公司使用"红牛"系列商标是基于泰国天丝集团的授权许可，许可合同对双方权利义务已经作出了明确约定。在许可使用关系中，被许可人使用并宣传商标，或维护被许可使用商标声誉的行为，均不能当然地成为其获得商标权的事实基础。红牛公司使用并宣传"红牛"系列商标并不能因此取得商标权。

3. 依据《商标法》第 43 条第 1 款的规定，被许可人应当保证使用该注册商标的商品质量，亦即应当维护被许可使用商标的声誉。商标声誉和知名度的提升，首先是基于产品良好的质量，尤其是对本案所涉及的饮料产品而言，良好的产品质量才是商标声誉累积的关键因素。本案中，泰国天丝集团许可红牛公司使用商标的同时，还许可红牛公司同时使用产品配方和生产工艺，不仅允许红牛公司借助其在国外近似商标及产品上形成的商誉，甚至还在红牛公司成立之初为其提供广告费用，因此泰国天丝集团并非如红牛公司所言对"红牛"系列商标知名度提升没有付出。而且红牛公司在中国境内使用"红牛"系列商标及生产、销售相关产品，已因商标使用以及同时伴随的技术许可获得了足够的回报。

（三）未办理商标专用权转让的公示手续。公告系商标专用权转让的生效要件（《商标法》第 42 条第 4 款），商标受让人自公告之日起享有商标专用权。红牛公司和泰国天丝集团未办理商标专用权转让的公告手续，商标专用权没有转让。

结论：红牛公司不能依据《商标法》第 42 条的规定获得"红牛"系列商标的商标专用权。

◆ **理论评析**

注册商标专用权的取得和转让

注册商标专用权属于一种民事权利，其可以通过依法注册取得，其转让则需要按照处分行为的一般规则处理。处分行为一般包括四个要件：其一，针对特定权利；其二，处分意思（处分特定权利的意思表示合意）；其三，公示（交付、登记、公告等）；其四，处分权（处分人需要有相应的处分权）。注册商标专用权作为一种民事权利，可以转让，但必须符合处分行为的一般要件才能发生法律效力。当事人必须针对特定的注册商标专用权达成转移权利归属的意思表示合意（处分合意），并且要依法办理商标专用权转让公告手续，商标受让人自公告之日起享有商标专用权。在该案中，红牛公司和泰国天丝集团未实施转让商标专用权的处分行为，商标专用权没有转让。

◆ **参考法条**

《商标法》

第三条第一款 经商标局核准注册的商标为注册商标，包括商品商标、服务商标和集体商标、证明商标；商标注册人享有商标专用权，受法律保护。

第四十二条 转让注册商标的，转让人和受让人应当签订转让协议，并共同向商标局提出申请。受让人应当保证使用该注册商标的商品质量。

转让注册商标的，商标注册人对其在同一种商品上注册的近似的商标，或者在类似商品上注册的相同或者近似的商标，应当一并转让。

对容易导致混淆或者有其他不良影响的转让，商标局不予核准，书面通知申请人并说明理由。

转让注册商标经核准后，予以公告。受让人自公告之日起享有商标专用权。

第四十三条 商标注册人可以通过签订商标使用许可合同，许可他人使用其注册商标。许可人应当监督被许可人使用其注册商标的商品质量。被许可人应当保证使用该注册商标的商品质量。

经许可使用他人注册商标的，必须在使用该注册商标的商品上标明被许可人的名称和商品产地。

许可他人使用其注册商标的，许可人应当将其商标使用许可报商标局备案，由商标局公告。商标使用许可未经备案不得对抗善意第三人。

第二节 消费者权益保护法

案例 **1**

2019 年 5 月 8 日，原告甲在被告乙运营的论文网站下载文献时，网页提示需付费 7 元。该论文网站在网络文献服务市场中占有支配地位。原告遂进入论文网站充值中心，充值中心提供了支付宝、微信、银联在线等不同充值方式，但均设置了10元~50元不等的最低充值金额限制。原告电话联系被告客服中心，询问是否可以自定义充值及账户余额能否退还。客服答复不可以自定义充值，但多余金额可以退还，不过退款周期长，且需扣除一定手续费。原告通过支付宝充值了50元。后原告甲起诉被告乙，要求退还其账户全部余额43元。

问题：甲是否可以请求乙退还账户余额43元？

答题指引

甲是否可以依据《民法典》第122条的规定请求乙退还账户余额43元。

（一）乙获得了甲多支付的43元服务价款。

（二）乙的获益经由甲的给付获得。甲乙订立了论文下载服务合同，甲向乙支付了50元服务价款，系有目的、有意识地增加乙的财产。

（三）乙的获益没有正当的法律依据。

1. 甲乙订立了论文下载服务合同，该合同可参照买卖合同之规则（《民法典》第595条、第646条）。

2. 该合同中预付定额服务价款的格式条款无效。依据《消费者权益保护法》第26条第2款和第3款的规定，经营者不得以格式条款的方式，作出排除或者限制消费者权利、减轻或者免除经营者责任、加重消费者责任等对消费者不公平、不合理的规定，否则，该格式条款约定的内容无效。同时依据《民法典》第497条第（二）项的规定，提供格式条款一方不合理地加重对方责任、限制对方主要权利的格式条款无效。乙在合同中设置的10元~50元不等的最低充值金额限制的格式条款是无效的。乙无法保有甲多支付的43元服务价款，而且无权要求扣除手续费。甲可请求乙返还多支付的43元服务价款及其利息。因该论文网站在网络文献服务市场中占有支配地位，其通过格式条款预收定额服务费的行为，属于在交易时附加不合理交易条件之行为，构成滥用市场地位，乙还需要依法承担行政责任。[《中华人民共和国反垄断法》（以下简称《反垄断法》）第22条第1款第（五）项]

结论：甲可以依据《民法典》第122条的规定请求乙退还账户余额43元及其利息。

◆ 理论评析

《消费者权益保护法》和《民法典》的关系

就民事关系而言，《民法典》属于一般法，《消费者权益保护法》属于特别法。在民事案例分析中，应当首先考虑《消费者权益保护法》中的特殊规则，《消费者权益保护法》对消费者权益保护有特殊规定的，依照该规定（《民法典》第128条），然后再分析《民法典》中的一般规则。在《消费者权益保护法》未作特别规定时，民法的一般原理和规则都可以适用。消费者权益保护可以按照请求权基础检索的顺序展开检索，从合同请求权、类合同请求权、物权请求权、侵权请求权、不当得利请求权等一一展开检索，逐一分析消费者对经营者的请求权。

◆ 参考法条

《消费者权益保护法》

第二十六条 经营者在经营活动中使用格式条款的，应当以显著方式提请消费者注意商品或者服务的数量和质量、价款或者费用、履行期限和方式、安全注意事项和风险警示、售后服务、民事责任等与消费者有重大利害关系的内容，并按照消费者的要求予以说明。

经营者不得以格式条款、通知、声明、店堂告示等方式，作出排除或者限制消费者权利、减轻或者免除经营者责任、加重消费者责任等对消费者不公平、不合理的规定，不得利用格式条款并借助技术手段强制交易。

格式条款、通知、声明、店堂告示等含有前款所列内容的，其内容无效。

《反垄断法》

第二十二条 禁止具有市场支配地位的经营者从事下列滥用市场支配地位的行为：

（一）以不公平的高价销售商品或者以不公平的低价购买商品；

（二）没有正当理由，以低于成本的价格销售商品；

（三）没有正当理由，拒绝与交易相对人进行交易；

（四）没有正当理由，限定交易相对人只能与其进行交易或者只能与其指定的经营者进行交易；

（五）没有正当理由搭售商品，或者在交易时附加其他不合理的交易条件；

（六）没有正当理由，对条件相同的交易相对人在交易价格等交易条件上实行差别待遇；

（七）国务院反垄断执法机构认定的其他滥用市场支配地位的行为。

具有市场支配地位的经营者不得利用数据和算法、技术以及平台规则等从事前款规定的滥用市场支配地位的行为。

本法所称市场支配地位，是指经营者在相关市场内具有能够控制商品价格、数量或者其他交易条件，或者能够阻碍、影响其他经营者进入相关市场能力的市场地位。

第三节　公司法

案例 1

李一、李二、李三、李四投资设立甲有限公司，分别出资 20 万元、30 万元、50 万元、100 万元，甲公司注册资本 200 万元。李一担任公司董事长，李三担任公司经理。

乙公司因履行与甲公司的买卖合同，向甲公司交付一套生产设备，李三指示乙公司直接向不知情的丙公司交付。后查明，李三擅自将该设备为朋友王一对丙公司的借款债务向丙公司提供了质押，并从中获利 10 万元，同时造成公司损失 20 万元。

丁公司因履行与甲公司的租赁合同，向甲公司支付租金 10 万元，李三指示丁公司将租金 10 万元转入王二的账户。后查明，李三向王二借款 10 万元一直未归还，李三用该租金直接归还了自己对王二的欠款。王二对此毫不知情。

问题：

1. 甲公司是否可请求丙公司返还生产设备？

2. 甲公司是否可请求王二返还 10 万元租金？

答题指引

问题 1：

甲公司是否可以依据《民法典》第235条请求丙公司返还生产设备。

享有请求权的前提是甲公司是生产设备所有人，丙公司无权占有该生产设备。

（一）该设备的最初所有人是乙公司。

（二）乙公司和甲公司之间的交易行为使得该设备所有权移转，甲公司获得设备的所有权。

1. 移转所有权的物权合意。乙公司向甲公司履行买卖合同，李三作为甲公司的代理人，代理甲公司与乙公司达成移转设备所有权的意思表示合意。

2. 交付。李三同时作为甲公司的经理，指示乙公司向善意第三人丙公司交付，该交付属于指令交付，出卖人乙公司完全交出占有，甲公司可以获得该设备的所有权。

（三）丙公司对该设备享有质权，其占有系有权占有。

1. 李三与丙公司达成设定质权的合意。李三将甲公司的设备出质给丙公司，双方就设定质权达成意思表示的一致。

2. 交付。李三通过指令交付方式指令乙公司向丙公司完成了设备的交付。

3. 处分权。李三擅自将甲公司的设备出质给丙公司，属于无权处分，但丙公司可依据《民法典》第311条第3款之规定善意取得质权。

（1）丙公司系善意，其信赖李三系该设备的所有人。该设备占有之移转可归责于甲公司，李三系甲公司经理，与甲公司之间存在委托合同。

（2）丙公司支付了合理对价。丙作为债权人向王一提供了借款，提供了有偿的代价。

（3）交付。李三通过指令乙公司向丙公司交付之方式完成设备的交付，在指令交付的瞬间，发生了两个物权变动，即设备的所有权由乙公司转移到甲公司，丙公司获得设备的质权。

中间结论：丙公司可依据《民法典》第311条第3款善意取得该设备的质权。

最终结论：丙公司善意取得质权，对设备的占有系有权占有，甲公司不能依据《民法典》第235条请求丙公司返还生产设备。

问题 2：

甲公司是否可以依据《民法典》第 122 条请求王二返还 10 万元租金。

（一）王二获得 10 万元的利益。

（二）王二的获益经由李三的给付获得。

（三）王二的获益有正当的法律根据。李三和王二存在借款合同，李三向王二清偿债务，王二的获益有正当的合同依据。

结论： 甲公司不可以依据《民法典》第 122 条请求王二返还 10 万元租金。

观点争议

有不同的观点认为，该 10 万元是应该归属于甲公司的财产利益，李三擅自将应该归属于甲公司的价款用于清偿自己的债务，属于挪用公司资金行为，该行为属于违法行为，该款项实质系李三非法所得的赃款。虽然转账系事实行为，王二已经获得了该 10 万元的财产利益，但是王二无法终局享有该利益，借款合同之给付关系无法成为王二提供保有赃款的正当性基础。该观点值得商榷，交易安全更需要保护，该款项由甲公司经理李三指令第三人向王二给付，可归责于甲公司，同时王二系善意债权人，其依据借款合同接受清偿，更值得保护。甲公司可向李三追偿，可要求李三返还租金本息，并要求李三承担损害赔偿责任（《公司法》[1] 第 147 条、第 148 条）。

◆ **理论评析**

银行转账行为的法律属性

通过银行转账支付价款的行为属于处理事务的事实行为，不是转让货币所有权的处分行为，也不是转移债权的处分行为。一旦转账完成，即发生法律效果。如果转账发生错误，可以通过不当得利返还规则处理。如甲通过自己在工商银行开立的账户向乙在建设银行开立账户转账 1 万元，其间会发生一系列复杂的债权债务关系变化。首先，甲在工商银行的账户余额减少，甲对工商银行的债权减少。其次，工商银行和建设银行的债权债务关系发生变化，工商银行对建设银行的债务增加（即建设银行对工商银行的债权增加）。最后，乙在建设银行的账户余额增加，乙对建设银行的债权增加。由于并不

---

[1]　全称为《中华人民共和国公司法》，以下简称《公司法》。

存在特定的货币，因此不涉及物权变动问题。银行转账并不必然要求行为能力，无民事行为能力或限制民事行为能力人完全可以在自动转账机上完成转账行为，实现转账之法律效果。如果转账出现错误，通过不当得利返还规则处理。如果有人擅自挪用公司账户的资金转账给他人，一旦转账完成，该转账行为有效，公司可向不法受益人依法主张不当得利返还。

2. 挪用公款清偿私人债务的处理

如果银行高管挪用银行资金以转账方式清偿自己的个人债务，并将款项转入其个人债权人的账户，由于银行转账行为系事实行为，转账一旦完成，该转账行为有效。焦点问题是：银行是否可以请求债权人（受益人）返还不当得利。由于债权人与债务人之间存在正当的债务关系，债权人获得清偿的款项有正当的法律根据，不属于不当得利，不负担不当得利返还责任。受害的银行应当向银行高管追偿，向高管主张损害赔偿责任（《公司法》第148条）。

第四节　破产法

案例 1

乙公司长期向甲公司供应粘网胶等材料。2015年12月12日至2016年6月11日期间，乙公司向甲公司供货产生货款150 024元。甲公司分别于2015年12月28日，2016年2月29日、3月16日、4月1日以银行转账的方式向乙公司清偿欠款5.6万元、5万元、5万元、5万元，合计20.6万元。甲公司因不能清偿到期债务，某人民法院于2016年6月12日作出（2016）苏0581民破3号民事裁定书，裁定受理某银行对甲公司的破产清算申请，并指定江苏某律师事务所担任管理人。

甲公司破产管理人认为，甲公司破产受理前6个月内已不能清偿到期债务且明显缺乏清偿能力，在此期间，甲公司向乙公司清偿债务金额超过乙公司给甲公司提供的价值。因此，超过部分的清偿行为，即甲公司清偿乙公司55 976元，不当减少了甲公司的财产，侵害了甲公司其他债权人公平受偿的权利，应当予以撤销。

甲公司破产管理人向法院提出诉讼请求：1. 请求判令撤销甲公司于2015年12月28日至2016年4月1日向乙公司支付货款共计55 976元的债务清偿

行为；2. 请求判令乙公司向原告返还上述 55 976 元；3. 诉讼费由乙公司
承担。

乙公司辩称：（1）甲公司向我公司支付的 20.6 万元系购货款而非清偿欠
款。甲公司在被裁定受理破产清算前一直正常生产，向我方支付货款是法定
义务。我方的供货没有减损甲公司财产反而增加甲公司财产。（2）撤销权应
当在一年内行使，否则丧失撤销权。原告的请求超过了法定一年的期限。故
请求驳回原告的起诉。

问题：

1. 管理人是否可以撤销甲公司向乙公司支付 55 976 元的清偿行为？
2. 管理人行使撤销权是否超过除斥期间？

答题指引

问题1：

管理人是否可以依据《破产法》第 32 条撤销甲公司向乙公司支付55 976
元的清偿行为。

（一）甲公司申请破产被法院受理。甲公司因不能清偿到期债务，某人民
法院于 2016 年 6 月 12 日作出（2016）苏 0581 民破 3 号民事裁定书，裁定受
理某银行对甲公司的破产清算申请。

（二）甲公司向乙公司支付 55 976 元的清偿行为发生在破产受理前 6 个月
内。甲公司分别于 2015 年 12 月 28 日，2016 年 2 月 29 日、3 月 16 日、4 月 1
日以银行转账的方式向乙公司清偿欠款 5.6 万元、5 万元、5 万元、5 万元，
合计 20.6 万元，甲公司向乙公司清偿行为发在破产受理前 6 个月内。

（三）该支付 55 976 元的个别清偿行为未使得甲公司财产受益。2015 年
12 月 12 日至 2016 年 6 月 11 期间，乙公司向甲公司供货产生的货款是 150 024
元，甲向乙清偿了 20.6 万元，甲公司向乙公司多清偿的 55 976 元，减少了甲
公司的财产。

结论： 管理人可以依据《破产法》第 32 条撤销甲公司向乙公司支付
55 976元的清偿行为。

问题2：

管理人系依据《破产法》第 32 条的规定行使撤销权，而非依据《民法
典》第 539 条的规定行使撤销权，故不应适用债之保全制度中关于撤销权除

斥期间的规定，因此管理人的撤销权未超过除斥期间。

◆ **理论评析**

1. 清偿行为的撤销。如果清偿行为不是民事法律行为，则无法适用民事法律行为的撤销规则。甲公司以转账方式向乙公司清偿债务，该转账行为系事实行为，无法适用民事法律行为的撤销规则。但是如果将乙的受领解释为受领行为，将受领行为类推处分行为，则对受领行为可适用撤销规则。

2. 甲公司向乙公司多清偿了 55 976 元，属于非债清偿。甲公司误以为自己对乙负担 55 976 元债务，甲公司属于有目的、有意识地增加乙公司的财产，乙公司获得利益无正当的法律根据，甲公司可依据《民法典》第 122 条的规定请求乙返还 55 976 元及相应利息之不当得利。

◆ **参考法条**

《破产法》

第三十二条 人民法院受理破产申请前六个月内，债务人有本法第二条第一款规定的情形，仍对个别债权人进行清偿的，管理人有权请求人民法院予以撤销。但是，个别清偿使债务人财产受益的除外。

案例 **2**

2017 年 12 月 25 日，甲公司（质权人）与乙公司（出质人）签订一份《股权质押合同》，约定乙公司以其持有的丙公司的 50% 股权为甲乙双方之间的《借款合同》（2017 年 12 月 25 日签订，丁公司作为担保人）主债务提供质押担保，并办理股权质押登记，出质期限自 2017 年 12 月 25 日至 2019 年 3 月 31 日。该主债务之前没有财产担保。2018 年 3 月 12 日，乙公司债权人丁公司以乙公司不能清偿到期债务且明显缺乏清偿能力为由，向某法院申请对乙公司进行破产清算，某法院于 2018 年 4 月 25 日作出受理裁定书，认定上述清算申请符合《破产法》规定的受理条件，决定受理对债务人乙公司提出的破产清算申请，并同日指定管理人。2018 年 4 月 28 日，管理人请求法院判令撤销甲公司和乙公司于 2017 年 12 月 25 日签订的《股权质押合同》，并办理解除质押登记手续。

问题：管理人是否可以撤销乙公司的股权质押行为？

答题指引

管理人是否可以依据《破产法》第31条第（三）项的规定撤销乙公司的股权质押行为。

（一）法院受理了债权人丁公司提出的对乙公司破产清算的申请。2018年3月12日，乙公司债权人丁公司以乙公司不能清偿到期债务且明显缺乏清偿能力为由，向某法院申请对乙公司进行破产清算，某法院于2018年4月25日受理了对债务人乙公司提出的破产清算申请。

（二）乙公司提供担保的行为发生在破产受理前1年内。2017年12月25日，乙公司将其持有的丙公司的股权出质给了甲公司，办理了股权质押登记，设定了股权质权。

（三）乙公司的担保行为属于对没有财产担保的债务提供财产担保的行为。乙公司的担保行为使得甲公司的债权可以在股权质押担保的范围内优先受偿，损害了其他破产债权人的利益，管理人可撤销乙公司出质股权的行为。包括股权质押合同（负担行为）、股权出质行为（处分行为）。

结论：管理人可以依据《破产法》第31条第（三）项的规定撤销乙公司的股权质押行为。

◆ 理论评析

股权质押法律关系

股权质押法律关系包括股权质押合同（负担行为）和股权质押关系（处分行为）。股权质押合同属于债权合同（负担行为），其在股权出质人和质权人之间产生债权债务关系，可参照保证合同的相关规定。股权质权的设定需要通过处分行为才能完成。设定股权质权的处分行为有四个要件：其一，特定的股权，股权质权只能针对特定的股权设定；其二，设定质权的物权合意，股权质权的设定属于处分行为，需要当事人就股权质权设定达成意思表示之合意；其三，公示，股权质权的设定需要办理登记手续，才能发生法律效果（《民法典》第443条第1款）；其四，处分权，股权质权设定属于处分行为，处分人需要有处分权。股权质权法律关系不仅包括股权质押合同关系，股权质权关系，还包括在股权质权设定后出质人和质权人之间的法定债务关系。[1]

◆ **参考法条**

《破产法》

第三十一条 人民法院受理破产申请前一年内，涉及债务人财产的下列行为，管理人有权请求人民法院予以撤销：

（一）无偿转让财产的；

（二）以明显不合理的价格进行交易的；

（三）对没有财产担保的债务提供财产担保的；

（四）对未到期的债务提前清偿的；

（五）放弃债权的。

---

[1] See Vieweg / Werner, Sachenrecht, Verlag Franz Vahlen, 2015, S. 310.

第三编

民事案例练习题

案例 ① [1]

存单案

四川省成都市中级人民法院（2007）成民终字第 23 号民事判决书

案情：

2012 年 2 月 8 日，甲在乙银行办理了一张定期存单，存款金额 80 000 元，年利率 1.98%，存单编号：97925769，账号：850888300111100058301，存单到期日为 2013 年 2 月 8 日。

2012 年 9 月 8 日，丙将甲的该存单盗走，于 2012 年 9 月 8 日用其父亲丁的照片假冒办理甲的身份证到乙银行处。其父亲丁以甲的名义签字，与乙银行签订了《乙银行个人存单质押贷款质押合同》，以甲的定期存单办理了期限为 5 个月（至 2013 年 2 月 7 日）的存单质押，乙银行进行核押后支付了丙贷款 76 000 元。

甲发现存单被盗后，于 2013 年 1 月 31 日向公安局报案，乙银行于 2013 年 2 月 6 日就存单质押贷款事宜向甲进行情况调查。

2013 年 2 月 16 日，因 76 000 元的质押贷款逾期未归还，乙银行便从甲的定期存单上扣划了贷款本金 76 000 元、利息 1617.28 元、罚息 86.93 元，合计 77 704.21 元。

问题：存单的法律效力如何？

---

〔1〕 本部分的案例，有的改编自人民法院案例，有的来自中国政法大学民事案例研习课程中的练习题，在此特别感谢中国政法大学田士永教授的大力帮助和指导！

案例 ②

房屋买卖合同案

福建省厦门市中级人民法院（2012）厦民终字第 2733 号民事判决书

案情：

2011 年 2 月，甲、乙在知道城市联盟出售的某市东浦路 122 号房产未达到商品房预售条件的情况下，通过汇款方式向城市联盟支付了购房款 13 万元。

2011 年 4 月，丙与甲口头约定，由甲、乙将其向城市联盟购买的东浦路 122 号房产转让给丙。

2011 年 4 月 18 日，丙通过银行转账方式向甲的银行账户转账 152 512 元作为购房款。同日，丙与城市联盟就诉争房产订立《房屋使用权转让合同》及《补充协议》。

2011 年 4 月 30 日，甲向丙出具《转让确认书》，确认该房产转让给丙。

之后，城市联盟因涉嫌犯罪被立案侦查，且诉争房产系部队用房，丙无法取得房屋使用权。

丙认为甲、乙转让房产的行为违反法律规定，双方之间的转让行为无效，甲、乙应当返还其已经支付的价款及利息。

甲、乙认为，城市联盟已经与丙订立买卖协议，根据合同相对性原理，其不是本案适格被告，其与丙之间不存在房屋买卖关系，其向丙转让的是交易机会，其也明确告知丙转让的风险。

问题：甲、乙转让房产的行为是否有效？为什么？

案例 ③

担保物权确认纠纷案

山东省莱芜市中级人民法院（2011）莱中字民一终字第 126 号民事判决书

案情：

2008 年 5 月 27 日，甲公司以收取"委托资金"的名义从乙处借款 100 万元（收据号 0041454），并订立《委托理财协议书》，约定"委托期间"自 2008 年 5 月 27 日至 2008 年 6 月 16 日，预期收益率为月息三分。2008 年 6 月 16 日借款到期后，甲公司未偿债。

甲公司股东丙于 2008 年 6 月 23 日在上述《委托理财协议书》上注明："以个人全部资产担保偿还，以个人全部资产提供担保"，落款处为"丙，2008.6.23"。

同日，丙给乙出具书面材料一份，内容为：2008.6.23 借款 100 万元，收据号 0041454，以下抵押房产：舜和旺园 8 号楼三单元 A 房 109.68 平方米、B 号车库，到期不还，折价 20 万元。车辆鲁 JN6×××，按约定不还，折价 40 万元（车辆暂时做抵押）。2008 年 7 月 10 日前还 50 万元，其余 20 日前还清。

甲公司法定代表人马某于同日也给乙出具书面材料一份，内容是：同意丙以车辆鲁 JN6××× 抵顶所欠乙的债务，甲公司法定代表人马某。甲公司于同日将加盖公司公章的"机动车移转登记申请表"（内容空白）、公司组织机构代码、企业法人营业执照及该车的机动车行驶证、机动车登记证书、车辆购置税缴纳凭证交付给乙。

2008 年 6 月 23 日，因民间借贷案件，经王某申请，某区法院依法就该车进行诉讼保全。

2009 年 6 月 19 日该区法院对该车予以继续查封，同月 22 日乙提出异议。

该区法院认为，乙、丙约定于 2008 年 7 月 10 日前还款 50 万元，车辆暂做抵押，该院于 2008 年 6 月 24 日查封该车，此时乙对该车属于无权处分，驳回乙的异议。

乙于 2009 年 10 月 15 日起诉请求法院停止对该车的执行，防止损害抵押物优先受偿权的行使。

乙另主张，其享有该车的质权，可以对抗第三人。

问题：该汽车动产抵押权效力如何？

案例 4

所有权确权案

福建省永安市人民法院（2011）永民初字第 1936 号民事判决书

案情：

2011 年 6 月 7 日，原告甲通过某市二手车交易市场的业务员丙介绍与被告乙订立一份《车辆转让协议》，协议约定：乙将其名下的 G55×××号比亚迪转让给甲，转让金额 4 万元，一次付清价款。

协议签订之日，甲即现金支付给被告乙 20 800 元，另外替被告乙归还某公司担保购车款 18 500 元（被告乙当时系贷款购车），扣除交易前交通违章罚款 700 元，共支付 4 万元购车款。此外，甲还支付二手车交易市场中介费用 2000 元。

被告乙当日将该车交付给原告甲，并移交了车辆登记证书、机动车销售统一发票、车辆购置税发票、机动车交通事故责任强制保险单。

2011 年 6 月 8 日，抵押权人某销售公司解除抵押。

2011 年 6 月 9 日，当原告甲到该市公安局办理过户手续时，得知该车辆于当日上午因被告乙的债务纠纷被该市法院查封而无法办理过户手续。

故原告请求法院判令：确认原告与被告于 2011 年 6 月 7 日签订的车辆转让协议有效，车辆属于原告所有。

问题：该案中车辆所有权归属谁？

案例 5

物权保护案

广东省汕尾市中级人民法院（2012）汕尾中法民一终字第 90 号民事判决书

案情：

2000 年 8 月，原告甲公司从案外人处受让土地一幅（位于老河口变电站），用于加油站的建设并办理了国有土地使用权证，总面积 3412 平方米，并附有变电站职工宿舍一栋三层共六套住房。

2010 年 12 月 26 日，甲公司将该地块连同楼房租赁给某中医骨科医院。

在此之前，被告乙丙丁已经住进该宿舍楼。

2010 年 12 月 27 日，甲公司发出公告，告知该地块已经租赁给某骨科医院，同时要求占有该地块的用户务必在一周内搬离并清除地面上的所有种植物。

但被告乙丙丁一直未搬离，甲公司以三被告构成侵权为由起诉，请求判令被告停止侵占甲公司位于老河口变电站的宿舍楼。

问题：甲公司如何主张请求权？

案例 6

股东出资纠纷案

江苏省高级人民法院（2012）苏商终字第 56 号民事判决书

案情：

甲公司由乙丙各出资 41 万元、10 万元于 2004 年 1 月 7 日设立，乙任公司法定代表人。2007 年 3 月 19 日，甲公司经工商部门核准注销。

2007 年 11 月 5 日，丁公司与甲公司签订协议书一份，协议书约定：

1. 双方确认，甲公司先后向丁公司投资 263 万元，占丁公司 15% 的股权。

2. 丁公司承诺，回购甲公司该 15% 的股权，共计 600 万元整，其中包括 263 万元股本金及其升值部分。在甲公司收到 600 万元回购款项之后，甲公司对丁公司不再享有任何权利，也不承担任何义务。

3. 丁公司的付款期限为：本协议签订的同时，丁公司支付给甲公司 100 万元；2008 年 1 月底前，支付 200 万元；2008 年 5 月底前，支付 300 万元。

4. 丁公司如果违约，承担按未付款总额同期银行贷款利息双倍计算的违约金。

该协议书载明的甲公司持有丁公司的股权未经工商登记。

2007 年 11 月 6 日，乙出具收条一份，该收条载明：今收到丁公司退还股本金承兑汇票一张，人民币 100 万元。

后，乙丙以协议书为依据，向丁公司主张未付的 500 万元及违约金责任，丁公司抗辩协议书签订时甲公司已经注销，协议书无效。

问题：甲公司和丁公司签订之合同效力如何？

案例 7

股权转让纠纷案

北京市大兴区人民法院（2011）大民初字第 8784 号民事判决书

案情：

2007 年 6 月 28 日，第三人甲公司成立，登记股东为被告乙一人，出资额

50 万元，注册资本 50 万元，法定代表人是乙。

2008 年 1 月 29 日，原告丙与被告乙签订《股权转让协议》，该协议约定：被告乙转让甲公司 12% 的股权，原告丙同意接受，转让费 15 万元。

2008 年 7 月 28 日，甲公司办理工商登记变更，乙将其持有的 33% 股权转让给了丁（对应出资额 16.5 万元），其持有的 12% 的股权转让给了丙（对应出资额 6 万元）。股权登记情况是：乙 27.5 万元、丙 6 万元、丁 16.5 万元。

2009 年 6 月 5 日，甲公司又进行工商登记变更，变更内容是原告丙持有的 12% 的股权转让给乙，变更后的股权登记情况是：乙出资 33.5 万元，丁出资 16.5 万元。

原告丙在该案审理过程中提出此处变更的所有权材料中"丙"的签名均系假冒，不是丙本人的签字，不是其本人的意思表示，就此起诉至法院。北京市第一中级人民法院，经（2010）一中民终字第 5592 号民事调解书确认原告与被告、第三人达成调解协议，乙将其持有甲公司的 12% 的股权转让给丙，甲公司在调解书签字之日起 30 日内协助办理工商登记。

但是，2010 年 5 月 20 日，张某、丁某、乙、丁擅自订立《股权转让协议书》，约定乙将甲公司出资额 3.5 万元转让给张某（公司股权 7%），30 万元转让给丁某（公司股权 60%），丁将其持有的甲公司出资额 6.5 万元转让给张某，10 万元转让给王某，并办理了相应的股权变更登记手续。

问题： 冒名转让股权的法律效力如何？

案例 8

股权转让纠纷案

江苏省苏州市中级人民法院（2011）苏中商终字第 607 号民事判决书

案情：

2001 年 3 月，甲乙丙丁共同发起设立某助剂公司，甲为法定代表人。

2004 年 11 月 12 日，甲乙分别受让丙丁的股权。

2006 年 7 月 24 日，助剂公司（签字代表是甲）与研究所（签订代表是戊）订立《转让合同》，主要内容是：助剂公司将公司的财产、房屋、相关手续、设备以及上述房屋建造所涉及的设计图一次性作价 80 万元转让给研究所……助剂公司转让前的一切债务与研究所无关，由助剂公司自行承担。

后戊依据协议支付给甲部分款项。

2006 年 8 月 18 日，甲乙通过公司股东会决议同意甲辞去公司执行董事职务，选举戊为公司执行董事，工商登记明确戊为公司法定代表人。

2007 年 1 月 8 日，甲和戊订立股权转让协议一份，约定甲将其持有的助剂公司的股权 30 万元转让给戊，同日，乙与庚订立股权转让协议，约定乙将其持有助剂公司的股权转让给庚。其中甲乙系夫妻关系，戊庚系夫妻关系。

同日，助剂公司通过股东会决议，对上述转让进行确认，并明确甲乙退出股东会。但是上述股权转让协议和股东会决议上的甲乙的签字并非他们本人所签。

2007 年 3 月 15 日，甲与戊又签订一份协议，就助剂公司关停后的补偿问题进行了约定，明确甲要获得赔偿款的 40%。

2007 年 11 月，助剂公司将公司名称变更为志祥公司，公司变更了经营范围，通过了新的公司章程。

后，甲认为 2007 年 1 月 8 日的股权转让协议系戊伪造，要求确认该协议不存在。

问题：股权转让协议和股东会决议的效力如何？

案例 9

机动车交通事故责任纠纷案

江西省赣州市中级人民法院（2012）赣中民四终字第 19 号民事判决书

案情：

2010 年 12 月 2 日，黄某驾驶赣 0216330 变型拖拉机行驶至五云镇采石场，将该车停放在石场票房旁，下车后发现车辆往后退，黄某就用石头去塞拖拉机轮胎，拖拉机将黄某压死。事故经过交警认定，黄某负全责。该车已经在中国财保赣县公司投保了交强险。被告中国财保赣县公司以黄某是肇事车辆的驾驶人及投保人，不属于交强险范围内的受害人为由拒绝赔偿。

黄某有兄妹四人，其父亲黄某某（65 周岁），其母亲徐某（61 周岁），黄某有子女两个，长子 10 周岁，次子 8 周岁。

问题：投保人是否属于交强险中的第三人？

案例 10

财产损害赔偿纠纷案

北京市密云县人民法院（2012）密民初字第 4895 号民事判决书

案情：

2007 年 11 月，李某（王某之母）承租了密云县宾阳北里 27 号楼西侧的北京心连心物业公司平房北数第 6、7、8 间，王某于 2008 年 5 月注册成立北京利成综合商店，利用李某该房屋进行食品个体经营。

马某于 2010 年承租了该平房北数的第 4、5 间。

2011 年 3 月，马某在未经北京心连心物业公司同意的情况下将其承租的房屋转租给相某使用。

2012 年 1 月 30 日，相某居住的第 4 间房起火。消防支队认定北数第 6 间房租户的货物和生活用品受到不同程度的损失，损失为 2800 元。

在本案审理过程中，王某提出除了公安机关认定的损害外，还有其他损失，共计 7000 元。

2012 年 7 月 9 日，北京心连心物业公司起诉李某，要求解除其与李某的房屋租赁合同，法院于 2012 年 8 月 10 日判决解除二者的租赁合同。

问题：当事人之间请求权关系如何？

案例 11

人身损害赔偿纠纷案

江苏省苏州市吴中区人民法院（2012）吴民初字第 0627 号民事调解书

案情：

2012 年 1 月 17 日，某甲公司组织单位员工吃年夜饭，公司职工刘某参加了该次聚餐。餐后，刘某驾驶电动自行车在回家途中与案外人高某所驾驶的大型普通客车相撞，刘某当场死亡。交警认定，刘某负有主要责任。

　　刘某家属认为，甲公司作为聚餐组织者，应对餐饮参与人的人身安全提供适当照顾，并对酒水数量进行控制。但是，当晚，甲公司提供了大量酒水，放任刘某饮酒，并放任处于醉酒状态的刘某自行回家，甲公司对刘某死亡存在过错，应当承担民事责任。

　　甲公司认为，宴请当晚，公司已经尽到告知义务，提醒员工"开车不喝酒"，并且对刘某没有劝酒。刘某是在公司管理人员不知情的情况下自行离开，甲公司无法了解刘某离席的身体状况，其对刘某死亡不存在过错，不应当承担责任。

　　问题：甲公司是否需要承担损害赔偿责任？

案例 12

健康权、身体权纠纷案

上海市第二中级人民法院（2012）闸民一（终）初字第 1045 号

案情：

　　2011 年 5 月 11 日，徐某与黄某订立"海螺塑钢门窗订货单"。同日，黄某至徐某家中测量后，与徐某订立"上海海螺门窗有限公司门窗订购单"。

　　2011 年 5 月 16 日，邓某与黄某派临时雇工两人（无相应安装资质）至徐某家中安装铝合金窗户及封阳台玻璃。在安装过程中，一块玻璃坠落，砸中阮某，经诊断为"左肩粉碎性骨折"，共支付医药费 19 093.1 元。

　　2011 年 8 月 4 日，邓某以某陶瓷公司名义为徐某开具发票，发票金额 4100 元。邓某支付每年进场费 24 344 元、广告费 8114 元、物业管理费 1326 元。

　　邓某与黄某系夫妻关系，个体工商户登记在邓某名下，双方共同经营，收入用于家庭支出。在对外经营过程中，均以某陶瓷公司名义开具发票，售后服务以"上海成大建材市场"名义出具。

　　徐某系业主，黄某与邓某系雇主，陶瓷公司与建材市场系徐某定制阳台封窗的商家，故阮某请求判令 5 被告共同赔偿残疾赔偿金、误工费、营养费、护理费、交通费、住院伙食补助费、物损费、精神损害抚慰金 100 000 元及律师费 8000 元。

问题：阮某向谁主张什么请求权？

案例 13

生命权纠纷案

北京市海淀区人民法院（2012）海民初字第 7560 号民事判决书

案情：

2011 年 7 月 26 日，甲乙丙丁聚餐，四人共饮用 3 瓶白酒，甲喝酒最多。后四人前往西城区什刹海，租用了兴海公司的六座脚踏游船。

中途，其中二人上岸购买了 20 瓶啤酒，带上船继续饮用。

后庚带两名歌厅女服务员上船。

因天气变化，下大雨起大风，21 时 50 分，该船倾覆，七人都落水。后众人发现甲不在，开始打捞。21 时 53 分，兴海公司救援人员驾驶救援船只赶到，并开始打捞甲。几分钟后，甲被打捞起来，仍有生命迹象。

紧急之下，未等 120 救护车抵达，兴海公司工作人员和乙丙用兴海公司的电瓶车将甲送往最近的前海医院。因前海医院不具备抢救条件，众人将甲转到北大医院。甲经抢救无效死亡。

2011 年 8 月 2 日，公安局出具鉴定结论：甲系溺死，其生前饮酒已经达到中毒量。

诉讼中，兴海公司提交游船售票处公示牌，游船上的铭牌及船票上的照片证明公司已经通过上述方式提醒顾客注意安全，并告知了救援电话，已经尽到安全注意义务。

原告甲的家属安某认为兴海公司在甲一行已经饮酒的情况下，仍然向其出售船票，且在船翻后未进行及时有效的救援，没有配备专业急救人员及氧气瓶等专业设备，未进行专业急救，贻误抢救时机。

原告要求被告乙丙丁庚及兴海公司赔偿丧葬费、被抚养人生活费、死亡赔偿金、精神损害赔偿抚慰金 10 000 元并承担连带赔偿责任。

问题：原告向谁主张什么请求权？

案例 14

实习生生命权纠纷案

广西壮族自治区百色市靖西县人民法院（2012）靖民一初字第 989 号民事判决书

案情：

黄某系广西中医学校护理专业学生，经学校安排到靖西县人民医院实习。2012 年 2 月 7 日 20 时 40 分，黄某跟随医院急诊科的教师随救护车到某镇抢救伤员，在处理伤员的过程中，被告甲驾驶无牌号两轮摩托车碰撞到黄某、赵某、李某。黄某因伤势过重抢救无效而死亡。

2012 年 2 月 8 日交警认定被告甲负全责。事后甲仅仅赔偿丧葬费 15 921 元，黄某的其他损失没有得到赔偿。

原告黄某家属以甲和靖西县人民医院为被告起诉，请求法院判令两被告承担连带责任共计 398 220 元，人民医院请求追加广西中医学校为本案被告。

庭审中，甲认为，人民医院未在现场设立警示标志，医院也应当承担一半责任。

广西中医学校认为，学校不是交通事故的任何一方当事人，不是本案法律关系的主体，事故发生后，学校也积极与各部门协调，给家属发放了慰问金，并且协助家属获得了最高数额的保险赔偿金，要求学校承担赔偿责任没有法律依据。

问题：原告向谁主张损害赔偿请求权？

案例 15

生命权、身体权、健康权纠纷案

福建省厦门市中级人民法院（2012）厦民终字第 2237 号民事判决书

案情：

甲乙丙丁系某学院 2011 级学生，同住学员公寓 108 室。2011 年 8 月 31

日晚饭后，甲乙丙丁在宿舍打扑克斗地主，并约定输1次，做10个俯卧撑或下蹲站起，有人输到100下停止游戏执行罚则。

后甲输到100下，就停下来做下蹲站起。做完几分钟后，甲忽然倒地。乙丙丁通知了医务室和老师。稍后，老师和医务室护士赶到宿舍，给甲做人工呼吸和胸部按压。20分钟后，120医护人员到达现场并将甲送往医院，后甲因抢救无效而死亡。

福建正泰司法鉴定中心的鉴定结论是：甲符合胸腺淋巴体质而猝死，因下蹲站起剧烈运动导致猝死。

另查明，甲高中毕业时体质健康标准为良好，学院、乙丙丁在事故发生前都不知道甲有胸腺淋巴体质。学院医务室系经卫生局核准的医疗机构，其医生和护士均具备相应资质。

问题：学院是否需要承担损害赔偿责任？

案例 16

生命权纠纷案

福建省厦门市集美区人民法院（2012）集民初字第2456号民事判决书

案情：

2011年7月6日，甲作为其儿子小甲的家长与天阶公司订立《夏令营协议》，并支付报名费2380元，约定从7月22日到8月4日，天阶公司负责营员的所有安全问题、健康卫生、生活饮食、休息等一切相关事务。

7月22日，小甲到夏令营参加活动。

7月27日，小甲在其日记中记录："中午吃不下饭、肚子疼。"

7月29日，小甲感到身体不适，吃不下饭而且肚子疼。当日上午8时30分，天阶公司林经理将小甲带回公司总部，天阶公司法定代表人张某带小甲去厦门市中医院就诊。医生诊断为中暑，并开了藿香正气胶囊等药品。

7月31日17时40分，小甲被发现在夏令营营地里抽搐倒地，随即被送往厦门市第一医院抢救，经抢救无效而死亡。

2011年8月10日，厦门市公安局作出鉴定结论：小甲系患有十二指肠球部溃疡并发穿孔，导致急性弥漫性腹膜炎感染性中毒休克死亡。

问题：天阶公司是否需要承担损害赔偿责任？

案例 17

肖像权纠纷案

上海市第一中级人民法院（2012）沪一中民一（民）终字第1394号民事判决书

案情：

胡某于2007年10月15日在某酒店工作，担任礼宾部主任。2008年8月，酒店为装饰及宣传使用拍摄了一段时长4分钟的视频，视频中包括胡某在酒店前台接待客人的总计15秒及5秒远景镜头。视频摄制后，酒店将该视频在酒店大堂循环播放，并作为383间客房电视默认的开机画面。2011年10月14日，双方劳动合同期满终止。酒店在胡某离职后，继续播放该视频至2011年12月底。

胡某认为，酒店在未征得自己同意的情况下，以营利为目的擅自播放含有自己肖像的视频做广告宣传，构成肖像权侵权，请求法院判令酒店立即停止侵害、赔礼道歉、赔偿经济损失30 000元、精神损害抚慰金30 000元。

酒店认为，视频系向客人介绍酒店的设施、环境，并非营利。胡某作为公司员工出现，属于职务行为，胡某对此明知。胡某在离职时，与酒店没有任何争议，胡某的诉讼请求也超过诉讼时效期间。

问题：胡某如何向酒店主张请求权？

案例 18

名誉权纠纷案

湖北省武汉市中级人民法院（2012）鄂武汉中民二终字第00577号民事判决书

案情：

2011年6月8日、16日，深圳广电下属的深圳电视台制作并播放了"中国股市报道ST精伦的前世今生（1）（2）"两期电视节目。节目通过对精伦电子有关公开的财务信息的分析，认为精伦电子财务造假、欺诈上市、股东套现暴利、业绩突然大变脸，又是一家绿大地（即云南绿大地生物科技股份有限公司，该公司涉嫌欺诈上市等犯罪行为而受到刑事处罚）。金某以律师身份，在节目中就有关法律问题进行了点评，并在节目播出后将节目视频上传到个人博客。

精伦电子认为，深圳广电未经深入调查，作出带有严重主观恶意且与事实不符的节目视频，对精伦电子进行诋毁、贬低和丑化。金某在没有核实的情况下，上传了报道。二者严重损害了精伦电子的名誉。

深圳广电认为，其是正当行使舆论监督权利的行为，不构成对精伦电子名誉权的侵害。

金某认为，其只是在节目中就有关法律问题进行了分析，也不具备审查电视节目是否构成侵权的义务和能力，不构成对精伦电子的名誉权的侵害。

问题：深圳电视台和金某是否侵害精伦电子的名誉权？

案例 19

运输合同纠纷案

江苏省淮安市中级人民法院（2010）淮中商再终字第 11 号
（2010 年 8 月 16 日）

案情：

原告：张某

被告：嘉谊公司

2008 年 7 月 10 日，甲公司与乙公司签订货运合同一份，约定：甲公司将其生产的电池交给乙公司运输，运费每月结算一次，运输过程中发生的损失由承运方承担，合同期限至 2009 年 7 月 9 日。

2008 年 9 月 20 日，乙公司与原告张某订立货物托运合同一份，将甲公司运往黑龙江的 42 吨电池交给原告运输，运费 28 600 元，货运过程中的一切损失，由运输方负责。

合同订立后，原告张某即以南京天园物流（原告正在办理注册登记）名义与被告黑 E58881 货车驾驶员杜某签订运输协议一份，将上述货物交给其运输, 运费 23 000 元, 合同订立时预付 13 000 元, 如运输过程中发生一切损失由货运方承担。

2008 年 9 月 21 日 7 时许, 杜某驾驶黑 E58881 货车与前方事故车相撞, 车辆起火, 杜某当场死亡, 车及货物全部烧毁。交警认定: 当事人杜某负全责。

2008 年 11 月 4 日, 甲公司要求乙公司赔偿电池总损失 1 410 204 元, 并将货物残值所有权和向第三方的追偿权移转给乙公司。

2008 年 11 月 18 日, 原告与乙公司达成协议, 由原告向被告行使索赔权。

另查明: 被告嘉谊公司建立于 2007 年, 经营范围是道路普通货物运输和大型物件运输。行驶证注明: 黑 E58881 货车所有权是嘉谊公司。

原告认为: 原告是在查验了被告所属车辆证件后, 与该车驾驶员杜某签订运输合同。事故发生后, 乙公司向原告索赔, 并签订了赔偿协议, 原告已经取得求偿权。

被告认为: 原被告之间不存在货物运输合同关系。理由是:

1. 本案损失的货物不属于原告所有, 原告不具有诉讼主体资格。

2. 被告没有为原告托运货物, 也未收到运费。

3. 杜某不是公司的司机, 被告与其没有劳动关系。

4. 黑 E58881 车辆的真正所有人不是被告, 而是于某, 被告是其购车贷款的担保人, 因被告与银行的协议才登记为名义所有人。

问题: 嘉谊公司是否是运输合同的当事人?

案例 20

侵权责任纠纷案

山东省淄博市中级人民法院 (2011) 淄民三终字第 441 号
(2011 年 11 月 29 日)

案情:

2010 年 11 月 26 日 1 时 30 分许, 张某驾驶某二轮摩托车行驶至青岛一建筑工地门前, 与甲公司施工留下的土堆相撞, 导致摩托车摔倒, 后张某的头部又与公路东侧乙公司的住宅小区的广告牌下方的外露角铁部位接触，致使张某的头部严重受伤，车辆损坏。

另查明：张某未取得驾驶证、未戴头盔、夜间行驶未注意安全。乙公司设立广告牌未经工商部门批准。

2010年12月15日，交警认定：张某承担事故的主要责任，甲公司承担次要责任。

问题：张某的损失由谁承担责任？

案例 21

股权转让纠纷案

福建省厦门市中级人民法院（2011）厦民终字第2498号（2011年11月8日）

案情：

2009年3月30日，杨某与黄某订立《股权转让协议》，合同载明：杨某将其持有的甲公司23%的股权转让黄某，黄某支付价款17万元，首付3万元，余款14万元2年内付清。

公司工商档案载明：杨某认缴出资23万元，持股比例23%，实际出资46 000元，出资时间2008年3月14日，余款交付期限为2010年3月16日。

另查明：杨某的余款18 400元出资义务一直未履行。

黄某认为，因杨某未履行完毕出资义务，其可以拒绝支付股权转让的余款。

杨某认为，股权转让即债权债务概括移转，其对公司及债权人责任即可免责。

问题：杨某是否需要继续履行出资义务？

案例 22

储蓄存款合同纠纷案

**天津市高级人民法院（2007）津高民一终字第0010号民事判决书
（2010年6月18日）**

案情：

2005年9月26日，张某在甲银行乙支行开立信用卡账户，甲银行乙支行为张某办理了世纪通宝银联卡，张某以此卡进行资金往来。

2005年12月14日，张某之丈夫王某借给案外人李某人民币380万元，约定2006年1月22日前还80万，余款于2006年3月10日前一次性还清。

合同订立后，李某按约偿还80万元。2006年3月17日13时03分，李某存入张某信用卡内300万元，并告知张某借款已经归还。后查明：李某将丙支行垫付国债本金账户中的300万元划入张某信用卡账户。

同日17时41分，甲银行丙支行在张某不知情的情况下，将已经存入张某信用卡的300万元划回本行，并在张某信用卡内做抹账处理。

案外人李某系甲银行丙支行的工作人员，因涉嫌犯罪由检察院立案侦查。

张某认为：银行应当保护储户的资金安全，不得违反《支付结算办法》和《账户管理办法》。

甲银行乙支行、甲银行丙支行认为：该300万元是甲银行丙支行的自有资金，是犯罪嫌疑人李某错划入张某信用卡的，将该款项划回属于行业救济。

问题：张某可以向谁主张请求权？

案例 23

买卖合同纠纷案

北京市第二中级人民法院（2011）二中民终字第21572号民事判决书

案情：

甲公司系意大利芬迪品牌的产品销售商。2010年11月15日，孙某在甲公司购买了两件尺码为38码的女士羽绒服，其中一件产品编号：178496，价款22 800元，另外一件产品编号：181445，价款19 800元。

2011年6月7日，孙某委托大成律师事务所向甲公司发出《律师函》，以涉案产品水洗标中以英文标注的产地（Bulgaria）与中文标签中以中文标注的产地（意大利）不符，且甲公司销售人员强调"所有产品都是意大利原产"，导致孙某误以为涉案产品系意大利原产而购买，要求甲公司办理退货，并双倍返还货款。

孙某诉称：我在甲公司购买了两件羽绒服作为礼物送给朋友。2012年5月15日，朋友将两件羽绒服原封不动退还给我，才知悉羽绒服的实际产地不是意大利。甲公司销售人员一再强调是意大利原产导致其购买，甲公司的行为构成欺诈。

甲公司辩称：依据服装水洗标的标注，英文标注的产地是保加利亚。但甲公司并无欺诈故意，甲公司销售的产品均由芬迪公司配送，意大利芬迪公司将该产品的产地写错为意大利，导致甲公司错写产地。甲公司并无欺诈故意。而且中文产地信息错误也不是甲公司故意所致。由于芬迪公司产品数量众多，产地来源广泛，无法一一核对，一一核对也不符合商业惯例。从孙某购买服装的行为来看，孙某以现金方式购买，而且发现问题，未与甲公司协商，而直接以律师函方式处理，不符合一般的生活常识。孙某不是消费者，甲公司不愿意双倍赔偿。

问题：孙某对甲公司的请求权关系如何？

案例 24

买卖合同纠纷案

浙江省宁波市中级人民法院（2011）浙甬商终字第 569 号民事判决书
（2011 年 9 月 23 日）

案情：

杨某于 2010 年 2 月 9 日向应某出具欠条一份，内容是："今欠应某水泥石子款 12 万元整，欠款人杨某，2010.2.9，4 月底付清。"王某在欠条中"欠款人杨某"后面签名。

2011 年应某诉称：2009 年开始，应某为杨某、王某运输水泥沙子挖土，杨某、王某拖欠 12 万元价款一直未支付，请求法院判令二者共同归还欠款 12 万元。

杨某辩称：该债务系自己一人债务，王某只是见证人，不是欠款人。

王某辩称：欠款与自己无关。之所以有自己的签名，是因为应某为杨某供应建材，是因为自己介绍，应某对杨某的情况不太熟悉，所以让自己在欠条做个证明而已。

问题：王某签名行为的法律性质和法律效力如何？

案例 25

租赁合同纠纷案

北京市石景山区第一中级人民法院（2011）一中民终字第 987 号民事判决书
（2011 年 1 月 5 日）

案情：

甲公司与乙公司于 2010 年 10 月 11 日订立《租赁意向协议书》，乙公司承租甲公司的商铺，乙公司在意向协议书订立之日向甲方交付认租意向金 1 万元，乙公司在交付意向金后有优先承租商铺的权利。乙公司于意向协议书订立之日交付意向金 1 万元。

后乙公司不同意与甲公司签订租赁合同，甲公司不予认可。

乙公司诉称：意向协议书写明收取 1 万元意向金后，10 月 20 日左右可看商铺，但直到 11 月 9 日，乙公司仍未接到看商铺通知。后双方发生分歧，甲公司提出，要求乙公司缴纳半年或 1 年租金，则立即签订合同，否则不退还意向金。乙公司认为，这属于甲公司的霸王条款，甲公司要求乙公司在未看商铺的情况订立租赁合同，无法保证乙公司的权益。乙公司主张甲公司返还 1 万元意向金。

甲公司辩称：不让乙公司看商铺是因为交叉作业，考虑安全问题。该意向金应为定金，甲公司无违约行为，乙公司单方要求取消合同，乙公司违约，甲公司不同意返还定金。

问题：意向金的法律性质如何理解？

案例 26

借款合同纠纷案

最高人民法院（2005）民二终字第 57 号民事判决书

案情：

2003 年 8 月 18 日，甲银行某支行与乙公司订立《借款合同》，贷款金额 5000 万元，并由乙公司指定的丙公司作为保证人。丙公司向甲银行某支行出具了《不可撤销担保书》，该担保书载明：丙公司自愿为借款人的全部债务承担连带保证责任。

上述《借款合同》《不可撤销担保书》签订之后，甲银行某支行按约发放贷款，但乙公司未按约偿还本金 4 433.527 971 万元和 2004 年 9 月 21 日后的利息，丙公司也未履行担保义务。

另查明：2005 年 4 月 18 日，重庆市公安局接到丙公司报案后，认定乙公司具有合同诈骗的重大嫌疑，现已立案侦查。乙公司虚构不真实的固定资产，取得债权人和担保人的信任，以获取贷款。乙公司未按贷款合同约定的用途使用贷款。

丙辩称：乙公司未按照贷款合同约定的用途使用资金，甲银行某支行未尽到监管义务。因乙公司存在合同诈骗，因此丙对乙公司提供的担保行为无效。

问题： 丙的担保行为效力如何？

案例 27

民间借贷纠纷案

云南省昆明市中级人民法院（2012）昆民二终字第 172 号民事判决书

案情：

2009 年 11 月 24 日，甲出具《情况说明》，载明其于 2009 年借给乙交行信用卡一张，信用额度 50 000 元，至 2009 年 10 月 21 日归还。因近期经济困难，经双方协商，再次延期半年。即 2010 年 6 月 1 日。期间，乙须按月保证归还信用额度，不能产生任何影响甲的不良信用记录。半年期间的利息按照每月 500 元计算（2009 年 12 月-2010 年 5 月）。

2011 年 9 月 13 日，甲以乙需要购买电脑及配件资金不足向其提供 5000 元借款，届期不归还为由起诉，请求乙返还本金 5000 元及支付该款自 2009 年 11 月 24 日至起诉时利息 11 500 元及自起诉之日至还清款项之日止的利息（按月利率 3% 计算）。

审理中，双方一致认为《情况说明》中的"信用额度 50 000 元"是指信用卡的最高额度。

另查明：2010 年 3 月 2 日，甲将该信用卡注销。甲归还了信用卡银行款项 50 728.99 元，收到销户时退还的 5830.51 元。

问题：甲对乙的请求权关系如何？

案例 28

民间借贷纠纷案

四川省成都市青羊区人民法院（2012）青羊民初字第 3514 号民事判决书

案情：

2011 年 9 月 5 日，唐某召集庄某出具借条一张，该借条载明：兹何某借庄某现金 5 万元整，此款于 2011 年 9 月归还。借款人：唐某代何某，2011.9.5。

庄某收到借条之后，向案外人周某转账 5 万元。庄某主张是按照何某的要求将 5 万元支付给周某。

后庄某请求何某、唐某归还本金及 2011 年 9 月 7 日起的逾期利息。

何某对该借条的真实性不予认可，其并没有在借条上签字，也没有委托唐某向庄某借款。

周某称：他和庄某、何某都是朋友，何某欠其 5 万元，在催收的过程中，何某让庄某给他打了 5 万元作为还款，但同时也不能证明其与何某存在债务关系的证据，也不能提交收到款项后与何某办理债务抵销的证据。

对此，何某、唐某表示：不清楚周某收款一事，何某和周某之间不存在债务关系，庄某没有实际支付 5 万元借款，庄某出具的证据只能证明其向案外人周某支付了 5 万元。

问题：庄某可以请求谁返还借款？

案例 29

担保合同纠纷案

福建省厦门市湖里区人民法院（2012）湖民初字第 4353 号民事判决书

案情：

甲、乙作为共同借款人于 2010 年 7 月 5 日向陈某借款 30 万元，约定借款期限 2 年，未约定借款利息。甲、乙向陈某出具《借条》一份，林一作为担保人在借条上签字。林二于同日向陈某出具《同意书》一份，内容是：本人林二同意将房子产权证借给甲作为抵押，证件户主是汪某、林三、林四，并将《同意书》及所述房屋的契约证书原件交给陈某保管。林二提供抵押的房屋系农村宅基地上所建房屋，未依法登记产权。

陈某于 2010 年 7 月 5 日将 30 万元现金借给甲、乙。借款期限届满，甲、乙、林一、林二均未向陈某偿还借款，陈某诉至法院。

问题：陈某可以向谁主张何种权利？

案例 30

贷款合同纠纷案

江苏省无锡市中级人民法院（2012）锡民终字第 1015 号民事判决书

案情：

甲公司与黄某有多次借款业务往来。

2011 年 12 月 22 日，黄某与甲公司订立一份借款协议，该协议载明：甲方出借人黄某，乙方借款人甲公司，丙方担保人谢某、肖某、乙公司、丙公司。谢某系甲公司和丙公司的法定代表人，谢某、肖某系甲公司股东，肖某系乙公司法定代表人。该协议确认了甲公司欠黄某借款本金 4 110 745 元，利息 337 154 元，本息合计 4 447 899 元。

黄某在该协议上甲方签名，谢某、肖某在丙方担保人处签名，乙公司在丙方担保人处盖章，在乙方落款处没有签名盖章。

后甲公司无法按约偿债，黄某要求肖某、谢某、乙公司、丙公司对甲公司的债务承担无限连带责任。谢某认为：还款协议上没有甲公司的签字或盖章，该协议未生效，谢某仅仅是作为担保人在协议上签字，而不是作为甲公司的法定代表人签字。此外丙公司也未在担保人处签名盖章，不承担担保责任。

问题：该贷款合同的担保是否有效？

案例 ③1

债权人代位权纠纷案

福建省高级人民法院（2012）闽民终字第 135 号民事裁定书

案情：

庄某、黄某（二者系夫妻）于 2009 年 8 月 13 日向施某出具《借条》一张，写明：向施某借款 48 万元，月息 2.5%，借款期限 10 个月（2009 年 8 月 13 日到 2010 年 6 月 12 日止）。附上厦门市土地房产证一本，以此房产证做抵押，到时还清借款时，应将房产证退还。

截至 2010 年 8 月 3 日，庄某、黄某共向施某支付利息 25 100 元。

洪某于 2007 年 11 月 23 日向庄某出具《借条》一张，写明：向庄某借款 100 万元，2010 年 7 月 1 日到期。郭某在借条上写明"此款认同人"处签名。洪某以其名下位于厦门市思明南路的房产为该借款中 60 万元的部分提供抵押担保，并办理抵押登记，其妻子林某就该抵押出具同意声明。

庄某于 2010 年 10 月 1 日向洪某出具《收条》1 张，写明：收到洪某还来款项 18 万元，到 2010 年 10 月 1 日止，此房产款项尚余 12 万元，以此为据。庭审中，庄某与洪某一致确认《收条》所指 18 万元还款系近期累计还款数额，其中 4 万元是洪某收到起诉状后返还给庄某的。

另查明：庄某、黄某提供抵押的房产系甲所有，施某不能证明该抵押经过甲同意并办理了抵押登记。

施某起诉庄某、黄某还款，欲向洪某主张代位权。

问题： 施某主张的代位权是否成立？

案例 ③2

租赁合同纠纷案

浙江省杭州市中级人民法院（2012）浙杭民终字第 114 号民事判决书

案情：

2009 年 11 月 4 日，赵某与甲公司订立营业房租赁合同，约定由赵某承租甲公司位于杭州某产品物流中心副食品市场的 2 号市场 1 楼 2-1-130、198、199 号营业房，租赁期限 1 年。2009 年 12 月赵某对所承租的营业房进行了装修。合同期满后，双方未再续签租赁合同。

另查明：甲公司举办的副食品交易市场 2 号，2009 年 12 月 28 日正式开业，于 2011 年 10 月 8 日经杭州市公安局消防局消防验收合格。

赵某主张，甲公司开办市场未经消防验收，违反法律强制性规范，双方租赁合同无效。

甲公司主张，赵某与甲公司租赁合同已经届满，赵某主张合同无效的主张不成立。而且该市场于 2011 年消防验收合格。

问题：租赁合同效力如何？

案例 33

委托合同纠纷案

四川省成都市中级人民法院（2012）成中终字第 2808 号民事判决书

案情：

2009 年 7 月，宋某参加了甲学校组织的本校学生和部分非本校学生的小升初学前军训。期间，学校教导处主任高某、副主任赵某负责向学生收取保险代管费 80 元，未出具收据。

2009 年 9 月 1 日，甲学校对在本校就读的学生向乙保险公司投保了"学生、幼儿安康保险"，对未在甲学校就读的学生，未投保。学生已经缴纳的保费，由学生自己到校退回。

宋某不是甲学习的在校学生，在军训后未到甲学校上初中。

2009 年 10 月 30 日，宋某因病医治无效死亡。宋某花费医药费 63 720.16 元。随后宋某家属向乙保险公司申请理赔被拒绝。原因是甲学校并未将保费交付乙保险公司。

按照"学生、幼儿安康保险"中的约定，宋某家属应当获得保险金共计 65 000 元，但是由于甲学校并未代为缴纳保费，宋某家属一直未收到保单。

甲学校主张，必须是 9 月 1 日以后开学后并且具有甲学校学籍的学生才能投保，否则不符合投保条件。宋某不是甲学校的学生，甲学校无法为其投保。

问题：宋某是否可以向保险公司主张请求权？

案例 34

货运代理合同纠纷案

广州铁路运输中级法院（2012）广铁中法民终字第 3 号民事判决书

案情：

2010 年 10 月 19 日，甲公司与乙公司订立《铁路货物运输协议》，合同有效期 1 年，约定，乙公司依据甲公司委托，以铁路运输方式运输甲公司货物。

同年 12 月 2 日，甲公司与丙公司订立《产品购销合同》，约定：需方（丙公司）向供方（甲公司）订购下列产品，增塑剂 20 吨，总价值 246 000 元，运输方式：铁路运输；供方负责将货物送至指定收货单位。

同年 12 月 3 日，甲公司将上述货物交由乙公司办理铁路运输。双方签订《货物托运单》，托运人：甲公司；收货人：丙公司；发运地：广州；到达站：成都。

但货物迟迟未送到。直到 2010 年 12 月 30 日下午甲公司才从乙公司得知，因乙公司拖欠丁公司运费，货物被丁公司扣押在成都。

另查明，甲公司为避免损失，另行生产一批替代物品，于 2011 年 1 月 3 日委托庚公司运输到丙公司，甲公司为此多支付运费 8800 元。

甲公司因货物迟延交付，与丙公司达成协议，将产品单价每吨价格从 123 00 下调为 12 100 元。甲公司支付违约金 73 800 元。

2011 年 2 月 28 日，丙公司出具收据，确认收到甲公司支付的违约金 73 800 元。

问题：

1. 丁公司的扣押行为是否合法？
2. 甲公司和丙公司如何主张请求权？

案例 35

建设工程施工合同纠纷案

福建省厦门市湖里区人民法院（2012）湖民初字第 2047 号民事判决书

案情：

2008 年 4 月 26 日，甲公司与乙公司订立《建设工程施工合同》，承包厦门宝生堂研发中心的办公楼、研发楼、地下室工程。

甲公司将该项目的桩基及水电附属工程部分分包给钟某。后查明，钟某不具有该建设工程的建设资质。

2008 年 4 月 19 日，钟某与高某订立《管桩施工承包合同》，约定：由高某对厦门宝生堂研发中心的办公楼、研发楼、地下室工程的管桩项目进行施工，高某施工完成后，由甲公司福建分公司一次性支付所有工程款。

合同订立后，高某实际履行合同，完成安装施工。甲公司福建分公司及其甲公司厦门宝生堂研发中心项目部对高某履行合同的行为即提供材料、施工、报验、验收等均予以签字盖章确认。后查明，高某不具备该工程的建筑资质。

2008 年 6 月 4 日，该工程桩基部分经甲公司福建分公司、勘察单位、设计单位、监理单位验收合格。经监理单位确认，高某实际完成的桩基长度 9634 米，经钟某和高某确认，该部分结算总金额 1 355 000 元。但是至今，甲公司、甲公司福建分公司、乙公司、钟某仍未支付该工程款。

高某主张，甲公司对支付工程款责任承担连带责任。

问题：高某可以向谁主张工程款？

案例 36

运输合同纠纷案

江苏省宿迁市中级人民法院（2012）宿中商终字 0053 号民事判决书

案情：

甲公司是对宁宿徐高速公路建设、管理、养护和按章收费的有限公司。

2010 年 5 月 11 日，乙公司驾驶员徐某驾驶公司车辆在宁宿徐高速公路上行驶时，撞到一条狗，致使车辆损坏。交警认定：徐某违反《道路交通安全法》的规定，负全责。

乙公司支出汽车修理费 133 000 元，清障费 235 元。

乙公司认为，甲公司经营管理高速公路，甲公司与乙公司形成服务合同关系，甲公司应保证高速公路畅通无阻。由于甲公司疏于管理，导致乙公司车辆受损，甲公司应当承担相应责任。

问题：乙公司的主张是否合法？

案例 37

服务合同纠纷案

北京市第二中级人民法院（2012）二中民终字第 5565 号民事判决书

案情：

2010 年 9 月 15 日，甲托运 100 盒血糖试纸和 100 盒专用针。乙快递公司收到物品后，出具了物流详情单，该单正面载明：未保价快件丢失，毁损或短少，按照资费的 3 倍赔偿。甲在签字处确认。

该单背面载有国内快递服务协议，第 7 条加粗载明：是否保价由寄件人自愿选择，贵重物品请务必保价。

甲托运时未保价，支付 48 元快递费。

后收货人未收到货物，甲将乙公司诉至法院。

乙公司主张，事发当天，在分点过程中，业务员的电动车被盗，货物随之丢失。

问题：甲如何主张请求权？

案例 38

一般合同纠纷案

最高人民法院（2012）民一终字第 85 号民事判决书

案情：

2007 年 12 月 19 日，甲公司与乙公司订立《LED 屏设计、制造、安装合同（交钥匙项目）》（以下简称《承揽合同》），约定：乙公司委托甲公司为其 LED 屏幕进行设计制造，总价 10 335.73 万元。

2007 年 12 月 21 日，甲公司与乙公司订立《商品房预售合同》，约定：出卖人乙公司，买受人甲公司，房屋总价款 10 335.73 万元，付款方式及期限见双方订立的《补充协议》。

2007 年 12 月 29 日，甲公司与乙公司订立补充协议，约定：甲公司按照承揽合同约定完成交钥匙项目并交付乙公司使用，视为甲公司已经履行完毕商品房预售合同的全部付款义务。《承揽合同》《商品房预售合同》为两个独立的合同。如乙公司将 10 335.73 万元工程款支付给甲公司，则商品房预售合同解除，否则甲公司有权选择解除或继续履行商品房预售合同。

2012 年 2 月 1 日，在该工程建设完成及验收后，乙公司未支付工程款，甲公司请求法院判令乙公司立即交付商品房预售合同项下的房产并支付违约金。

问题：《商品房预售合同》的法律性质如何分析？

案例 39

居间合同纠纷案

北京市西城区人民法院（2012）西民初字第 2116 号民事判决书

案情：

甲经纪公司于 2010 年 7 月代表北京乙律师事务所与丙保险公司及丁物业公司展开租赁谈判，请求租赁北京市西城区丰盛胡同 28 号太平洋保险大厦

3000 平方米写字楼作为乙律所的办公场所。

2010 年 7 月 22 日，甲公司带领乙律所的工作人员视察了太平洋保险大厦物业现场，之后，丙保险公司及丁物业公司向甲公司出具了《客户确认函》，承诺向甲公司支付相当于一个月表明租金的费用作为代理费。该函的有效期是 3 个月，从 2010 年 7 月 27 日到 10 月 27 日。

此后，2010 年 11 月 25 日，乙律所和丙保险公司订立《太平洋保险大厦租赁合同》，乙律所成功租赁了该大厦 10 层 3333.22 平方米的房屋。

按照确认函的约定，丙保险公司及丁物业公司应当支付 72 万元的代理费，但至今仍未支付，甲公司起诉，要求丙保险公司及丁物业公司连带给付 72 万元的居间服务费。

问题：甲公司是否可以请求丙保险公司及丁物业公司支付居间费？

案例 40

保管合同纠纷案

江苏省无锡市中级人民法院（2012）锡民终字第 1040 号民事裁定书

案情：

2012 年 2 月 6 日，甲将其所有的奔驰汽车（牌号：BOD019）停放在乙物业公司管理的希望广场地上停车场，停车场管理人员向其出具定额发票 1 张，金额 5 元，发票正面加盖物业公司发票专用章，背面加盖了希望广场地上用字样的方章。

该汽车在停放期间，被他人故意划伤。2012 年 2 月 8 日，甲向公安机关报案。事发后，乙公司提出录像显示，2012 年 2 月 6 日 14 时左右，有一男子数次经过奔驰汽车，其中 3 次经过时故意用尖锐物品划伤了该汽车。

希望广场的停车人不需要向车辆管理人员交付车辆钥匙，停车场管理人员也不查验提车人身份。

甲以双方存在保管合同关系为由要求乙公司承担赔偿责任。

问题：甲的主张是否合法？

案例 41

保管合同纠纷案

广西壮族自治区河池市金城江区人民法院（2012）金民初字第137号民事判决书

案情:

2012年2月1日，陈某等四人入住河池市某甲酒店，并该酒店办理了个人入住信息登记，同时对停放在该酒店停车场的汽车进行了车辆停放信息登记。双方就车辆停放达成口头协议："停车费每天10元，在提车时交费。"当晚，该车被盗，犯罪嫌疑人丙丁被抓获，但被盗车辆一直未追回。经鉴定，该被盗车辆价值36 579元。

问题：陈某如何主张请求权?

案例 42

同居关系子女抚养纠纷案

广西壮族自治区南宁市邕宁区人民法院（2012）邕民一初字第406号民事判决书

案情:

1994年4月，甲与乙就读于某中学，甲读初一，乙读初三，两人开始恋爱，同居。1995年原告甲怀孕，辍学。1996年7月31日，甲生下儿子小甲。此后，甲带着小甲在乙家里生活，但双方一直未进行婚姻登记。

乙于1998年又与另一女子恋爱、同居，致使后者怀孕，之后乙与该女子结婚登记，现已生育两个女儿。

1998年9月，甲带着儿子小甲离开乙家，独自抚养，但被告一直未支付小甲的抚养费。

2012年2月27日，甲将乙诉至法院，请求乙支付16年的抚养费60 000元，教育费3778.65元，医疗费472.52元。

问题：甲的主张是否合法?

案例 **43**

借款合同纠纷案

广东省清远市连山壮族瑶族自治县人民法院（2012）清山法民初字第10号民事判决书

案情：

1995年12月27日，甲与工行连山支行订立借款合同，约定借款200万元，借款期限为1995年12月27日-1998年12月30日。乙作为保证人在借款合同上签字盖章，约定债务人不偿债时，保证方承担连带责任。

借款期限届满时，甲未履行还款义务，1999年1月22日、1999年4月2日、2000年6月11日工行连山支行先后向甲发出催收通知，2001年11月26日，甲偿还本金10万元。

2003年4月24日，工行连山支行又向甲发出催收通知，2003年9月29日，甲偿还本金10万元。

同时，工行连山支行先后于1999年1月22日、4月2日，2000年3月13日、6月11日，向乙发出催收通知。

之后，工行连山支行被撤销，其债务债权由工行连州市支行承继。

2005年7月20日，工行连州市支行将该债权转让给信达广东分公司。双方于2005年9月6日在《南方日报》刊登了《债权转让通知暨债务催收联合公告》。

信达广东分公司又分别在《南方日报》（2007.4.29）、《羊城晚报》（2009.4.19）、《南方日报》（2011.3.28）上刊登了《催收公告》。

信达广东分公司要求甲、乙归还欠款本息。

问题：信达广东分公司的请求是否合法？

案例 **44**

金融借款合同纠纷案

广西壮族自治区玉林市中级人民法院（2012）玉中民二终字第85号
民事判决书

案情:

2009年11月6日，何某向农行陆川支行贷款38万元，贷款期限3年，以其名下的一套价值73万元的房屋做抵押，并办理房地产抵押登记。

除偿还部分欠款后，自2010年5月21日起至今何某再未偿还贷款本息。

另查明，陆川县法院于2006年3月6日作出（2006）陆民初字第30号民事调解书，对何某与其前夫徐某的离婚协议予以确认，对夫妻共有财产中的本案用于抵押的房屋归属何某及婚生小孩甲乙丙共同所有。

问题: 农行陆川支行如何主张请求权?

案例 **45**

借记卡纠纷案

广西壮族自治区南宁市西乡塘区人民法院（2012）西民二初字第291号
民事判决书

案情:

2005年5月，甲在工行朝阳支行办理了一张凭密码支取的借记卡（牡丹灵通卡）。

2010年6月29日，该卡被人取现20 000元，每笔手续费2元。

据查，2010年6月28日晚上8时许，工行朝阳支行ATM机被一名男子安装了非法装置，之后甲在该柜员机上进行过操作。后甲某的借记卡在2010年6月29日凌晨1时许在ATM机器上被人取现，从录像来看，取现人系一名消瘦男子，非甲。

问题: 甲如何主张请求权?

案例 **46**

金融借款纠纷案

福建省泉州市中级人民法院（2012）泉民终字第 3056 号民事判决书

案情：

南安建行于 2010 年 5 月 26 日，与甲、乙、丙公司签订了《个人住房贷款合同》。约定建行向甲、乙发放贷款 39 万元，该贷款债务由甲提供其向丙公司购买的四季康城房产做抵押并由丙公司提供阶段性连带责任保证。合同订立后，当事人申请预购商品房抵押权预告登记，南安市房地产管理处经审查，并办理了预购商品房预告登记。

南安建行依约放贷，但是甲、乙未按约还款。南安建行请求从处分甲、乙提供的抵押物的价款中优先受偿。

问题：预购商品房预告登记的法律效力如何？

案例 **47**

金融借款合同纠纷案

北京市丰台区人民法院（2012）丰民初字第 20568 号民事判决书

案情：

2004 年 12 月，李某（甲方、借款人）与卢沟桥支行（乙方贷款人，农村信用社支行）及恒鑫房产公司（丙方、保证人）签订个人住房贷款借款合同。

该合同约定：本借款用于购买庄园校区某房屋，乙方向甲方提供借款 43 万元，截至 2009 年，李某未按约还本付息。

2009 年 6 月 10 日，卢沟桥支行（甲方）与恒鑫房产公司（乙方）及谢某（丙方）签订协议，该协议约定：由于于某等 52 户个人住房按揭贷款借款人分别于 2004 年、2005 年、2006 年从甲方虚假按揭贷款后，违约将借款交给乙方使用，借款人于某等 52 名借款人（含李某）所欠款由乙方偿还，丙方对此承担连带保证责任。

此后乙、丙方未履行该约定，卢沟桥支行将恒鑫房产公司、谢某诉至法院。北京市二中院经调解确认，恒鑫房产公司偿还卢沟桥支行借款本金23 054 610.41元。后卢沟桥支行依法申请强制执行，因恒鑫房产公司无财产执行，法院裁定终结了该执行程序。

后卢沟桥支行起诉李某，卢沟桥支行认为：其按照约定发放贷款，李某未按约还款，累积逾期31期，剩余本金381 652.74元，利息70 930.06元。请求法院判令：1. 解除个人住房借款合同。2. 被告偿还借款本金381 652.74元，截至2012年7月31日利息及罚息70 930.06元以及上述款项给付之日止的利息和罚息。

问题： 卢沟桥支行的主张是否合法？

案例 48

票据损害责任纠纷案

浙江省台州市中级人民法院（2013）浙台民终字第140号民事判决书

案情：

2011年8月22日，温岭市甲毛衫厂出具编号为40200005121302014的银行承兑汇票，收款人为乙公司，出票金额20万元，到期日2012年2月22日，由浙江温岭农村合作银行承兑。乙公司将该汇票背书转让给丙公司，丙公司又将其背书转让给丁公司。

2011年9月14日，丁公司与戊公司订立供销协议，戊公司向丁公司提供货物，丁公司于次日将该汇票以支付价款，将该汇票背书转让给戊公司。戊公司向承兑人提示承兑付款，被拒绝付款。

另查明，2011年11月1日，庚公司以该汇票遗失向法院申请公示催告，法院于同日受理后，依法予以公告，公告期90日，因公告期无人申报权利，法院于2012年2月14日作出除权判决，后庚请求付款，浙江温岭农村合作银行支付给庚公司20万元。

问题： 戊公司如何主张权利？

案例 49

票据损害赔偿纠纷案

江苏省镇江市京口区人民法院（2012）京民初字第 1035 号民事判决书

案情：

2011 年 9 月 16 日，某银行出具了 18 张银行承兑汇票，金额均为 50 万元，出票人甲公司，收款人乙公司。乙公司取得汇票后，其工作人员将该汇票出售给郑某，郑某将该汇票倒卖给三位自然人。背书转让时，加盖甲公司财务专用章，被背书人及背书时间均为空白。乙公司将其中一张汇票背书转让给丙公司，丙公司将该汇票背书转让给丁公司，丁公司又将该汇票转让给戊公司。

现查明，2011 年 10 月 31 日，乙公司委托其工作人员以 18 张汇票保管不当丢失为由向法院申请公示催告。在公示催告期间，有 4 张汇票依法申报了票据权利。2012 年 2 月 7 日，法院对其余 14 张汇票作出除权判决。

2012 年 3 月 22 日，戊公司请求兑付时遭到拒绝，被告知该票据已经被除权判决宣告无效了。

戊公司将该汇票退回丁公司，丁公司将该汇票退回丙公司，丙公司重新向丁公司支付价款 50 万元。

后丙公司向乙公司起诉。

问题：票据被除权判决宣告无效后的法律效果如何？

案例 50

买卖合同纠纷案

北京市密云县人民法院（2012）密民初字第 084 号民事判决书

案情：

2010 年 5 月 7 日，金某与郭某订立车辆买卖协议，约定，郭某以 7000 元从金某处购买小汽车一辆，5 月 17 日以前该车责任由金某承担，之后由郭某承担。协议订立当天，金某交付车辆，郭某支付价款。但双方一直未办理过户手续。

后该车几经易手，现在由案外人王某占有。

2010年12月23日《北京市小客车数量调控暂行规定》实施，因涉案车辆仍登记在金某名下，金某没有资格参与摇号，所以其找郭某与王某磋商将该车买回。双方没有成交。

金某起诉至法院，请求解除双方车辆买卖协议，并要求郭某将该车索回返还。

问题：金某的主张是否合法？

案例 51

买卖合同纠纷—代理案

福建省泉州市中级人民法院（2012）泉民终字第2499号民事判决书

案情：

2008年4月19日，柳建宁与甲公司订立供销合同，达成买卖100 000元流水线的约定。该合同需方体现为"柳龙"，柳建宁在落款处合约代表签名柳龙。此后，该货款得到部分支付。关于欠款金额，甲公司主张是50 000元，柳建宁主张是30 000元并对送货单提出笔迹鉴定申请，但未能预交鉴定费。

上述送货单的抬头内容体现为：收货单位：上海先一，落款处甲公司盖章确认，由柳建宁在收货人处签字确认。

柳建宁出具由甲公司法定代表人王某出具给先一公司收据一份，内容是：总收先一柳总订金20000元整。柳建宁还提供先一公司出具的书面证明一份，柳建宁于2008年4月19日与甲公司签订供销合同系代表上海先一体育用品有限公司，其签约行为系职务行为。

另查明，柳建宁系上海先一公司的股东，该公司于2009年2月16日被吊销营业执照。

柳建宁认为：其是代表先一公司订立合同，流水线的购买方实际上是先一公司。甲公司不予认可，甲公司认为签约和收货都是柳建宁的个人行为，实际上其没有代理权。

问题：甲公司是否可以向柳建宁主张请求权？

案例 52

债务承担与一般保证案

上海市第一中级人民法院（2012）沪一中民一（民）终字第 2111 号民事判决书

案情：

陈某系甲公司股东。甲公司与乙公司之间存在承揽业务往来。2010 年 9 月 7 日，乙公司与甲公司签订还款协议一份，此协议由陈某代乙公司签订。协议约定，甲公司以回购方式向乙公司还款 184 237.5 美元，在 MTK 项目中，甲公司应向乙公司还款 146 550 美元。

协议第 7 条约定：如甲公司无法按照本协议第 3 条执行，则由陈某承担甲方的义务并承担违约责任。

协议签订后，甲公司与陈某共同还款 167 865.7 美元，欠款 162 921.8 美元。在还款过程中，陈某代甲公司还款 25 000 美元。

陈某在代甲公司还款的过程中，出示付款证明：鉴于甲公司应归还乙公司欠款，甲公司承诺同意委托陈某代为支付给乙公司相应款项。

问题：陈某代公司还款的法律性质是什么？

案例 53

侵权损害赔偿纠纷案

案情：

2009 年秦某因自家建房需要，与赵某协商，请赵某找人为其建房做点工。双方口头约定，点工的工钱：大工每天 100 元，小工每天 70 元，工作时间从早上 7 点到下午 5 点。工钱由两人共同发放。

2009 年 5 月 29 日，工人甲（赵某找来）在工作时左手受伤，经鉴定，需要休息 4 个月，需支付营养费 1 个月。

甲诉称：其为秦某工作受伤，秦某作为雇主应当承担责任。

秦某辩称：房屋依据委托给赵某建造，工人是赵某请的，工钱也是赵某发的，他只和赵某单独结算。其与赵某之间是承揽关系。甲与赵某是雇佣关系。

赵某辩称：自己不是房屋建造的承揽人，工人和工钱都是按照秦某的指示和授权。自己也是拿工钱的工人，没有从中获利或收取工钱价差，其与秦某之间不是承揽关系，而是雇佣关系。甲的损失应当由秦某承担。

另查明，涉案吊机的租赁费用由秦某支付，赵某与其他工人同工同酬。

问题：甲向谁主张请求权？

案例 54

交通事故责任纠纷案

案情：

2009 年陶某对其奇瑞汽车（牌号：沪 AX××××）向安邦保险公司上海分公司（以下简称：安邦公司）投保了交强险和机动车商业保险。

2010 年 2 月 6 日 19 时许，陈某驾驶普通客车（牌号：浙 E1××××），碰撞陶某驾驶的车辆后，撞击中央护栏，陈某被甩出车外。

随后黄某驾驶小汽车（牌号：苏 A8××××）紧急刹车，随后张某驾驶的汽车（牌号：浙 BC××××）撞击黄某车的后部，导致黄某驾驶的汽车压住陈某，陈某当场死亡。

陶某、陈某汽车上乘客王某、张某、张某汽车上乘客郭某都受到不同程度的伤害，四车受到不同程度的损害。

针对第一起交通事故，交警认定：受害人陈某负主要责任，陶某负次要责任。

针对第二起交通事故，交警认定：张某负全责。

2010 年法院裁判，陶某汽车投保的安邦公司和张某汽车投保的人民保险公司在有责交强险范围内承担赔偿责任，黄某汽车投保的中华保险公司在无责交强险的范围内承担赔偿责任。超出交强险的部分由张某和陶某连带承担责任，内部张某承担 50%，陶某承担 15%。

安邦公司承担 11 万元，人民保险公司承担 11 万元，中华保险公司承担 1.1 万元，超出部分共计 399 093.49 元，由陶某、张某连带赔付（内部：陶某承担 59 864.02 元，张某承担 199 546.75 元）。

问题：陈某、陶某、张某以及保险公司之间的责任如何分配？

案例 55

交通事故责任纠纷案

案情：

2010 年 9 月 23 日，姚某参加甲汽车销售公司试驾活动中，驾驶甲公司名下的轿车（牌号：沪 JA××××）撞到同方向行驶的任某。

另查明，试驾路线由甲公司指定，车上没有甲公司工作人员在副驾驶位置上对试驾途中进行相应操控指示。

后交警认定，姚某对事故负全责。

任某诉称：姚某与甲公司对其损害承担连带责任。

甲公司辩称：姚某自愿参加试驾活动，是该车的实际使用人，公司仅仅是所有人，公司没有过错，不应承担责任。

问题：交通事故的损害赔偿责任由谁承担？

案例 56

毕业生就业协议纠纷案

案情：

2011 年 3 月 23 日，甲公司向王某发出录用通知书，双方签订了毕业生就业协议书，约定工作期限 3 年，工作岗位为综合管理，王某每月收入 5500 元。协议第 10 条约定：王某介绍的情况严重失实，甲公司可单方解除合同，手写了"违约金 5500 元"。

协议第 12 条约定：若一方违约，另一方可追究其违约责任。双方签字盖章后，甲公司持有第 1、4 联，王某持有第 2、3 联。

2011 年 5 月，王某提出解除就业协议书。

王某主张：解除就业协议；出具解约函；退还就业协议第 1、4 联；支付诉讼期间的差旅、住宿费用 500 元。

甲公司主张：王某应当承担违约责任，支付违约金 5500 元。

问题：甲公司的主张是否合法？

案例 **57**

买卖合同纠纷案

上海市第一中级人民法院（2012）沪一中民四（商）终字第865号
民事判决书

案情：

2010年3月6日，甲公司法定代表人登录"WWW.360BUY.COM"京东商城网站，购买西部数据笔记本硬盘一台，质保期3年，乙公司将笔记本硬盘交给原告，收取货款，并开具发票，发票左上角印刷"京东商场360BUY.COM"字样。

2010年10月8日，甲公司法定代表人提交维修申请，同日网站回复，开发票时有特殊要求："发票不开明细，自动放弃质保"，因发票开的是办公用品，无法提供返修服务。

另查明，北京京东公司系网站经营者，该网站并未披露乙公司的名称及其与甲公司的关系。

京东公司表示，京东公司仅仅是网站经营者，并非京东商场的所有者，具体的贸易由北京京东世纪贸易有限公司及其子公司负责，乙公司即该公司在上海的子公司。因此本案产品质量纠纷应由乙公司负责。

甲公司诉称：请求法院判令：1. 发票不开明细，自动放弃质保的条款无效；2. 对硬盘做退货处理，京东公司退还货款899元；3. 京东公司承担清除硬盘数据的费用60元；4. 京东公司承担甲公司聘请律师的费用3000元及调查费用129元；5. 本案诉讼费用由京东公司承担；6. 乙公司对于退还货款承担连带责任。

问题：甲公司的诉讼请求权是否可以得到支持？

案例 58

"股转债" 纠纷案

案情：

2002 年 4 月 28 日，王某以现金方式向甲公司出资 20.5 万元，2004 年 7 月 12 日，王某以红利转出资向甲公司增资 61 500 元。

在甲公司经营过程中，王某提出退出公司经营。2009 年 9 月 15 日，甲公司董事会作出《同意王某所持股份"股转债"的决议》，该决议载明：根据王某本人申请，经董事会讨论，同意公司以股转债的方式接受王某所持有的股份，计算方法与公司同意接受其他股东一致。债权数额以其现金投入资本金的 200% 计算，债权利息为年息 8%，债权期限为 2 年，每半年计息一次，计息自转权生效日起。本决议执行之日，王某即不再享有其所有股东权益。公司股东间的股权转让不受本决议的限制。

该董事会决议作出后，甲公司未向王某实际支付上述债权本息。

截至 2012 年 3 月 7 日，王某仍系甲公司工商登记的股东，出资额 26.65 万元。且甲公司经营期限已经于 2011 年 3 月 12 日届满。

王某诉称：甲公司剥夺其股东权益，也未向其偿还股转债的债务，应当承担相应责任，共计 85 280 元。

甲公司辩称：该董事会决议无效。股转债只有两种途径：1. 股东将其股权转让给第三人或其他股东；2. 公司回购股本，注册资本相应减少。无论公司回购或减资，都需要股东会决议。从内容来看，股转债决议仅仅是一份要约，未对股转债的执行方式作出明确约定，王某收到决议后也未作出承诺，双方没有达成合意。董事会是公司内部机构，并不代表公司，双方并不是平等主体。股权转让需要经过法定程序并经工商登记。王某依然是合法有效的股东，其主张没有事实和法律依据。

问题：股转债的效力如何？

案例 **59**

侵害商标权纠纷案

案情：

立邦公司系第 3485390 号图形及文字组合注册商标人，核定使用商品为第 2 类的油漆、防腐剂、底漆等商品，注册有效期自 2004 年 11 月 21 日至 2014 年 11 月 20 日。

2011 年 3 月，立邦公司认为淘宝公司运营的淘宝网淘宝商城中有 6 家店铺存在侵害其商标权的侵权行为，通过邮件投诉。

立邦公司诉称：其是立邦图形及文字注册商标的所有权人，也是众多平面广告、媒体广告的著作权人。2011 年 3 月，展进公司未得到立邦公司授权许可擅自在淘宝公司运营的淘宝网上开设的店铺中使用立邦商标标识平面广告来装饰其店铺页面，其行为足以使得消费者误以为展进公司与立邦公司存在关系，系立邦公司授权的销售网点，展进公司的行为侵害了立邦公司的注册商标权和广告著作权，并造成经济损害，应承担赔偿责任。

立邦公司发现展进公司侵权行为后，向淘宝公司投诉，淘宝公司不予理睬，放任展进公司侵权，导致损失进一步扩大，故淘宝公司构成共同侵权。

立邦公司认为展进公司和淘宝公司的行为构成共同侵权，请求法院判令：1. 展进公司、淘宝公司立即停止侵权行为；2. 展进公司、淘宝公司在淘宝网站上赔礼道歉，消除影响；3. 展进公司、淘宝公司赔偿立邦公司经济损失 20 万元（含诉讼费用）。

展进公司辩称：展进公司有合法的进货渠道，商品图片系自行拍摄，在销售立邦公司的产品时，使用相应的注册商标也不违法。而且在立邦提出异议后，展进公司于 2011 年 9 月已经停止了在淘宝网站上销售立邦漆的行为。

淘宝公司辩称：展进公司在淘宝网站上开设店铺时，已经提供证据证明其有正规渠道，展进公司销售立邦漆时使用其注册商标是正常的经营手段，不构成商标侵权。其次，即使展进公司构成侵权，淘宝公司仅仅是网络服务提供者，并非侵权行为直接实施者，只有在明知展进公司侵权的情况下才承担侵权责任。在展进公司注册时，淘宝公司已经尽到了事先审查义务，而立邦公司向淘宝公司致函时未能指明展进公司的侵权之处，立邦要求淘宝公司对所有立邦产品予以屏蔽，也超出了淘宝公司的技术手段。因此淘宝公司不构成侵权。

问题：淘宝公司的行为是否构成侵权？

案例 60

自我代理纠纷案

北京市海淀区劳动人事争议仲裁委员会裁决书
（京海劳仲字〔2014〕第 1484 号）

案情：

甲于 2012 年 3 月 14 日与北京乙科技开发有限公司（以下简称：乙公司）建立劳动关系，担任公司总经理，全面负责公司的运营管理，包括订立劳动合同等行政人事工作。乙公司授予甲代理权，由其负责乙公司所有员工与公司签订书面劳动合同事宜，但甲自己一直未与乙公司签订书面劳动合同。甲于 2013 年 9 月 26 日离职，并于 2013 年 9 月 30 日办完离职交接手续。甲主张乙公司应支付 2012 年 4 月至 2013 年 3 月的双倍工资，并要求乙公司支付离职后即 2013 年 9 月 27 日至 2013 年 10 月 14 日的工资。

问题：甲是否可以请求乙公司支付双倍工资？

案例 61

时效纠纷案

北京市海淀区劳动人事争议仲裁委员会裁决书
（京海劳仲字〔2014〕第 2490 号）

案情：

甲与北京乙自控有限公司（以下简称：乙公司）于 2007 年 3 月 10 日订立劳动合同，合同期限至 2011 年 3 月 15 日。后双方变更合同，于 2009 年 4 月 7 日订立完成一定工作任务的劳动合同。该合同因工作任务完成于 2011 年 3 月终止后，乙公司又将甲安排完成另一工作任务，但一直未与甲订立书面劳动合同。甲主张，乙公司应当向甲支付 2011 年 4 月至 2012 年 3 月间的双倍工资，并且于 2012 年 4 月视为与甲已经签订无固定期限劳动合同。乙公司主张甲于 2014 年 1 月 6 日才提起仲裁，其对 2011 年 4 月至 2012 年 3 月的双倍工资请求权已经超过了仲裁时效。

问题： 超过仲裁时效的劳动工资请求权如何处理？

附　录

参考文献

一、中文文献

（一）著作类

1. 黄薇主编：《中华人民共和国民法典释义》，法律出版社 2020 年版。

2. 最高人民法院民法典贯彻实施工作领导小组：《中华人民共和国民法典理解与适用》，人民法院出版社 2020 年版。

3. 陈朝璧：《罗马法原理》，法律出版社 2006 年版。

4. 周枏：《罗马法原论》，商务印书馆 1996 年版。

5. 江平、米健：《罗马法基础》，中国政法大学出版社 1991 年版。

6. 史尚宽：《民法总论》，中国政法大学出版社 1997 年版。

7. 梅仲协：《民法要义》，中国政法大学出版社 1998 年版。

8. 胡长清：《中国民法总论》，中国政法大学出版社 1997 年版。

9. 李宜琛：《民法总则》，中国方正出版社 2004 年版。

10. 张俊浩主编：《民法学原理》，中国政法大学出版社 1991 年版。

11. 王利明主编：《民法》，中国人民大学出版社 2010 年版。

12. 梁慧星：《民法总论》，法律出版社 2018 年版。

13. 龙卫球：《民法总论》，中国法制出版社 2002 年版。

14. 孙宪忠：《中国物权法总论》，法律出版社 2014 年版。

15. 史尚宽：《物权法论》，中国政法大学出版社 2000 年版。

16. 史尚宽：《债法总论》，中国政法大学出版社 2000 年版。

17. 史尚宽：《债法各论》，中国政法大学出版社 2000 年版。

18. 史尚宽：《亲属法论》，中国政法大学出版社 2000 年版。

19. 史尚宽：《继承法论》，中国政法大学出版社 2000 年版。

20. 王泽鉴：《民法总则》，中国政法大学出版社 2001 年版、北京大学出版社 2009 年版。

21. 王泽鉴：《民法概要》，中国政法大学出版社 2001 年版。

22. 王泽鉴：《民法学说与判例研究》（1-8 册），中国政法大学出版社 1999 年版。

23. 王泽鉴：《民法思维》，北京大学出版社 2009 年版。

24. 郑玉波：《民法总则》，中国政法大学出版社 2001 年版。

25. 施启杨：《民法总则》，中国法制出版社 2010 年版。

26. 黄立：《民法总则》，中国政法大学出版社 2002 年版。

27. 谢在全：《民法物权论》，中国政法大学出版社 2001 年版。

28. 王泽鉴：《民法物权》（通则·用益物权·占有），中国政法大学出版社 2001 年版。

29. 孙森焱：《民法债编总论》（上下册），法律出版社 2006 年版。

30. 王泽鉴：《债法原理 2：不当得利》，中国政法大学出版社 2002 年版。

31. 王泽鉴：《侵权行为法》，中国政法大学出版社 2001 年版。

32. 黄立：《民法债编总论》，中国政法大学出版社 2002 年版。

33. 郑玉波：《民法债编总论》，中国政法大学出版社 2006 年版。

34. 刘昭辰：《物权法案例研习》，三民书局股份有限公司 2013 年版。

35. 张璐：《债法题型破解》，新学林出版股份有限公司 2015 年版。

（二）译著类

1. ［德］卡尔·拉伦茨：《德国民法通论》，王晓晔等译，法律出版社 2013 年版。

2. ［日］我妻荣：《新订民法总则》，于敏译，中国法制出版社 2008 年版。

二、外文文献

（一）德文文献

1. Dieter Medicus, Allgemeiner Teil des BGB, C. F. Müller Verlag, Heidelberg 2006.

2. Wolf / Neuner, Allgemeiner Teil des Bügerlichen Rechts, Verlag C. H. Beck oHG, 2016.

3. Brox / Walker, Allgemeiner Teil des BGB, Verlag Franz Vahlen, 2019,

4. Werner Flume, Das Rechtsgeschäft, Springer-Verlag, Berlin Heidelberg 1992.

5. Karl Larenz, Allgemeiner Teil des Bürgerlichen Rechts, Verlag C. H. Beck, Müchen 2004.

6. Bernd Rüthers, Allgemeiner Teil des BGB, Verlag C. H. Beck, München 2003.

7. Hans-Martin Pawlowski, Allgemeiner Teil des BGB, C. F. Müller Verlag Heidelberg 1998.

8. Klaus Bartels, Klausurtraining Zivilrecht, Nomos Verlagsgesellschaft, Baden-Baden, 2013.

9. Winfried Schwabe, Holger Kleinhenz, Lernen mit Fällen: Schuldrecht I Allgemeiner Teil und vertragliche Schuldverhältnisse, Richard Boorberg Verlag GmbH, 2009.

10. Müller, Frank, Fälle Schuldrecht BT 1 Kaufrecht, Alpmann Schmidt, 2019.

11. Olaf Werner, Ingo Saenger, Fälle für Fortgeschrittene im Bürgerlichen Recht, Verlag Franz Vahlen München, 2015.

12. Jörg Fritzsche, Fälle zum Schuldrecht I Vertragliche Schuldverhältnisse, Verlag C. H. Beck Ohg, 2014.

13. Karl-Heinz Fezer, Klausurenkurs zum Schuldrecht, Verlag Franz Vahlen München, 2011.

14. Jens Prütting, Bernd Scholl, Die Schuldrechtsklausur II kernprobleme der gesetzlichen Schuldverhältnisse in der Fallbearbeitung, Spring-Verlag GmbH Deutschland, 2019.

15. Langkamp, Tobias, Schuldrecht BT3 GoA, Bereicherungsrecht, 2019.

16. Claudia Hacck, Fälle Schuldrecht BT 4, Unerlaubte Handlungen Allgemeines Schadensrcht, Alpmann Schmidt, 2014.

17. Jürgen F. Baur, Rolf Stürner, Sachenrecht, Verlag C. H. Beck München, 2009.

18. Manfred Wandt, Gesetzliche Schuldverhältnisse, Vahlen, 2019.

19. Jacob Joussen, Schuldrecht I-Allgemeiner Teil, W. Kohlhammer GmbH Stuttgat, 2013.

20. Müller / Gruber, Sachenrech, Verlag Franz Vahlen, 2016.

21. Vieweg / Werner, Sachenrecht, Verlag Franz Vahlen, 2015.

（二）英文文献

1. Mindy Chen-Wishart, Contract Law, Oxford University Press, 2015.

2. Neil Andrews, Contract Law, Cambridge University Press, 2015.

致　谢

　　民事案例研习教材的编写和笔者任教的民事案例研习课程紧密相关。自2013年春季学期开始，笔者开始在中国劳动关系法学院讲授民事案例研习课程，期间多次邀请国内从事案例教学的知名学者和法律实务专家参与课堂教学，各位老师的精彩点评和分析，为教材编写提供了很好的帮助和指导。北京大学法学院葛云松教授、常鹏翱教授，清华大学法学院程啸教授，中国人民大学法学院朱虎教授，中国政法大学田士永教授、于飞教授，中央财经大学法学院尹飞教授，中南财经政法大学李昊教授，中国社科院法学所夏小雄研究员，中国人民大学钟秀勇博士，中国政法大学曹兴明博士，中国广告主协会法律专委会主任朱正良律师，北京市中伦文德律师事务所刘培峰律师、胡洁律师等作为专家学者积极参与了民事案例研习课程的课堂教学活动，对于民事案例教学和研究提出了很多有益的建议。

　　在教材的撰写过程中，得到了华东政法大学金可可教授的帮助和支持，金可可教授对民事案例的精彩分析和论证为答题指引的编写提供了帮助。在民事案例的选取过程中，得到了最高人民法院应用法研究中心黄斌博士的支持，感谢黄斌博士提供的民事案例资源。

　　中国劳动关系学院法学院的同事们，包括王守俊副教授、高战胜副教授、孙晓副教授、向春华博士、杨敬之博士积极参与了教材编写，他们的帮助和支持，让教材的内容更加丰富和充实。

　　由于中国劳动关系学院教务处的大力支持，民事案例研习教材获得中国劳动关系学院校级教材项目立项，并作为中国劳动关系学院十四五规划系列教材之一。在此尤其需要深深感谢教务处处长姜颖教授，姜颖教授对教材的体例、结构、内容、文字的修改都进行了耐心而细致的指导，对民事案例分析的方法和思路提出很多有益的建议和意见。教务处副处长贺岩教授为教材的编写和出版提供了全面的帮助，教务处王珺老师也为教材审批流程提供了便利。

　　最后，还要衷心感谢中国政法大学出版社以及魏星编辑的帮助和指导！